翻译专业经典系列教材

Chinese-English Translation in Interaction

汉英互动翻译教程

李 明 编著

清华大学出版社
北 京

版权所有，侵权必究。举报：010-62782989，beiqinquan@tup.tsinghua.edu.cn。

图书在版编目（CIP）数据

汉英互动翻译教程/李明编著. —北京：清华大学出版社，2016（2025.1重印）
翻译专业经典系列教材
ISBN 978-7-302-44357-5

Ⅰ. ①汉…　Ⅱ. ①李…　Ⅲ. ①英语—翻译—教材　Ⅳ. ①H315.9

中国版本图书馆CIP数据核字（2016）第161607号

责任编辑：田　园
封面设计：平　原
责任校对：王凤芝
责任印制：刘海龙

出版发行：清华大学出版社
　　　网　　址：https://www.tup.com.cn，https://www.wqxuetang.com
　　　地　　址：北京清华大学学研大厦A座　　邮　编：100084
　　　社 总 机：010-83470000　　　　　　　邮　购：010-62786544
　　　投稿与读者服务：010-62776969，c-service@tup.tsinghua.edu.cn
　　　质量反馈：010-62772015，zhiliang@tup.tsinghua.edu.cn
印 装 者：三河市君旺印务有限公司
经　　销：全国新华书店
开　　本：185mm×230mm　　印　张：21.25　　字　数：352千字
版　　次：2016年8月第1版　　　　　　　印　次：2025年1月第8次印刷
定　　价：79.00元

产品编号：068660-04

前 言

翻译是跨语言、跨文化的交际活动。它在中国历史上起过非常重要的作用，在21世纪的今天，随着中国同世界各国之间在政治、经济、文化、外交、教育、科技等各个领域中的交往与合作越来越密切，越来越频繁，作为在这种交往与合作中的媒介——翻译，更是起着举足轻重的作用。正是因为翻译之重要，上海市政府于20世纪90年代中期就推出了上海市中、高级口译资格证书考试，并将其作为上海市90年代"十大紧缺人才培训工程"之一进行推广。顺应社会经济发展需要，国家人事部也于2003年开始，试行全国翻译专业资格（水平）考试。在今天新的时代语境下，翻译学科与专业建设在我国已经取得了前所未有的发展，已有许多高等外语院校或外语院系成立了翻译学院或翻译系，开始招收翻译专业本科生、翻译硕士专业研究生。目前，我国具有翻译专业本科教育培养资质的高校达152所（截至2015年），具有翻译硕士专业学位培养资质的高校达206所（截至2014年7月）。除此之外，我国各高校的英语专业、商务英语专业本科以及硕士研究生阶段，甚至是博士研究生阶段，开设翻译方向或翻译课程的高校更是难计其数。

在此背景下，我国的翻译教学呈现出一派欣欣向荣的景象。各个高校开设的翻译课程类型众多，有英汉翻译、汉英翻译、商务英汉翻译、商务汉英翻译、基础笔译、笔译初阶、笔译中阶、笔译高阶、翻译批评与赏析、翻译工作坊、文体与翻译、科技翻译、旅游翻译、法律翻译、传媒翻译等等。这些课程的开设为繁荣我国翻译教学，培养我国各行各业所需的翻译人才提供了前提条件。翻译教学成败的一个重要因素便是翻译教材是否适用。十几年来，许多翻译界专家学者和有识之士，投入大量精力编写了各种各具特色的翻译教材，为我国翻译人才的培养作出了重要贡献。笔者自1995年硕士研究生毕业以来，一直在高校教学第一线从事翻译教学工作，为本科学生开设过英汉翻译、汉英翻译、译作赏析、商务英汉翻译、商务汉英翻译等课程。所有这些课程的教学使我充分认识到，翻译教材必须具有较强的可操作性，只有这样，翻译课

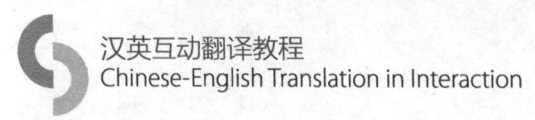

教师在课堂上才能够讲解自如，使学生从中获益。

何为具有较强的可操作性？目前市面上的翻译教材可谓汗牛充栋，但教材的编写基本上都没有脱离从翻译概论、翻译基础理论、英汉语言文化对比、词语翻译、翻译技巧等到各种文体翻译的这种思路和模式。而且，有些翻译教材中的许多例句内容较为单薄且略显陈旧，时代感不强，缺乏一定的思想性和趣味性。教师上课时，如果使用这些句子作为例句，往往难以从中挖掘出较为深刻的思想内涵，对翻译技巧的阐释力不够强。另外，许多教材的编著者在编写翻译教材的过程中，多喜欢不加分析地直接引用他人的译文作为译例（殊不知许多译文是需要仔细斟酌推敲，并有大的改进之余地的），这样就导致许多译例以讹传讹。作为翻译教材，所引用的原文例子应该经典，所给出的译文应该准确、通顺、有韵味，只有这样，才能够为翻译学习者提供一个示范，将他们引入正确的翻译之途。

笔者自1995年开始翻译教学时起即着手收集英汉翻译和汉英翻译的相关资料，2003年年初动笔编写，2006年完成并出版了《英汉互动翻译教程》及其姊妹篇，亦即本教材——《汉英互动翻译教程》。该教材融入了笔者翻译教学的理念和思路，也融入了笔者对翻译的感悟和理解，旨在让翻译教师在课堂内外以与学生分享心得体会的交流及互动方式传授翻译技艺。读者在使用本教材的过程中不难发现，每一章中的许多译例笔者都给出了自己的英译文，希望读者在学习翻译的过程中，透过笔者敢于提供自己译文的做法，努力培养起敢于质疑原有译文并给出自己译文的胆量和能力。

本教材于2006年正式出版后，多年来一直畅销不衰，受到广大高校青年学子和从事翻译教学的老师们的热烈欢迎。本教材的编写体例同其姊妹篇《英汉互动翻译教程》的编写体例相似。全书共分二十一章，每一章包括理论探讨、译例举隅及翻译点评、翻译比较与欣赏和翻译练习四个部分。每一章第一部分的"理论探讨"，以深入浅出的方式，讲解与本章所涉翻译技巧有关的理论，但理论的陈述均和译例紧密结合，避免空洞讲解理论。第二部分的"译例举隅及翻译点评"，主要用例句来阐明第一部分所陈述的内容，并在【点评】中作一些鞭辟入里的分析，必要时还增加更多例句予以佐证。第三部分为"翻译比较与欣赏"，该部分内容可以作为学生课外研读和赏析的内容，一般提供四个译例，每个译例都提供两到三个或三个以上的译文，供学习者比较、研读、分析、欣赏之用。本教材编著者对其中许多译例都给出了自己的译文。尽管译文没有最好，但本人所给出的译文是在本人的知识和能力范围内所能给出的自认为最好的译文。第四部分为"翻译练习"。翻译练习包括句子翻译和篇章翻译两项内容，其中篇章翻译包含篇章翻译 1 和篇章翻译 2 两个部分。句子翻译在 10 到 20 句之间，篇章翻译 1 提供了一个参考译文，篇章翻译 2 则提供了两个译文（一个是参考译文，一个是本人给出的译文）和译文点评，该译文点评对语篇翻译 2 的两个译文进行了客观、中肯的评价，供翻译学习者学习参考。*

读者从笔者对本教材的编写不难看出，笔者非常关注句子和句子以上语言单位（即语篇）的翻译。应该说，句子和语篇是笔者所认为的不同层面的翻译单位。前者为微观层面的翻译单位，后者为宏观层面的翻译单位。另外，笔者始终认为，从大的方面讲，翻译能丰富人类文化、促进文化交流，为建设一个国家的富强、民主、文明作出贡献；从小的方面即个人方面来讲，翻译能提高个人语言文化素养，也能增强个人身心修养。从事翻译实践活动其乐无穷，质疑他人的译文并尽自己所能提供令自己心仪的译文，会不断增加我们的智慧，让我们不断地享受美味的精神食粮。再者，我很注重翻译技巧的训练。对待翻译技巧，我很同意霍桂桓在其论文《翻译的技巧、理想、标准及其形成过程——兼析作为〈论不可译性〉之理论前提的康德先验哲学观》中所持的看法：

> 虽然表面看来，"翻译技巧"似乎仅仅处于没有理论色彩的"技术"层次之上，但从作为社会个体的翻译者的生成过程角度来看，情况就大不相同了——首先，作为这种个体的具体生成过程的结果，它是翻译者以往的成功经验的总结和结晶，因而完全可以说是一定的翻译理想和翻译标准得到某种程度上的实现之后的结晶；尽管迄今为止的翻译理论研究并没有从这种角度对它加以充分的重视。其次，在翻译和翻译教学过程中，它既是使翻译者、翻译学习者避免走弯路、从而事半功倍的方便法门，同时也从具体操作角度体现了某种"翻译理想"和"翻译标准"，因而是实现和达到后者的有效手段。不过，只有把它与某种"翻译理想"和"翻译标准"实际联系起来，我们才能真正看到这一点并加以认真的研究。最后，同时也最重要的是，无论"写

---

* 翻译练习答案及译文点评请登录清华大学出版社网站 www.tup.tsinghua.edu.cn 下载，或联系编辑邮箱 tianyuan_tup@qq.com。

作技巧"还是"翻译技巧",都是与作者、翻译者特定的人生经历、知识素养和精神境界紧密联系在一起的,是这种生成过程、素养和境界的积淀结果。

本教材所选译例均来自本人从事翻译教学过程中的精心积累以及各种翻译教科书。所有译例均具有较强的时代感、思想性、趣味性,不管是教师讲解还是学生欣赏,均可对它们细细品味、细细回味,领略其中无限的妙处。

本教材出版已经十年。历经十年检验,仍然深受广大读者欢迎,这对笔者来说无疑是极大的鼓励。今天,在清华大学出版社伯乐相马,拟将该教材作为"翻译专业经典系列教材"之一予以出版之际,笔者对其中的部分内容进行了修订,还增加了一些新的内容。相信在清华大学出版社的努力之下,该教材一定会成为名副其实的经典。在此,我要衷心感谢清华大学出版社外语分社郝建华社长对本教材的出版所给予的充分认可和大力支持,感谢该出版社的编辑田园女士为本教材的策划所作的辛勤付出。

本教材适合英语语言文学专业翻译方向本科生、商务英语专业商务翻译方向本科生、翻译专业本科生和各界热爱翻译的仁人志士作为教材或辅助材料之用,也可作为广大高校英语教师和其他英语爱好者学习翻译的教材。因笔者的精力和水平有限,艺海无涯,译海无涯,书中谬误之处在所难免,恳请广大译界专家学者和读者批评指正。

编 者

二〇一六年一月于广东外语外贸大学高级翻译学院

目 录

第一章　汉英翻译概论
一、理论探讨 1
二、译例举隅及翻译点评 7
三、翻译比较与欣赏 14
四、翻译练习 15

第二章　培养汉英翻译能力之途径
一、理论探讨 17
二、译例举隅及翻译点评 19
三、翻译比较与欣赏 27
四、翻译练习 28

第三章　汉语中常用句型及其英译
一、理论探讨 31
二、译例举隅及翻译点评 43
三、翻译比较与欣赏 51
四、翻译练习 53

第四章　规避中式英语的途径
一、理论探讨 56
二、译例举隅及翻译点评 64
三、翻译比较与欣赏 71
四、翻译练习 72

第五章　汉英翻译的过程和步骤
一、理论探讨 75
二、译例举隅及翻译点评 79
三、翻译比较与欣赏 89

四、翻译练习 90

第六章　主语的确定及信息重心的确立
　　一、理论探讨 93
　　二、译例举隅及翻译点评 101
　　三、翻译比较与欣赏 111
　　四、翻译练习 113

第七章　谓语动词的选择
　　一、理论探讨 116
　　二、译例举隅及翻译点评 119
　　三、翻译比较与欣赏 126
　　四、翻译练习 127

第八章　汉英翻译中的明示与隐含
　　一、理论探讨 130
　　二、译例举隅及翻译点评 134
　　三、翻译比较与欣赏 140
　　四、翻译练习 142

第九章　汉英翻译中句子信息的凸显与淡化
　　一、理论探讨 145
　　二、译例举隅及翻译点评 147
　　三、翻译比较与欣赏 155
　　四、翻译练习 156

第十章　汉英翻译中译文的衔接和连贯
　　一、理论探讨 158
　　二、译例举隅及翻译点评 161

三、翻译比较与欣赏 169
四、翻译练习 170

第十一章　汉语被动意义句的翻译
一、理论探讨 173
二、译例举隅及翻译点评 175
三、翻译比较与欣赏 183
四、翻译练习 184

第十二章　汉英翻译中专有名词的处理
一、理论探讨 186
二、译例举隅及翻译点评 188
三、翻译比较与欣赏 194
四、翻译练习 195

第十三章　汉英翻译中词语意义的再现
一、理论探讨 199
二、译例举隅及翻译点评 201
三、翻译比较与欣赏 208
四、翻译练习 210

第十四章　否定的翻译
一、理论探讨 212
二、译例举隅及翻译点评 214
三、翻译比较与欣赏 219
四、翻译练习 220

第十五章　特殊句型"是"字句的翻译
一、理论探讨 223

二、译例举隅及翻译点评 227
　　三、翻译比较与欣赏 233
　　四、翻译练习 234

第十六章　特殊句型"把"字句的翻译
　　一、理论探讨 237
　　二、译例举隅及翻译点评 239
　　三、翻译比较与欣赏 244
　　四、翻译练习 245

第十七章　长句的翻译
　　一、理论探讨 247
　　二、译例举隅及翻译点评 250
　　三、翻译比较与欣赏 257
　　四、翻译练习 258

第十八章　汉英翻译中句子结构的调整
　　一、理论探讨 261
　　二、译例举隅及翻译点评 265
　　三、翻译比较与欣赏 273
　　四、翻译练习 274

第十九章　汉英翻译中文化信息的传译
　　一、理论探讨 277
　　二、译例举隅及翻译点评 281
　　三、翻译比较与欣赏 289
　　四、翻译练习 290

第二十章　汉语隐喻的翻译
一、理论探讨..293
二、译例举隅及翻译点评..295
三、翻译比较与欣赏..302
四、翻译练习..303

第二十一章　汉语习语的翻译
一、理论探讨..306
二、译例举隅及翻译点评..311
三、翻译比较与欣赏..318
四、翻译练习..319

参考文献..322

第一章　汉英翻译概论

> 汉英翻译就是译者将作者为汉语读者所写的汉语文本转换成功能相似、语义相符、供英文读者阅读的英语文本的活动。
>
> ——陈宏薇

一、理论探讨

翻译是一项深入、细致、缜密的语言转换活动。说它深入，是因为翻译对译者语言基本功和文化素养的要求甚高，没有扎实的语言基本功、没有厚实的文化底蕴，是难以担当翻译重任的。说它细致，是因为翻译要求译者时时刻刻都要用心——用心理解原文作者所传达的信息，用心揣摩原文语篇所用词语和句式的语体色彩，用心识别原文语篇所运用的修辞方法，等等。没有这份细致，没有这份用心，是不能奢谈翻译的。说它缜密，是因为翻译要求译者在表达时既要注意词语与词语之间的搭配要得当，又要注意句子内部以及句子同句子之间的逻辑要合乎情理，还要注意整个语篇的语体风格要保持前后一致。没有缜密的态度，是难以产出高质量的译文的。与此同时，翻译是一项语言转换活动，但这种语言转换活动并非是机械的，而是具有创造性的。一篇译文既能充分体现出译者的语言水平，也能充分体现出其创造性。

汉英翻译，作为一种"译者将作者为汉语读者所写的汉语文本转换成功能相似、语义相符、供英文读者阅读的英语文本的活动"（陈宏薇，2004: 1），会让译者面对这样一个问题，即汉英两种语言所承载、所依附的文化之间存在着巨大差异，而一般英语受众对中国及其文化的了解相当有限，甚至一无所知。因此，作为译者，一方面要实现两种语言的转换，另一方面要充当文化沟通的使者，通过翻译来架设桥梁，通过翻译来传达信息，通过翻译来沟通文化。但是，如何跨越汉英两种语言所承载的巨大文化差异、达到"沟通"的基本目的常常是译者所面临的一大难题。

　　为达到这个"沟通"的基本目的，作为译者，必须具备两种能力，即翻译能力和译者能力。所谓翻译能力就是指进行成功翻译所必需的知识，其中包括五类：目的语语言知识、文本类型知识、始源语语言知识、现实世界知识、翻译所涉及的两种语言之间对比的知识。译者能力包括对翻译标准和翻译原则的把握、译者对始源语所负载的蕴涵意义以及将这些意义在目的语中再现出来的能力、始源语和目的语所代表的两种文化的转换能力、良好的写作基本功、广博的百科知识等。

　　需要说明的是，当我们说译者必须具备翻译能力和译者能力时，并非是说译者一定要在完全具备了这两种能力之后才去从事翻译。译者完全可以通过大量的翻译实践或者说是后天的不懈努力来逐渐培养起这两方面的能力。尽管翻译对译者的潜质要求很高，但尽管译者可以是天生的，但更多的情况是后天培养的。请看下面这句话的翻译：

　　原文：我们在会议期间畅所欲言。

　　译文一：We said freely what we wanted to say during the meeting.

　　译文二：We freely expressed our opinions during the meeting.

　　译文三：We had a luxury of opinions during the meeting.

　　通过对以上三种译文的对比不难发现，译文一做到了达意，译文二不仅做到了达意，而且做到了达旨。译文三则不仅做到了达意、达旨，还做到了达效和达趣。不同译文反映出译者对翻译标准的把握。

　　另外，要顺利地从事汉英翻译，首先必须对汉英两种语言句子结构之异同有所了解。汉英句子结构之异同主要表现在以下几方面（参见隋荣谊，2004a：134-138）：

　　第一，汉语以意合为主要特征，英语以形合为主要特征。

　　意合是指依仗意义，即依仗句子内在的逻辑关系来组织语言的手段。形合是指依仗形式（包括词语的变化形态、词汇衔接、连接词的运用等）来组织语言的手段。

　　由于汉语主要是以意合为特征的语言，其行文简练明快，句子内部以及句与句之间的逻辑关系不是靠使用关联词语来体现，而是靠句意来展开，如：秘书今天没来，她生病了。

　　这句话由两个分句组成。第一个分句"秘书今天没来"为"果"，第二个分句"她生病了"为"因"。但这种因果关系不是依托连词（如"因为"）来体现。假如将此句翻译成英语，其英译文是：The secretary is absent from work today because she is ill。这里英译文由于使用了 because 这个连词，即"形式"，因而将句子内部的逻辑关系明确地展现出来了。采用这种手段来体现句子内部及句子与句子之间逻辑关系的语言称为"形合"的语言。当然，假如将上面一句翻译成：The secretary is absent from work today. She is ill。此时就是通过意合法来组织语言了。这也未尝不可，但这两句话之间的内在关系就没有那么密切了。

说汉语主要是以意合为特征的语言，意思是说汉语句子也可以像英语句子那样，使用形合的手段来组织语言，如：

那女人**虽**是山里人模样，**然而**应酬很从容，说话很能干，寒暄之后，就赔罪，说她特来叫她的儿媳回家去，**因为**开春事务忙，**而**家中只有老的和小的，人手不够了。（鲁迅《祝福》）

在这个句子中，各分句之间的逻辑关系是靠所使用的连接词如"虽""然而""因为""而"等来体现的，因而是一个以形合为特点的句子。由于英语主要是以形合为特征的语言，因此，在将这种以形合为特征的句子翻译成英语时，可以直接以英文的行文方式组织句子。杨宪益、戴乃迭夫妇将此句译为：

Although this woman looked like the hill-dweller she was, she behaved with great self-possession and had a ready tongue in her head. After the usual civilities she apologized for coming to take her daughter-in-law back, explaining that early spring was a busy time **and** they were short-handed at home **with** only old people and children around.

英语主要是以形合为特征的语言。这具体表现在，英语句子主干结构突出，分句或从句借助连接词附在主句上，主句同分句之间的逻辑关系通过连接词来体现，从而使整个句子结构紧凑严密，形成一个有机整体。比如下面一句：

You, too, would want to let your eyes rest long on the things **that** have become dear to you **so that** you could take the memory of them with you into the night **that** loomed before you. (Helen Keller, *Three Days to See*)

这句话将复杂的思想内容连接在一起的秘诀就是句中使用了诸如 that、so that 之类的连接词。它们都是形合语言的表征（representations）。假如将这句话翻译成以意合为主要特征的汉语，译文可以是：

你也一样，很愿意长久地注视着对你来说感到亲切而珍贵的各种东西，这样，你就可以把对它们的记忆带入夜幕，任凭它们浮现在你眼前。（李明 译）

第二，汉语句子多使用动词，叙述呈动态（dynamic），而英语句子则多用名词、介词、形容词以及弱化或虚化的动词（参见连淑能，1993：104-127），叙述呈静态（static）。

汉语重动态描写，因而大量使用动词，另外，汉语里的动词又不像英语里的动词那样有形态变化，所以使用动词非常便利。汉语在描述事件时，惯于借助动词，依时间先后顺序，逐步交代，层层铺开。在将汉语句子翻译成英文时，必须按照英语句子的行文方式及英语主句和/或分句数量的需要，从汉语句子众多的动词中给每一个主句和/或分句选取一个动词充当谓语动词（或称限定动词），未被选作谓语动词的动词转换成英语里的名词、介词或非谓语动词（或称非限定动词）或其他词类。比较下面两个例子各自的原文和译文：

(1) 武松**放了**手，**来**松树边**寻**那打折的棒橛，**拿**在手里，只怕大虫**不死**，把棒橛又**打了**一回。（施耐庵《水浒传》）

Wu Song **released** the tiger and **went** back to the pine woods **to find** the half staff. **With** the staff in hand, he **struck** the tiger once more, **afraid** that it **was still alive**.（隋荣谊，2004a: 135）

(2) He was a clever man; a pleasant **companion**; a careless **student**; with a great **propensity for** running into debt, and a **partiality for** the tavern. (Thackeray, *Vanity Fair*)

他人很聪明，容易相处，可学习粗心大意，特喜欢借债，喝酒很有瘾。（李明 译）

第三，汉英句子重心的位置有分别。

所谓句子重心是指整个句子所传达的核心信息。汉语句子的重心一般置于句子末尾，而英语句子的重心一般置于句子开头。除非因修辞需要，这种常规有可能被打破，那时就具有了修辞意义或者特别的意义。试比较以下汉语句子及其英译文：

我原来打算在今年一月访问中国，后来不得不推迟，**这使我非常失望**。

It was a keen disappointment that I had to postpone the visit which I intended to pay to China in January.

第四，汉语中多无主句，英语中，除正常使用的祈使句省略主语外，其余每个句子都需要有主语。

受意合思维影响，汉语多突出话题（topic-prominent）而不关注句子中是否有主语，因此，汉语中存在大量的无主句。英语则注重形合，且是主语突出（subject-prominent）的语言，因此，每个句子都必须有主语。这样，在将汉语句子翻译成英文句子时，就需要增添主语。比如：

把开发新技术、新产品、新产业同开拓市场结合起来，把发展技术密集型产业和劳动密集型产业结合起来。(《人民日报》)

We shall combine the efforts to develop new technologies, products and industries with the efforts to open up markets and integrate the development of technology-intensive industries with labor-intensive industries.（转引自邵志洪，2003a：348）

这里，汉语原文是无主句，但所谈论的话题意思清楚明白，翻译成英文时，译文中增添了主语 we，如此添加主语在英语句子中是必不可少的。也可试译如下：

Efforts should be made to integrate the development of new technologies, new products and new industries together with the development of new markets and to integrate the development of technology-intensive industries together with the development of labor-intensive industries.

假如不添加人称代词充当主语，则添加一个 efforts 充当主语，由此可见英语这种语言的确是一种主语突出的语言。

第五，汉英两种语言中均有各自的特殊句型，但这些特殊句型无法形成汉英翻译中语言形式上的对等。

比如在汉语中，若表示强调，常用"是"字句，但英语中的强调句型是 It is/was... that...。因此，在将汉语中表示强调的"是"字句翻译成英语时，需要使用英语中的 It is/was... that... 这个强调句型。尽管英语中的强调句型在语言形式上无法同汉语的"是"字句型对等，但所传达的意义一样。据包家仁（2002）的研究，同英语相比，汉语中比较特殊的句型有：主谓谓语句、连谓句、兼语句、"得"字句、"把"字句、"被"字句、"是"字句、存现句。当然还有外位结构。这些都是汉英翻译中应该引起注意的。

第六，汉语句子多用表示人称的名词或代词充当主语，英语句子多用表示物称的名词或代词充当主语。

汉语中多用表示人称的名词或代词作主语，这种主语亦称有灵主语（animate subject）。汉语多注重"什么人怎么样了"。当不用表示人称的名词或代词作主语，而用表示非人称的名词或代词作主语时，这种主语亦称无灵主语（inanimate subject）。多用人称是汉语的特点，多用物称是英语的特点。比如，汉语中说"她独处时便感到一种特殊的安宁"，主语是"她"，但翻译成英语时，可以是 A strange peace came over her when she was alone，这时，英语中的主语变为 A strange peace，是无灵主语。（参见连淑能，1993）

第七，汉英句子的语序不同。

汉英句子语序的不同，一是体现在疑问句和感叹句语序的不同上。汉语的疑问句和感叹句一般采用自然语序，只在句中增加表示疑问或感叹的词语即可，而英语的疑问句其主语和谓语一般采用倒装或部分倒装的方式，感叹句则常用 what 或 how 置于句首来引导。

二是体现在句子修饰性成分位置的不同上。修饰性成分包括定语和状语。就单个词语作定语而言，它们在汉语句子和英语句子中的位置一般相同，即置于被修饰语之前，但在英语中，单个词语作定语置于所修饰的名词之后也是常见现象。使用短语或从句作定语，在汉语中是前置，在英语中则主要是后置。除非为了修辞需要，汉语中偶尔也使用外位结构，如朱自清在《荷塘月色》中有这样一句话：

荷塘四面，长着许多树，**蓊蓊郁郁的**。

如果将该句写成"荷塘四面，长着许多蓊蓊郁郁的树"也未尝不可，但会大大失去散文的韵味。该句的英译文有以下几种：

译文一：...in **a lush, shady ambience** of trees all around the pond.（朱纯深 译）

译文二：Around the pond grows a profusion of **luxuriant** trees.（王椒升 译）

译文三：Trees grow **thick and bosky** all around the pool...（杨宪益、戴乃迭 译）

译文四：Around the pond grows a huge profusion of trees, **exuberant and luxuriant**.（李明 译）

第八，汉语长句喜用主次不分的短句串联在一起，英语长句则喜好使用主次分明、层次性强的主从结构来行文。

原文：这幅画是一部用思考和修养完成的杰作，它既有历史感又有现代艺术语言的特性。

译文一：The painting is a masterpiece reflecting deep insight and artistic attainments; it expresses a sense of history by using specific modern artistic vocabulary.（袁运甫，1992）

译文二：This painting, a masterpiece created out of both deep thought and great artistic accomplishments, is characterized by a portrayal of modern artistry as well as a sense of history.（李明 译）

译文一根据原文所表达的两层意思分别译成了两个独立句，中间用分号整合成一个句子。但这样翻译没有突出原文所表达的重要信息——"既有历史感又有现代艺术语言的特性"。译文二则将原文第一个分句翻译成英语中的同位语短语，而将第二个分句翻译成整个句子的主干成分，从而将后半句的信息加以凸显。这样更加符合英语的层次性结构。

从事汉英翻译，对汉英两种语言各自不同的特点加以对比并充分掌握这方面的对比知识，是作为译者必须具备的翻译能力，只有具备了这种翻译能力，才能真正地从事好翻译工作。

二、译例举隅及翻译点评

【例1】

原　文：我爱海，并不仅仅因为她的颜色美丽，和藏在海底那许多有趣的玩意儿，而是爱她的胸襟广阔，化污秽为清洁。（谢冰莹《海恋》）

译文一：I love the sea not only because she has the beautiful hues and many intriguing objects hidden deep underneath her, but also because she is broad and liberal enough to turn the foul into the pure.（隋荣谊 用例）

译文二：I love the sea not only because of her beautiful hues and intriguing objects hidden underneath, but also because of her broadness and capability to turn the foul into the pure. （李明 译）

【点评】 做任何翻译，"达意"最为基本。本例汉语原文中，"我爱海"是总说，"爱海"的原因有二，分别列在后头，这种行文方式同英文的行文方式相同，因此，翻译可以依据原文语序进行直译。翻译本句的难点在于词语的选择，比如，如何翻译"颜色""有趣""玩意儿"等。译者在这里选择了恰当的表达，将它们分别译为 hues、intriguing 和 objects。相比之下，译文二更为简洁。

【例2】

原　文：我想他是**不得已**才向我求助的，因为他不想让家里人知道这件事。

译文一：I think he came to me for help because he **had no alternative**, for he wanted his family to know nothing about this.

译文二：I think he asked me for help **out of necessity**, for he didn't want his family to know about this. （孙海晨，1998：159）

【点评】 "不得已"通常翻译成 have to，但译者另辟蹊径，在译文一中将其译为 have no alternative，译文二使用了 out of necessity（出于需要）的表达，变换一个角度来表示"不得已"之意。这对我们的翻译具有启示作用。

【例3】

原　文：太阳的热把水蒸发成云；如果云被吹到较凉的地方，天就会下雨；如果被吹到较暖的地方，云就会消散。

译文一：The sun's heat evaporates water, forms cloud; if cloud is blown to a cooler place, rain falls; if to a warmer place, it disappears. （连淑能，1993：184）

译文二：The heat from the sun vaporizes/evaporates water and then the evaporated water turns into clouds. When clouds are blown to a cooler place, they turn into rain and when to a warmer place, they dissipate. （李明 译）

【点评】 这里，汉语原文中的第一个分句为"把"字句，对于"把"字句有多种翻译办法（详见有关"把"字句的翻译）。译文一将其译为 The sun's heat evaporates water, forms cloud 是不恰当的，因为，第一，在句法上，它不符合英文表达，如果将其改为 The sun's heat evaporates water and then the evaporated water turns into clouds 就符合英文句法了。第二，它造成了逻辑混乱，因为 forms 这个动词的主语可以理解为 The sun's heat，那样的话，就成为"太阳的热形成了云"了，这是不对的。译文二纠正了可能引起这种误解的错误。

【例 4】

原　文：华大妈在枕头底下**掏了半天**，**掏出一包洋钱**，**交给老栓**，老栓接了，抖抖的装入衣袋，又在外面按了两下；便点上灯笼，吹熄灯盏，走向里屋子去了。（鲁迅《药》）

译文一：After some **fumbling** under the pillow his wife **produced** a packet of silver dollars which she **handed over**. Older Shuan **pocketed** it nervously, **patted** his pocket twice, then **lighting** a paper lantern and **blowing out** the lamp **went** into the room.（杨宪益、戴乃迭 译）

译文二：After much **fumbling** under the pillow, his wife **produced** a packet of silver dollars and **handed** it **over** to him. Older Shuan **took** it, **pocketed** it nervously and **patted** his pocket twice. Then he **lighted** a paper lantern, **blew out** the lamp and **went** into the room.（李明 改译）

【点评】这里的汉语原文选自鲁迅的《药》这篇著名小说，描述了老栓在天还未亮就起床并在外出买药之前发生的事情。从原文中加粗的文字不难看出，作家在这里描写了老栓的一系列动作，非常生动。这里译文一在几个方面做得不好，其一是将"掏了半天"译成 some fumbling，译文二将其改译为 much fumbling 更为恰当。其二是将"交给老栓"译为定语从句的 which she handed over，由于"交给"这个谓语动词同"掏出"均是由"华大妈"发出的，因此，将"交给"这个动作同"掏出"并列更为恰当。其三，将"老栓接了，抖抖的装入衣袋，又在外面按了两下；便点上灯笼，**吹熄灯盏**，**走向里屋子去了**"整个译为英文中的一句话不足取。仔细分

析，这两个分句相对应的英译文 Older Shuan **pocketed** it nervously, **patted** his pocket twice, then **lighting** a paper lantern and **blowing out** the lamp **went** into the room 是一个错误的句子。要使该句正确，必须在 then 之前加上 and 才符合英语句法。译文二对此进行了改进，英译文能够较好地再现原文信息。

【例5】

原　　文：在华南，春天和初夏是多雨季节，有许多日子会见到倾盆大雨，或者是跟随着台风而来的暴雨。

译文一：In south China, spring and early summer are wet seasons, with quite a number of days **experiencing** torrential downpours or rainstorms that accompany typhoons.

译文二：In south China, spring and early summer, a period for rainy seasons, may experience a great many days with downpours or rainstorms with typhoons.（李明 译）

【点评】本例中，汉语原文最难处理的词语恐怕要算"见到"这个词了，因为汉语是一种意合的语言，这样表述自然不会引起误解，但在英译文中，由于该词语的逻辑主语是"春天"和"初夏"这两个"季节"，因此，翻译这个"见到"时，英文中所选的动词必须能够同"季节"搭配得当。译文一在这里选择 experiencing 是不错的选择。相比之下，译文二更为简洁。

【例6】

原　　文：太平洋几乎和其他三个大洋加起来一样大，其最深部分达到海面下10 973米，这个深度甚至超过了喜马拉雅山上世界最高峰的高度。

译文一：The Pacific Ocean is almost as large as the other three combined, its deepest part being 10,973 meters below the sea level—a **distance** even greater than the height of the Earth's highest peak in the Himalayas.（李学平，2006：18-19）

译文二：The Pacific Ocean, which is almost as large as the other three oceans put together, has reached 10,973 meters below the sea level—a depth which even surpasses the height of the world's highest peak in the Himalayas.（李明 译）

【点评】翻译最重要的是所选词语放在句子中要合乎逻辑。很多时候，中国学生在翻译时，容易受原文影响，按照词语的字面意义进行翻译而容易忽视英语表达的逻辑性，导致英译文意义不明晰或者呈现出中国式英语的特征。本例中，如何翻译"深度"一词对于整个句子的行文起着非常关键的作用。通常，"深度"用 deepness、depth、profundity 来表示，但如果将它们中的任何一个放在这里，英译文都不符合逻辑。译者在这里选择 distance 一词进行翻译，就很好地解决了这个难题，但从搭配及适当性来看，译文二中的 depth 似乎是更好的选择。

【例 7】

原　文：中国的大河流都是从西流向东，使得南北之间的交通相对来说比较困难，因此铁路和公路成为了国家经济上必不可少的设施。

译文一：All China's big rivers flow from west to east, making transportation between the north and the south relatively difficult. As a result, railroads and highways have become indispensable for the nation's economy.（李学平，2006：27）

译文二：With all big rivers in China flowing from the west to the east, the transportation from the north to the south has been made relatively more difficult. Consequently, railroads and highways have become economically indispensable to the whole nation.（李明 译）

【点评】在两种语言转换过程中，舍弃原文中的某些成分有时不仅不会妨碍意义的传达，反而还会使得意义的传达更为通畅。本例汉语原文中的"设施"一词在英译文中就被省略了。为什么呢？因为尽管在汉语中可以说"公路设施""铁路设施"，但在英语中，"铁路"和"公路"没有一个统称的词语来指代它们，也无法将它们冠以"设施"之名。故这里的英译文将"设施"一词省略，不仅更容易表达和行文，而且反而使得意义更为明晰。译文二将原文信息整合成一个主从复合句，将原文所表达的信息更加突

出地展现了出来。

【例8】

原　文：每年都有大批的外国旅游者来中国观光，中国有许多著名的旅游点，比如长城就是一个有重大历史意义的建筑物，桂林就是一个以不平凡的风景而闻名的地方。

译文一：Every year, a great number of foreign tourists come to visit China. China has a lot of famous spots. For example, the Great Wall is a structure of great historical significance, and Guilin is a place known for its unique scenic beauty.

译文二：Every year, a large number of foreign tourists are attracted to China as China boasts many famous scenic spots with the Great Wall, for example, being an architecture of great historical significance and Guilin being a place well-known for its unique landscape.（李明 译）

【点评】这里的汉语原文只有一个句子，但有三层意思，分别为：1）每年都有大批的外国旅游者来中国观光；2）中国有许多著名的旅游点；3）举例说明。在将汉语中含有几层意思的句子翻译成英文时，最好的办法就是将它们的每一层意思翻译成一个英文句子，这样，既可以避免出错，又能将原文的意思表达得更为清楚，是值得中国学生效法的一种翻译方法。译文一就是按照这样的思路行文的。译文二则将原文译成了一个主从复合句，如此翻译，句子就有了层次感。

【例9】

原　文：如今，做个丈夫也有他的难处。比如吵嘴，你就是有理，却也只能装着无理，拱手告降。（刘宓庆，1999：216）

译文一：One of the embarrassments of being a good husband today is that you are not permitted to defend yourself in a quarrel and have to go down on your knees pretending that you are not on the right side.（刘宓庆，1999：216）

译文二：Currently, it is no easy matter for him to be a husband. When he is in a quarrel, for example, even if it is not his fault, he has to give in before her, pretending that he has been wrong from the very beginning.（李明 译）

【点评】汉语善于使用短小的句子，"语流呈板块型拓展式"（刘宓庆，1999：216）。英语则善于使用长句，结构和逻辑关系非常缜密，汉英翻译时就需要对汉语句子的信息进行重组，使之符合英语的表达习惯和表达方式，具体重组的办法很多，这里采用了"转移主语，择善而从"（刘宓庆，1999：216）的翻译方法，从而取得了"举纲张目"的效果，加强了句子的组织性，符合英语表达。这样的翻译方法在汉英翻译中应用广泛。相对于译文一，译文二的表达似乎更加清晰。

【例10】

原　文：老人听到外甥这些坚贞不屈、视死如归的豪言壮语，激动和伤痛的感情冲击着他，不由得老泪纵横。

译文一：On hearing his nephew's unflinching and fearless talk, overwhelmed by feelings of sorrow and distress, the old man gave way to a flood of tears.（黄新渠，2002：18）

译文二：With his nephew's unflinching and fearless speech, the old man was overwhelmed with great sorrow and distress, giving way to a flood of tears.（李明 改译）

【点评】汉语句子的行文在多数时候都是按照前因后果来铺陈，也由于汉语主要是以意合为主要特征，句子的逻辑关系并没有显现出来，而且句中到底哪个是主要信息，哪个是次要信息，通常不去关注。中国人就是习惯使用这样的句子，对这样的表达也通常不会产生误解。但在将这样的句子翻译成英语时，就不能够以汉语句子的行文方式行文。在英语中，首先需要弄清逻辑关系，将主要信息置于主句的位置，而将次要信息置于从句或者短语的位置。尽管到底哪是主要信息哪是次要信息，不同的译者会有不同的选择，但应该以最符合逻辑的选择为最佳。本例中，译文一选择了"不由得老泪纵横"为主要信息，译文二则选择"激动和伤痛的

感情冲击着他"为主要信息,而将"不由得老泪纵横"置于主要信息之后作伴随状语更符合逻辑。

三、翻译比较与欣赏

【例1】

原　文：据说在公元八百年的时候,女皇武则天因百花中唯有牡丹未按她的旨意在雪天开放,因而龙颜大怒,将其逐出京城长安,流放到洛阳。

译文一：It is said that in AD 800 the peonies, unlike the other flowers, disobeyed Empress Wu Zetian's command to bloom in the snow. In a rage she banished them from the imperial capital Chang'an to Luoyang.

译文二：As the story goes, in AD 800 Empress Wu Zetian, enraged that the peonies, unlike the other flowers, failed to bloom in the snow as she had decreed, banished them from the imperial capital Chang'an to Luoyang.（孙海晨，1998：150）

译文三：It was said that in the year 800, Empress Wu Zetian banished in a rage the peonies from the Imperial Capital Chang'an to the City of Luoyang because only peonies among one hundred flowers did not bloom on snowy days as she had wished.（李明 译）

【例2】

原　文：在我的后园,可以看见墙外有两株树,一株是枣树,还有一株也是枣树。（鲁迅《秋夜》）

译文一：Through the window I can see two trees in my backyard. The one is a date tree, the other is also a date tree.（Ng Maosan 译）

译文二：Behind the wall of my backyard you can see two trees: one is a date tree, the other is also a date tree.（杨宪益、戴乃迭 译）

译文三：In our backyard, there stood two Chinese jujubes.（毛荣贵，2005b：285）

译文四：Over the wall from my back garden you can see two trees. One is a date tree;

so is the other.（王立弟、张立云，2002：17）

译文五：Behind the wall at the back of my garden could be seen two trees: One is a date tree; the other is still a date tree.（李明 译）

【例3】

原　文：不在其位，不谋其政。

译文一：He who is not in any particular office, has nothing to do with plans for the administration of its duties.（James Legge 译）

译文二：He who does not occupy the office does not discuss its policy.（Soothill 译）

译文三：Out of position, out of administration.（张其春 译）

译文四：Everyone should confine himself to his own duties.（张学英，1991：74）

四、翻 译 练 习

句子翻译

1. 进一步简化手续，及时地积极地从国外引进，并且认真组织科学技术人员和广大职工做好消化和推广工作。
2. 他们站在楼梯口，一个老人和一个孩子，孩子一手拿着小红铁筒，一手摇着小铁铃铛，黑色大衣上的小脸，被冷空气激得红红的。（陈丹燕《圣诞歌声》）
3. 中国的经济继续沿着快速的轨道发展，许多中国人正在改变自己的生活方式，而在这样做的同时，他们总是准备好迎接任何新的挑战。
4. 根据世界卫生组织的定义，所谓健康城市，是不断创造、改进其物质和社会环境，并不断拓展社区资源、以使人们能够相互支持，从而充分发挥出生活各方面的潜能。
5. 我访问过一些地方，遇到不少人，要谈起来，奇妙的事可多着呢。
6. 根据旧时齐鲁民俗，女孩从七八岁起就跟大人学做女红，到十一二岁时一般都会各种针线手艺，姑娘们把做好针线活看做是显示心灵手巧的良机，日积月累地精心缝制一件件美观实用的绣品。逢年过节或遇婚嫁喜寿之时，就挑选几样满意之作馈赠亲友。

7. 庞贝城现在成了举世闻名的游览地，人们可以在这里赞赏自然界的伟力与人类的创造才能，发出繁华如过眼烟云之类的种种感慨，享受地中海的太阳与和风。

8. 到了徐州见着父亲，看见满院狼藉的东西，又想起祖母，不禁簌簌地流下眼泪。

9. 加强我们两国以及各国的教育交流与合作，将起到互相学习、借鉴，取长补短的作用。

10. 八角亭初建于公元550年的北齐，以后虽经历多次重建，仍保存着原来的模样。

语篇翻译

语篇翻译 1

我发现用大部分时间来独处是有益的。与人相处，哪怕是跟最好的人相处，也很快就会让人厌倦和消耗精力。我喜欢独处。我还从来没有找到比孤单更亲近的朋友。我们到海外人群中漫游时，大都比我们独自在家时更孤独。当人思考和工作时，总是独自一人的。衡量孤单的，并不是人与人之间相隔的空间距离。真正勤勉的学生，哪怕他处于校园人群喧嚷的一个房间内，也如沙漠中的隐士一样。农夫能在田间或林中独自工作一整天，锄草或劈柴都不觉得孤单，因为他在工作着。当他晚上回到家，他就不能再独处了。他必须处于能"看到家人"的地方，而且他想，这是对他一整天独处的回报。所以他不理解学生怎么能整日整夜的待在房里而不感到厌倦和"忧伤"。这只是因为农夫没有认识到，尽管学生坐在房里，他仍然在他的田间工作、在他的林中劈柴。

语篇翻译 2

民 工 潮

(1) 新年春节刚过，农村的破旧小车站就挤满了成千上万的农民。(2) 他们只有一个目的，到城市去。(3) 八十年代初，农村的改革，使得千千万万的农民从土地上解放了出来，纷纷跑到城市找工作。(4) 自那以后，这种大规模的民工潮一直使城市感到头痛。(5) 这不仅是因为对城市设施造成了极大的压力，而且他们担心会引发许多社会矛盾。(6) 所以外来民工往往被看成二等公民，不能成为城市居民，孩子不能在城市读书。(7) 但是另一方面，城市和经济开发区的发展急切需要大批劳力到工厂和建设工地。(8) 而且政府也感到如果不让农民出来，让他们也富起来，城乡的穷富差别将进一步拉大。(9) 而农民的不满加剧，会导致社会动乱。

第二章 培养汉英翻译能力之途径

> 人的生活环境和受教育的背景不同,他的先有、先在和先识就会不同,那么他们的主体意识也一定会有所差异。所以,从这个角度看,源语文本只能有一个,而翻译文本可以有无数个。
>
> ——曹山柯

一、理 论 探 讨

根据 Sofer(1999: 33-37)的观点,任何知晓不止一种语言的人都有能力运用翻译者们称为"目的语"(the target language)中的对应词语或句子来解释"原语"(the source language)中的某个词语或句子。这实际上就是翻译之始,但这仅仅是翻译之开始。如果只停留在这个层面,我们不能真正造就成功的译者。作为译者,除必须具备原语和目的语知识之外,还必须具备翻译的天分(aptitude)或天赋(talent)。并非所有人都具备这种天分或天赋。这种天分或天赋与智商的高低无关,与语言能力的强弱亦无关,而是一种与生俱来的语言转换能力。但说"与生俱来"并非是说后天不需训练和培养。如果一个人先天具有较强的语言转换能力,但后天没有学会除母语之外的另一种语言,这种"与生俱来"的能力也就无从培养。那么,如何才能培养起这种能力呢?就汉英翻译而言,主要从以下几个方面来培养:

第一,培养译者全面掌握汉语和英语这两种语言。这是作为译者的前提条件,没有这个前提条件,要想成为译者,只能是妄想和奢谈。

第二,培养译者深谙汉语民族文化和英语民族文化。语言是文化的载体,语言不仅仅只用于命名或描述动作行为,它还传达情感、态度、信仰等,只是了解一种语言而不了解人们在运用该语言时的方式、态度、信仰以及一切文化构成,就是没有在真正意义上全面掌握语言。

第三，培养译者对语言发展和演变的洞察力。语言永远处于不断发展和演变的过程之中。作为译者，对日新月异的词汇（neologisms）要有较强的洞察力，对词语的细微变化要与时俱进。只有跟上时代步伐，译者的译文才能真实反映译者所处时代的社会现实。

第四，培养译者充分把握汉英翻译同英汉翻译之差别。在中国，从事英汉翻译者大大多于从事汉英翻译者，这是因为，在英汉翻译中，译者所运用的语言是他们熟悉的，只要正确理解了原语信息，译者就能够将其较好地传达出来。汉英翻译同英汉翻译有很大的不同，这是因为，即使是经年地学习英语，也难以完全掌握这门语言。在译文中，要用这种没有完全掌握的语言来表达自己，其难度可想而知。

第五，培养译者具备多个领域的翻译能力。专业译者必须具备翻译多个知识领域的能力，只有这样才能适应社会需求。在实际翻译中，译者所碰到的翻译材料不可能只涉及一个领域，而要找到一个集经济学家、律师、医生、工程师于一身的译者也是难以想象的。因此，作为译者，要善于获取多个领域的知识，把握多个领域的词汇，以便精确再现和传达各个领域的信息。

第六，培养译者具备娴熟的写作能力和口头表达能力。译者犹如记者，必须具备适时传达思想以及运用通俗语言表情达意的能力。翻译即是一种写作的形式或者一种发表演讲的形式。从某种意义上说，译者就是作家或者演说家。

第七，培养译者具备快速翻译的能力。当代社会，时间就是金钱，速度就是金钱。通常情况下，客户往往是在最后一刻才将翻译任务交给译者，译者对翻译任务所能支配的时间非常短暂，没有快速的翻译能力如何能承接翻译任务呢？再者，译文通常以字数论价，译者在单位时间内翻译的字数越多，所得收入也就越高。因此，翻译速度也是译者在竞争激烈的社会上得以立足的根本保证。

第八，培养译者具备探究的能力。所谓"探究的能力"，是指译者善于查询和积累产出高质量译文必备的参考资料的能力。没有这类参考资料，即使是最优秀的译者，也不能够指望翻译好许多不相关领域中的各项主题内容。因此，真正具有探求精神的译者总会时刻关注新出现的参考资料，并将这些资料积累成数据库，供日后翻译时参考。

第九，培养译者具备娴熟地运用现代科技产品的能力。作为 21 世纪的译者，不能不了解如何充分利用诸如硬件、软件、传真、调制解调器、互联网以及以上这些媒体的最新成果。如今的翻译完全依靠各种电子工具来进行。熟练地运用这些现代科技产品是成功译者必备的素质。

以上是专业译者应该着重培养的九种能力，但译艺无涯，译者越是往纵深方向发展，越是要进一步提高各方面的能力，比如译者除以上能力外，还需要掌握语言学、符号学、文化学、语篇语言学、哲学、美学等学科知识，这是高素质译者应具备的知识。但对于初学翻译者的培养而言，能培养出具备以上九种能力的译者也算是成功的了。

二、译例举隅及翻译点评

【例 1】

原　文：老婆婆似乎很老了，几根灰白的头发，很难再遮住头皮，瘦削的肩胛，撑起一件过于肥大的旧裰子，牙齿快脱落尽了，嘴巴深深地瘪陷下去，嘴在下意识地不住蠕动。（曹文轩《蓝花》）

译文一：The granny appeared quite senile—her thinly scattered gray hairs were no longer able to cover her scalp, the bony shoulders propped up an old jacket too large for her, her teeth had almost come out, and her deeply sunken lips kept opening and closing subconsciously.（Qin Xuelan 译）

译文二：The Granny seemed very old, her gray hair being too thin to cover her scalp, her shoulders too bony to prop up an old jacket too large for her and all her teeth having almost come off that her mouth became deeply sunken, moving subconsciously all the time.（李明 译）

【点评】翻译本例汉语原文的难点有二：一是原文为流水句，厘清各分句之间的主从关系至关重要；二是汉语原文各分句中分别使用了形容词（如"老了"）和动词（如"遮住""撑起""脱落""陷""蠕动"）充当谓语，英译时如何再现这些信息。仔细分析，"老婆婆似乎很老了"是全句的总说，英译文将该句放在句首，接着在其后使用破折号引出"似乎很老了"

的种种迹象。这样处理恰到好处，再现了原文信息。将"几根灰白的头发"译成 her thinly scattered gray hairs，将"瘦削的肩胛"译成 the bony shoulders，将"嘴巴深深地瘪陷下去"译成名词短语 her deeply sunken lips 等都是在真正理解原文深层意义的情况之下而采取的灵活翻译方法。另外，汉语中说"嘴巴""嘴"是笼统的说法，但这里，译者采用 lips 来作具体表达，亦再现了原文的深层意义。译文一在破折号之前是总说，破折号之后是分说，且使用了四个并列句。译文二则使用一个句子，其余成分以并列的分词短语来呈现。

【例2】

原　文：一次从沈阳乘坐火车到北京，刚上车时火车上正播放着当时春节晚会很火的一首歌曲《常回家看看》，优美的旋律让不经常坐火车的我感到非常的惬意，真的是一种享受。

译文一：Once, I took a train from Shenyang to Beijing. When I got onto the train, "Going Home Often", a very popular song at the then Spring Festival Gala hosted by the CCTV on the eve of the Chinese New Year, was being broadcast. The beautiful tune of the song greatly exhilarated me—a person who did not often take trains—and I felt it was really entertaining.

译文二：Once on a train from Shenyang to Beijing, I heard "Going Home Often", a song very popular at the Spring Festival Gala hosted by the CCTV on the eve of the Chinese New Year, being broadcast soon after I got onto the train. Its melody greatly exhilarated me—a person who did not often take trains. What a enjoyment it was!

【点评】从事汉英翻译，善于捕捉原文所承载的文化信息至关重要。捕捉到原文中的文化信息之后就要在英译文中将原文所负载的文化信息再现出来，让外国读者对汉语的文化进行了解，这也是作为译者应该努力完成的崇高使命。本例汉语原文中"春节晚会"就是汉语中独特的文化信息，在英译文中需要加以交待。本例英译文将"当时春节晚会很火的一首歌曲《常回家看看》"经过增益而翻译成 "Going Home Often", a very popular song at the Spring Festival Gala hosted by the CCTV on the eve of the Chinese New Year, 文化信息充分地被再现了出来。译文二的句子结构同译文一不一样。由此可见，汉英翻译时，译者可以有多种选择。

【例3】

原　文：有效掌握一种外国语的**途径**可能很多，但死记硬背不在其中。

译文一：**The effective acquisition of a foreign language** may take many ways, but rote learning is never among them.

译文二：**A foreign language** may be acquired in many effective ways, excluding only rote learning.

译文三：There may be **many effective ways** towards the acquisition of a foreign language, but rote learning is never included.

译文四：To have an effective command of a foreign language, **many ways** are available but never is rote learning.

译文五：**Many ways** of effectively acquiring a foreign language may be available but rote learning is never one of them.（李明 译）

【点评】美国翻译理论家奈达曾如此定义翻译：翻译即翻译意义。不同语言之间在语言形式上存在相异性，翻译中要转换的通常并非是语言形式，而是语言形式这个外壳所裹住的意义。对于原文意义的传达，具有不同语言水平和不同语言习惯的读者会选择不同的表达方式。另外，原文意义传达的方式又会根据语境的不同进行调整。就单句翻译而言，对同一原文采用不同的翻译方式反映出译者所采取的不同视角。本例给出了同一汉语原文的四种英语译文，它们各自的主语分别以 The effective acquisition of a foreign language、A foreign language、many effective ways 和 many ways 译出，既体现出不同译者所采取的不同视角，也说明译者对所译句子"主题"关注的重心不一致，从而带来不同的"主题"意义。

【例4】

原　文：工作年限延长，富裕程度增加，那就意味着白发消费奇观会继续增大。

译文一：The longer working lives and growing wealth will mean a continuing expansion of the grey consumer phenomenon.（常立，2006：4）

译文二：The prolongation of the working life and the increasing affluence mean that grey-haired consumers will continue to be on the increase.（李明 译）

【点评】汉语原文中的"工作年限延长，富裕程度增加"均是主谓结构，"那就意味着"中的"那"是指代前面的两个主谓结构的。这种结构在汉语当中非常常见，但在英语中则不太使用类似的结构。在将这类句子翻译成英语时，就必须按照符合英语句子表达需要的句式来行文。译文一正是考虑到了英语句子的行文方式，因而将上面所提到的两个主谓结构翻译成了 The longer working hours and growing wealth 这样的名词短语，随后的 will mean 就非常合乎逻辑而又自然地将原文的后一部分同前面的两个主谓结构整合到了一起。译文二将"那就意味着"译成了一般现在时的 mean，将"白发消费奇观会继续增大"在英译文中显化处理为 grey-haired consumers will continue to be on the increase，这样就使所表达的意思更为清晰明了。

【例5】

原　文：不坚持社会主义，不改革开放，不发展经济，不改善人民生活，只能是死路一条。（《邓小平文选第三卷》）

译文一：Without adherence to socialism, implementation of the reform and opening policy, development of the economy, and improvements in the livelihood of the people, we would find ourselves in a blind alley.（《北京周报》英译文）

译文二：If we did not adhere to socialism, implement the policies of reform and opening to the outside world, develop the economy and raise living standards, we would find ourselves in a blind alley. (Selected Works of Deng Xiaoping Volume III (1982-1992))

译文三：Without adhering to socialism, without implementing the reform and opening-up policy, without developing the economy, and without improving the livelihood of the people, we would in no doubt find ourselves in a blind alley.（李明 译）

【点评】要提高汉英翻译水平，还必须对所用词语的正式程度与否具有敏感性。汉英两种语言在表达正式性手段方面存在差异，汉语表达正式性的方式和手段非常有限，而英语表达正式性的方式则丰富多彩。比如，在英语中，可以在汉语使用动词的地方通过对该动词进行语法隐喻而使用由该动词所派生出来的名词的方式表达其正式程度，比如译文一中的 adherence、implementation、development 和 improvements 四个名词均是由它们各自的动词 adhere、implement、develop 和 improve 派生而来。由于使用了动词派生出来的名词形式，其结构更为复杂，因而其正式程度高。译文一的正式程度高于译文二的正式程度。由于汉语原文是邓小平在1992年南巡时发表的讲话，应为口语体，但因出版时对其即时性发言进行了整理，所以现在的文字应属于一种"书面口头语"。译文一的正式程度过高，完全不适合于口语中使用。译文二有一定的正式程度，但也可用于口语体当中。译文三采用了排比句式，强调了"不坚持社会主义，不改革开放，不发展经济，不改善人民生活"所引起的不良后果，再通过在句子中添加 in no doubt 来增强语气，使得整个句子更有力度。

【例6】

原　文：从1841年1月26日英国远征军第一次将米字旗插上港岛，至1997年7月1日五星红旗在香港升起，一共过去了156年5个月零4天，大英帝国从海上来，又从海上去。

译文一：One hundred and fifty-six years, five months and four days elapsed between January 26, 1841, the day a British expedition force first planted the Union Jack on Hong Kong island, and July 1, 1997, when the Chinese national flag started flying over Hong Kong. Britain, or Britannia in Latin, came from the sea and departed on the same route.（陈小慰，2006：74）

译文二：From January 26, 1841 when a British expedition force first planted its Union

Jack on Hong Kong island to July 1, 1997 when the national flag of China started flying over Hong Kong, altogether 156 years, 5 months and 4 days have passed. As the British empire came to Hong Kong from the sea, so it must leave Hong Kong from the sea.（李明 译）

【点评】 汉英翻译最要紧的是要区分出原文信息的主次，然后在英译文中将主要信息以主句的形式翻译出来，将次要信息以从句或者介词短语的形式再现出来。这里原文的主要信息是"一共过去了156年5个月零4天"和"大英帝国从海上来，又从海上去"，因此，它们被分别译成两个句子的主干成分。译文一在翻译"大英帝国从海上来，又从海上去"时，未能增补文中所隐含的信息，因而语气太轻，没有充分表达出原文之意。译文二所表达的语气更为强烈，所表达的意思也似乎更为明朗。

【例7】

原　文：她相信她丈夫最终会平安无事，这一信心使她挨过了他们分离后的岁月。

译文一：Her faith that her husband would be safe in the end was what pulled her through the years after they were separated.（史企曾，2006：2）

译文二：She was confident that her husband would be safe and sound in the end and this confidence helped her survive all those years ever since their separation.（李明 译）

【点评】 作为译者，不仅要精通原语，还要精通目的语，只有达到了精通双语的程度才能成功地进行翻译。就汉英翻译而言，最为要紧的就是所给出的译文要地道，并同时具有浓烈的英语味道，那才是上乘的译文。译文一将原文第一个分句中的"相信"和第二个分句中的"信心"翻译为faith，这样翻译，不仅简洁明了，而且使得整个英语句子具有了浓烈的英语味道。另外，译者将"使她挨过了"译为pulled her through也是非常生动的表达，值得初涉翻译的人效仿和学习。再者，译文一采用了主从复合句来翻译该句。译文二则采用了并列句来翻译该句，且将"相信"译为was confident that，将"信心"译为this confidence，以便前后呼应；将"挨过了"译为survive也是很不错的选择。

【例8】

原　文：受地球气候变暖的影响，喜马拉雅山上的冰川正在以加速度缩减，其结果将会使中国、印度、尼泊尔的数以亿计的依靠源自冰川的河流为生的人缺乏用水。

译文一：Due to the effects of global warming, glaciers in the Himalayas are reducing at an accelerating rate, which will result in water shortage for hundreds of millions of people who rely on glaciers-originated rivers in China, India and Nepal.（李学平，2006：206）

译文二：Greatly influenced by global warming, glaciers in the Himalayas are melting at an unprecedentedly accelerating speed, the result of which will be a shortage of water for hundreds of millions of people in China, India and Nepal who rely heavily on glaciers-generated rivers.（李明 译）

【点评】在汉语中，人们惯于使用非常冗长的定语来修饰某个名词或名词短语，而且这个冗长的定语是向左拓展的，英语中则往往避免使用冗长的向左拓展的定语，取而代之的是使用向右拓展的定语短语或定语从句。本例汉语原文的"其结果将会使中国、印度、尼泊尔的数以亿计的依靠源自冰川的河流为生的人缺乏用水"分句中有一个冗长的定语修饰"人"这个名词，这便是"中国、印度、尼泊尔的数以亿计的依靠源自冰川的河流为生的"，译文一将其译为 for hundreds of millions of people who rely on glaciers-originated rivers in China, India and Nepal，译文二将其译为 for hundreds of millions of people in China, India and Nepal who rely heavily on glaciers-generated rivers，两者有细微的区别。我们认为，译文二应该是原文所表达的意思。

【例9】

原　文：这些中外合资企业，充分引进海外投资和利用先进技术成果，为国家创汇和增加税收作出了积极的贡献。

译文一：Making full use of overseas investment and advanced technological developments, these Sino-foreign joint ventures have made great contributions

to promoting the amount of foreign currency and tax revenue for our country.（黄新渠 用例）

译文二：These Sino-foreign joint ventures, through introducing adequate overseas investment and fully utilizing advanced technological achievements, have made great contributions to foreign exchange earnings and tax revenues for our country.（李明 译）

【点评】译文一和译文二将"充分引进海外投资和利用先进技术成果"分别译成现在分词短语 Making full use of overseas investment and advanced technological developments 和介词短语 through introducing adequate overseas investment and fully utilizing advanced technological achievements，但译文一将分词短语置于句首，没有突显原文中"这些中外合资企业"这个信息，译文二则将介词短语置于句中，突显了"这些中外合资企业"这个信息。相比之下，译文二更为充分地传达出了原文之意。也有人分别这样翻译均不可取：1) These Sino-foreign joint ventures have made such full use of overseas investment and advanced technological developments that they have rendered great contributions to promoting the amount of foreign currency and tax revenue for our country. 2) These Sino-foreign joint ventures have made full use of overseas investment and advanced technological developments and thus have rendered great contributions to promoting the amount of foreign currency and tax revenue for our country.

【例10】

原　文：长在亚洲，且有商务经历，又在西方受过教育而学有专长，富有进取心的经理人员成了最受欢迎的对象。

译文一：Educated and enterprising managers with Asian upbringing and business experience combined with western education are most sought after.（何刚强 用例）

译文二：The most welcomingly hunted are managers with enterprising spirits apart from growing up in Asia, having some business experience, receiving education in

Western countries and being expert in a special field of study.（李明 译）

【点评】善于把握汉英两种语言之间的差异是译者应具备的素质。汉英两种语言的差异之一就是，在汉语句子中，修饰语往往呈左拓展式排列，而在英语句子中，修饰语则多呈右拓展式排列。在将汉语句子中的左拓展式排列翻译成英语时，需根据英语的表达习惯进行调整。这里，译文一将"学有专长，富有进取心的"译成英语中 managers 的前置修饰语 educated and enterprising，将"长在亚洲，且有商务经历，又在西方受过教育"译成英语的介词短语 with Asian upbringing and business experience combined with western education，并置于 managers 之后作后置修饰语。译文二考虑到主语部分的后置修饰语过多而采用了倒装句式进行翻译，符合英语句子的行文。

三、翻译比较与欣赏

【例1】

原　文：二十岁的时候，我想出名要趁早，一个人到了三十岁还籍籍无名那还活个什么劲儿？三十岁之后，名是不指望了，只是希望在四十岁的时候能像我老板一样有钱。（毛荣贵，2002：281）

译文一：At the age of twenty, it's better to be famous before it's too late, I believed. What would be the spice of life for a person deserted by fame when approaching thirty? After thirty, fame seems still beyond reach, yet being as rich as my boss at forty becomes my new dream.（毛荣贵，2002：281）

译文二：At the age of twenty, I expected to establish my fame before it was too late, for there would be no spice of life for a person who was still nobody even at thirty. After thirty, I could not expect to gain any fame, only hoping to be as rich as my boss at the age of forty.（李明 译）

【例2】

原　　文：男性不愿退休，与他们预想中将要失去很多东西有关，其中主要的是失去赚钱的机会，而不是丧失对工作的依恋之情。（邵志洪，2005：21）

译文一：Reluctance among men to retire was associated with anticipated deprivations, of mainly of money rather than of attachment to work.（邵志洪，2005：21）

译文二：Men's reluctance to retire has something to do with their preconceived deprivations, the most important one of which is the chance to earn more money instead of the attachment to their work.（李明 译）

【例3】

原　　文：越来越多的老人接受了子孙们对于音乐、迪斯科舞和爵士音乐所表现出的日益浓厚的兴趣这个事实。

译文一：It seems that there is a growing acceptance by the old generation of their children and their grandchildren's increasing interest in such forms of music, and disco jazz.（邵志洪，2005：21）

译文二：Among the old generation, there is a growing acceptance of the increasing interest that their children and grandchildren have shown in music, disco and jazz.（李明 译）

四、翻 译 练 习

句子翻译

1. 他还多次强调，要大胆吸收和借鉴人类社会创造的一切文明成果，包括资本主义发达国家的一切反映现代化社会生产规律的先进经营方式、管理方式。
2. 2008年将是有史以来奥运火炬传递行程中最艰难的一年，北京2008年奥运火炬将跨越人类居住星球的最高点，充分展示"更快、更高、更强"的奥林匹克精神。
3. 我觉得世界上有两件东西，即天上的星空和人间的见义勇为，你越是经常而坚定的去考察它们，你就越对它们称颂不已，它们就越来越引起你的尊敬。

4. 一个城市若拥有健康、快乐的市民，具有美丽、活泼的环境，充溢着和谐、友善、积极进取的气氛，那么这座城市必然是一个吸引游客和投资的成功地方。

5. 我不喜欢在路上溜达，那个时候每条路都有一个明确的去处，而我是一个毫无目的的人，不希望路把我带到我不情愿的地方。

6. 瞿塘峡位于三峡西段，以雄伟壮观著称，长江奔流至此，窄处不足百米，江流如万马奔腾，惊险壮丽，有"夔门天下雄"之称。

7. 一个社会，无论何时，总有先进和落后两种人们、两种意见矛盾地存在着和斗争着。

8. 自新中国建立以来，政府一直重视发展传统少数民族体育运动项目，共 1 000 来项，如藏族的赛牦牛，朝鲜族的荡秋千和跷跷板，苗族的赛龙舟，满族的滑冰等。

9. 他告诉我，时常在月夜，他同老伴并肩坐在这长凳上，追忆起当年在北海泛舟的日子。

10. 假如你的朋友好心提醒你的缺点，你不但要欣然接受，还要心怀感激。

语篇翻译

语篇翻译 1

　　鸽子，在天空中飞着。人们把哨子拴在它的腿上，从天空里，便飞来悠扬的哨响。

　　天是晴朗的，只有一两片白云。鸽子在空中盘旋。鸽子的翻腾，从哨子发声的波折中，也可以听出来。

　　鸽子一群一群地飞着，在罗马的古堡上飞着，当但丁第一次和碧蒂利采相遇的时候，鸽子就在那儿飞着。

　　鸽子在天安门前飞着，在北京城刚刚建造起来的时候，它们就在这儿飞着。

　　鸽子有凤头的，有黑翅的，有纯白的，还有带芝麻点儿的。但，翅膀都同样的矫健。

　　鸽子的眼睛，透着爱的光。它会把食物用嘴吐出来喂养小鸽子。据说鸽子老了，它孵养的鸽子，也会来喂养它……

　　鸽子的翅膀，没有海鸥那么长，也没有鹳子那么大，更没有鹰那么会在高空滑翔……但它的翅膀却比它们都强……

鸽子是喜欢群居的，但也能单独飞行，在它完成最远的行程的时候，常常是在单独的情况下做到的。（端木蕻良《耐力》）

语篇翻译 2

我唯一的资本是勤奋

冯长根

我今年三十七岁。但是，在我十六岁还是一名下乡插队知识青年时，根本想不到还有今天。

1975 年，我进入北京工业学院（现在是北京理工大学）时，实际文化程度才是初中一年级，困难是很大的。我必须用 3 年的时间，走完如今一个大学生将近 9 年的路。头一年，在班上我的成绩是中等偏下，我唯一的资本是自己的毅力。我想了这样一个道理：什么叫大学？大学是一种社会优势，国家是用成万上亿的投资维持和创造这种优势的。这种优势也许会给别人，但现在给了我。要把这种优势化作自己的优势，关键在于刻苦学习。

1978 年，我以当时比较好的成绩考上了研究生，同年又考上了出国研究生。1979 年 10 月去英国，第一次看到国外的情况，对比自己的国家，我心里比较难受。我觉得有责任为建设自己的国家出一份力。我是一个"工农兵大学生"，对能否做出一篇博士论文心里没底。有了研究方向，我便一头扎进图书馆，一呆就是两个月，收集有关的学习文献资料。我吃饭和休息尽可能简化，每天实际工作十四五小时。有一年圣诞节前夜，导师格雷教授路过学校看到实验室还亮着灯，第二天对我说，你连昨晚都在工作，使我们深感惭愧。在英国，我多次参见国际学术会议，我的博士论文被校方评为 1982—1983 年度最佳物理学博士论文。

1983 年年底我回国后，感到现在是该我出力的时候了。1984 年，我申请了中国科学院科学基金，从事热自燃理论研究。1987 年，我开始独立指导研究生。我编出了两本专著、三本教材，有些论文代表了国际上本领域的先进水平。（陈文伯，1992：37-38）

第三章 汉语中常用句型及其英译

> 词语选择和句子结构形式的选择往往是（翻译）熟巧功夫的第一步，也是最基本、最关键的一步。
>
> ——刘宓庆

一、理 论 探 讨

在《英汉互译实用教程》中，宋天锡、袁江和袁冬娥（2000：391-408）对汉语中常用的九种句型的特点及其英译进行了探讨。这九种句型是：1. 主谓单句；2. 无主句；3. 流水句；4. 主题句；5. 连动句；6. 兼语句；7. 意合句；8. 主、次信息句；9. 长句。除此之外，还有一种句型就是话题句。本章结合宋天锡等人的研究对以上 1 至 7 种以及话题句共八种句型及其英译进行了初步探讨。

众所周知，汉语是以意合为主要特征的语言，而英语则是以形合为主要特征的语言。它们各自的特点体现在造句或行文的差异上，如，汉语"以名词为重心，以词组、散句和分句为手段，按时间、逻辑顺序进行横排式叙述，有时各种逻辑关系'含而不露'，甚至断句不严，外形松散"（宋天锡等，2000：391），而英语则以"主—谓"主干结构为重心统领句子的其他语言成分，句界非常分明，外形非常缜密。在将汉语译成英语时，必须充分照顾到英语的特点来进行表达。下面简要探讨以上提到的汉语中的八种句型及其英译。

1. 主谓单句

汉语的主谓单句从外形上看同英语的"主谓"结构句非常相似，英译这类汉语句子基本上可以对应翻译，因而相对容易，如：

(1) 鲁迅，绍兴人。[汉语为：主语 + 名词谓语]

　　Lu Xun was from Shaoxing. [英语为：SVC 结构]

(2) 这个姑娘很漂亮。[汉语为：主语 + 形容词谓语]

　　That girl is very pretty. [英语为：SVC 结构]

(3) 老舍是北京人。[汉语为：主语 + 判断谓语]

　　Lao She was from Beijing. [英语为：SVC 结构]

(4) 这花儿是白的。[汉语为：主语 + 判断谓语]

　　The flower is white. [英语为：SVC 结构]

(5) 水库是1958年修建的。[汉语为：主语 + 判断谓语]

　　The reservoir was built in 1958. [英语为：SV（passive）结构]

(6) 他打破了杯子。[汉语为：主语 + 谓语 + 宾语]

　　He broke the glass. [英语为：SVO 结构]

(7) 李先生教我们地理。[汉语为：主语 + 谓语 + 宾语 + 宾语]

　　Mr. Li teaches us geography. [英语为：SVOO 结构]

但必须注意避免几个问题：

一是机械对应，如：

原文：广州近几年发生了巨大变化。

如将该句译成 Guangzhou in recent years occurs great changes 就是机械对应式的翻译，是错误的英译文。该句可按照原文语序正确翻译成 Guangzhou sees great changes in recent years，也可正确翻译成 Recent years have seen/witnessed great changes in Guangzhou，There have been great changes in Guangzhou in recent years，Great changes have taken place in Guangzhou in recent years 等。

二是缺乏必要的谓语动词，如：

原文：这个地区多雨。

如将该句翻译成 This area much rain 就不是英文句子，因为该英文句子缺乏谓语动词。如果按照原文语序可以正确翻译成 This area witnesses much rain，也可以翻译成 It rains a lot in this area，There is much rain in this area 或 People have much rain in this area 等。

三是将汉语中的搭配方式直接移入英语当中，如：

原文：他说不出来。

如将该句直译成 He is unable to speak out 就不符合英语的搭配，英译文不符合逻辑。该句正确的英译文是 He is unable to express it 或 He is unable to express himself 等。

四是忽略汉语句子中谓语动词所隐含的时态、情态和语态的传译，如：

原文：王先生心里有事，急促地走着。可是，满街光怪陆离的景色，不断地闯进他的眼帘。

汉语中的动词本身没有时态标记，其所表示的时态由读者自己去体会。英语则不一样，任何动词，只要在句中充当谓语或者充当限定动词，就必须明确地标明时态以及情态和语态。上例的英译为：Mr Wang **walked** hurriedly along, preoccupied with his own thoughts, but the kaleidoscopic street scenes continuously **forced** themselves on his attention.（黄新渠 译）

2. 无主句

汉语中，只有以动词为主体的谓语部分而没有主语部分的句子叫做无主句。汉语中无主句使用的频率很高，有时还可以由一连串以动词为轴心的短句构成连绵句。但所谓"无主句"，并不是"省略了主语的句子"（汉语中省去主语的句子属于"省略句"），只是习惯上人们笼统地将这类句子这样称呼，即称呼为"无主句"。汉语的无主句中，其主语到底是谁或是什么很难说清，但在任何语言环境里，它都能表达完整明确的意思。

英语中，除省略句省略了主语而以动词为主体之外，句子一般都要有主语。因此，汉语的无主句在译成英语时，都需要补出主语或改变句型，使句子结构符合英语语法规范。如：

原文：只盼着早些回家，洗去一身的疲劳，泡上一杯清茶，点上一炷檀香，打开半卷的书卷，一任轻柔的旋律把我带进一个美丽的境界。（《恋家》）

译文：To be home means to end a day's fatigue and enjoy myself in a world of my own. With a nice cup of tea and a burning sandal-wood stick by my side, I can either resume my suspended reading, or listen leisurely to a soft melody and let myself be carried away to a fairyland of beauty.（陈文伯 译）

3. 流水句

汉语是以意合为主要特征的语言，因此经常使用由两个或两个以上分句组成、但不用借助连接词来连接各分句之间关系、因而各分句在语义联系上比较松散的句子。这类句子就是"流水句"。流水句往往是根据句子所描述事件的时间、空间等顺序进行线性铺排的方式来行文。换言之，汉语句子语序上的时间、空间、因果等次序的逻辑性很强。汉语多使用流水句的原因是：汉语中没有英语中具有形态标志的不定式、分词和动名词这三种非谓语形式，因此表面看来，汉语中一个小句接一个小句地往下铺排，很多地方可断可连。用英语翻译汉语中的流水句时，必须根据汉语流水句的语意进行划分，然后对每个语意群通常采用一个完整的英语句子来表达。一个汉语的流水句往往可用多个英语句子来传达，而在英译文的各个句子之间，可根据它们之间关系的亲疏分别用分号或句号隔开，但万万不能像汉语流水句的行文那样全部用逗号隔开。如：

原文：各种房屋，以自然村排列，错落有致，一条小河穿村而过，岸边停泊着旧式小渔舟，水面上一群群小鸭、白鹅自由地浮游着，深巷草屋，绿树丛中，时而传来鸡鸣狗吠之声……（蔡镇楚）

译文：The different houses were properly distributed to form natural hamlets; through the village flowed a stream, with small old-style fishing boats moored at its banks and flocks of ducks and geese floating peacefully on its water; from deep alleys and thatched cottages and from among green trees came the crowing of roosters and the barking of dogs...（蒋坚松, 2002：96）

4. 主题句

汉语中的主题句亦称外位结构，这种句式的前一部分叙理或叙事，后一部分进行总结或给出评价，以表达说话人的观点或意图。这种行文方式同英语中的掉尾句或曰圆周句（the Periodic Sentence）相同。所谓掉尾句，是指只有读到句子末尾，才能明白整个句子意思的一种句子类型，其修辞作用在于：信息一步步地扩展，一层层地升级，从而制造悬念、吸引读者注意力，信息高潮直到句子末尾才揭示出来，从而给读者留下深刻印象。比如以下汉语句子就是一个主题句：

过去向我们学习的人，现在反而超过了我们。这对我们确实是一个鞭策。

如果将上句按照原文语序翻译成 The fact that those who had learned from us now excelled us really serves as an impetus to us 就是运用了英语的掉尾句进行翻译的。但在汉英翻译时，类似于以上汉语主题句在很多时候均采用英语的松散句（the Loose Sentence）来进行翻译。所谓松散句是指中心意思或信息高潮放在句首，修饰成分放在句尾，整个句子结构比较松散的句子，让人觉得读到句子末尾是一个突降（Anticlimax）的行文方式。如果将上面的汉语句子以英语的松散句来翻译，译文就是这样的：

It really serves as an impetus to us that those who had learned from us now excelled us.

在将汉语的主题句翻译成英语时，到底在英译文中采用松散句还是掉尾句取决于英译文上下文的行文逻辑和整个语篇的主题思想。

5. 连动句

谓语由两个或两个以上连用的动词或动词短语构成，所连用的动词或动词短语共享一个主语，且其次序既固定不变又不能更换的句子，叫做连动句。

连动句中所使用的两个或两个以上动词之间虽然没有关联词语，但在意义上却可表示诸如目的与手段、原因与结果、行为动作之先后等各种关系。在将汉语中的连动句翻译成英语时，须正确判断所使用的动词在意义上的相互关系，然后根据英语之特点，将连动句中的主要动词翻译成英语句子的谓语动词，将其他动词译成不定式、分词、介词或介词短语等语言成分。如果连动句中的几个动词只是表示动作的先后关系，则按照动作发生的先后顺序，翻译成几个并列的谓语动词。如：

原文：吴老太爷接过来恭恭敬敬摆在膝头，就闭了眼睛，干瘪的嘴唇上浮出了一丝放心了的微笑。（茅盾《子夜》）

译文：Old Mr. Wu **took it and laid it** reverently **on his lap**. He closed his eyes again, with a faint smile of peace on his shriveled lips.（Yeh Chien-yu 译）

原文：我**下楼**在门口**买**了几个大红橘子，**塞**在手提袋里，顺着歪斜不平的石板路，**走到**那小屋的门口。（冰心《小橘灯》）

译文：**I went downstairs**, **bought** some oranges on the street, **stuffed** them in my bag, **and** **headed** along the narrow and winding path to the shack.

原文：他下意识地举起手来**解释**阴与阳之间的相互依存关系。

译文：He involuntarily raised his hand **to explain** that *yin* and *yang* are mutually indispensable and engendering.

6. 兼语句

汉语中有这样一类句子，句子中的谓语动词带有一个宾语，构成动宾结构，同时，该动宾结构中的宾语之后又出现一个动词，并与该宾语构成主谓结构。这样，前一个动宾结构中的宾语就兼作后一个主谓结构中的主语。这个身兼二任的成分叫做兼语。具有兼语的句子就是兼语句。如：

原文：我们请王先生下周星期天同我们一起去登山。

译文：We invited Mr. Wang to go mountain-climbing with us next Sunday.

兼语句的语法特点有：

(1) 一般兼语句

第一类是，第一个动词往往含有"使令"之义。这类动词包括"请""让""叫""使""派""劝""求""催""要求""请求""促使""迫使""打发""使得""吩咐"等。

第二类是，第一个动词可表示容许或禁止之义。这类动词有"许""准""容许""准许""允许""禁止"等，它们均可用于兼语句式。

第三类是，第一个动词表示称谓或认定之义。这类动词包括"称""叫"（表示"称呼"之意）"骂""选""认""选举""推选""认为"等，这些动词所带的宾语之后多用动词"做""为""当""是"等，此时它们属于兼语句式。

第四类是，第一个动词表示心理活动。这类动词有"爱""恨""嫌""喜欢""讨厌""佩服""钦佩""欣赏""赞扬""原谅"等。这类动词所带的宾语之后的谓语表示主语具有某种心理活动的原因或持有某种态度的理由，如：大家都嫌他说话啰嗦。但值得注意的是，尽管表示思维感觉的动词如"知道""看见""希望""认为""主张"等也属于心理动词，但它们之后所带主谓结构不是兼语句，而是整个地充当宾语，如：我知道他明天不可能来。

(2) 特殊兼语句

汉语中的特殊兼语句包括第一个动词是"有"的兼语句和第一个动词为"是"的兼语句。如：

原文：桌上有一本书写得很好。

译文：There was one book on the desk which was very well written.

原文：是这篇文章启发了我，使我改变了主意。

译文：It was this article that illuminated me and made me change my mind.

(3) 在阅读兼语句时，第一个动词之后不能停顿，而只能在兼语的后边才能停顿，在兼语的后边还可以插入其他成分，而且这种成分可根据需要进行延伸。如：

我请他明天晚上到我这儿来。

我请他明天晚上听完音乐会后到我这儿来。

我请他明天晚上听完音乐会后立即到我这儿来。

(4) 兼语句中的否定副词和能愿动词均放在第一个动词之前。如：

我没有请他明天晚上听完音乐会后到我这儿来。（否定副词）

我想请他明天晚上听完音乐会后到我这儿来。（能愿动词）

但如果在兼语句中要使用表示阻止意义的"别""不要"等字眼时，就需要放在第二个动词之前。如：

我请他明天晚上听完音乐会后别/不要到我这儿来。

对于汉语中的一般兼语句，英译时多采用三种译法：

第一种是，将兼语之后的动词翻译成英语中的不定式、介词短语、分词、形容词或副词等，如：

原文：我请他明天晚上到我这儿来。

译文：I asked him to come over to me tomorrow evening.

第二种是，如果兼语句中的第一个动词含有"责怪""埋怨""赞扬"等意味，兼语之后的动词往往译成介词短语或状语从句表示原因或结果。如：

原文：老师表扬她乐于助人。

译文：Our teacher praises her because she is always ready to help others.

第三种是，如果兼语句中的第一个动词是"使""令""叫"等，很多情况下可以将该动词与兼语之后的动词合并译成英语中的"使役动词"，将兼语译成使役动词的直接宾语。当然，此时也可以采用英语的"to make somebody + 使役动词的过去分词"这种结构。如：

原文：这部电影使我们颇感兴趣。

译文一：The movie interested us very much.

译文二：The movie made us interested in it very much.

7. 意合句

汉语中的意合句是复合句中的一种。像流水句一样，意合句中亦不使用关联词语，但句中各分句之间却暗含各种语义关系，如因果、转折、条件、假设、让步、目的、时间等关系。意合句中各分句之间暗含偏正关系者较难以辨认，少数表面上暗含并列关系，但实际上有可能属于偏正关系（见下例）。英译汉语的意合句，首先必须识别句子所暗含的语义关系到底是偏正关系还是并列关系，然后再选择相应的关联词语或语言手段将句子组织起来。如果是偏正关系，必须突出汉语原文中所传达的信息重心。如：

原文：最近二三十年来，世界的科学技术日新月异地发展，专业化的分工更细，协作的规模更大。

译文：The recent two or three decades have witnessed the fantastic spurt of science and technology throughout the world with the result that there is a higher degree of specialization and a greater scale of coordination.（李明 译）

这里的汉语原文是一个意合句，有两个信息，一是"世界的科学技术日新月异地发展",二是"专业化的分工更细,协作的规模更大",但它们不属于并列关系,而属于偏正关系。英译文将前者作为句子信息的重心进行传达,将后者作为表示结果的成分进行传达。

8. 话题句

Li & Thompson(1981)就英汉两种语言所作的对比研究认为,英语是"主语优先"的语言,汉语是"话题优先"的语言。"主语优先"的语言主要以主谓为句子基本结构关系,主谓关系的最大特征是主语和动词之间有词汇选择关系。"话题优先"的语言则主要以话题说明为句子基本结构关系,话题说明间语义关系较为松散(张新华,2006:148),如汉语中的"那棵树,叶子大"就是典型的话题句。在话题优先的语言中,话题是基本的句法成分,而不是附加成分。如"那棵树,叶子大"这个话题句可以分析为"话题+述题"。这里的"话题"为"那棵树","述题"为"叶子大",是主谓结构。

沈家煊(1999)将汉语话题的特点概括为以下几点:

一是话题居于句首位置,如:

原文:**这个问题我想得头疼。**

译文:It is a headache to me to consider the matter.(李明 译)

二是其后加停顿或者诸如"呢、啊、吧、嘛、的话"等之类的语气词,如:

原文:**小王啊,来不了啦。**

译文:As to Xiao Wang, he/she can't make his/her presence.(李明 译)

三是表示已知信息,如:

原文:大家在足球场上都尽心尽力,**这场球**他踢破了两双球鞋。

译文:Every player did their best on the football field. To compete in this match, he even got two pairs of his shoes torn apart.(李明 译)

四是话题是个话语概念,具有延续性,经常会把它的语义辖域延伸到后面的几个句子。这正是话题在语篇中所扮演的不同于主语的角色,即话题跨句子出现,它具有语篇性,而主语则往往只限于一个句子以内,除非该主语是整个语篇中的无标记话题。如:

原文：南京，她自新中国成立以来发生的巨大而深刻的变化更加令人欢欣鼓舞。"虎踞龙盘今胜昔，天翻地覆慨而慷"。从1949年4月23日开始，人民真正成为这座古城的主人。金陵回春，古城新生，昔日饱尝的屈辱和灾难，至此如同梦魇终被摆脱。人民在自己的土地上辛勤劳作，把古城南京装扮得面貌一新。特别是近十几年来，改革开放又给这座美丽的名城注入了新的活力，崭新的工业、通达的运输、如画的城市建设、兴盛的第三产业、多彩的文化生活，都使这个具有故都特色的显达都市焕发出勃勃生机。孙中山先生所预言的"南京将来之发达未可限量也"正在逐步成为现实。

译文：

The tremendous changes that have taken place in Nanjing since New China was founded are even more inspiring, just as the much quoted couplet from a poem written by the late Chairman Mao Zedong on the occasion of the liberation of the city on April 23, 1949 has it:

The city, a tiger crouching, a dragon curling, outshines its ancient glories;

In heroic triumph heaven and earth have been overturned.

Balmy spring winds returned to bring new life to this historic city, of which the common people came to be the genuine masters. The nightmarish sufferings and humiliations of the past were left behind once and for all. The citizens of Nanjing have been working hard to give this age-old town a new appearance. Especially for the past ten years or more. The country's reform and opening-up policy has infused new vigor into this beautiful and famous city. Newly built industries, an efficient transportation network extending in all directions, picturesque urban construction, a booming tertiary industry, a varied and colorful cultural life, all these and more added charm and vitality to this modern metropolis, which retains somehow the ambiance and features of an ancient capital. The prophecy of Dr. Sun Yat-sen, father of modern China, that "Nanjing will have a future that knows no bounds" is becoming true.

方喜军(2007：78)认为，汉语句子由话题和述题构成，话题指谈话的出发点或主题；述题用以解释、说明话题，是句子的结构重心。这一结构决定了汉语句子"重话题轻主语"的特点,因此,汉语句子的主语不具有"不可或缺性",省略主语就成为常见现象。相反,英语句子中的主语和谓语是英语句子构筑的主轴,这样,英语句子的主语便具有了"不可或缺性",省略主语的情况基本上只在祈使句中发生。

那么,如何才能顺利地将汉语中的话题句翻译成地道的英语呢?这里为讨论的方便,有必要将汉语的话题句分为无标记话题句和有标记话题句。

所谓的无标记话题句是指句子中的话题同句子的主语刚好一致。如,"我下象棋下赢了他"一句中的"我"既是话题又是主语,这就是无标记话题句。

所谓有标记话题句就是指句子由"话题+述题"这一结构组成的句子,如,上面这句话也可以用有标记话题句来表达,分别是"象棋我下赢了他"和"我象棋下赢了他"。另外,当句子中的当事主语是表示非施事、非受事的人或事物时,这种句子也属于话题句,如,"这件事情不能怪他。""她眼睛熬得通红。"再者,在汉语的存现句中,位于句首的表示某个处所、范围、方位或时间的名词(词组),很多时候直接就形成了该存现句中的话题,成为有标记性话题句。

对于无标记话题句的翻译,主要有以下四种方法:

一是直接翻译。即直接将汉语中的无标记话题(即主语)翻译成英语中的主语。此时汉语句子中的话题必须是主动语态中的施事主语或被动语态中的受事主语,由名词、数词、代词或名词性短语等充当。

二是将汉语话题句中的话题转换成英语中的名词(短语)或动名词(短语)。由于汉语句子的主语可以由动词、形容词、动词性短语、形容词性短语甚至从句来充当,而英语的主语则只能由名词性结构来充当,故在汉英语言转换过程中需要做如此转换。

三是将汉语话题句中的话题转换成英语中的动词不定式(短语)。由于汉语句子的主语可以由动词、形容词、动词性短语、形容词性短语等来充当,而英语的主语则只能由名词性结构来充当,英语中动词不定式具有名词的性质,故在汉英语言转换过程中需要做如此转换。

四是采用英语中的 it 作形式主语。这种情况尤其适用于汉语句子中的话题过长或者汉语句子的话题由从句来担当的情况。如:

原文:我见到她真的太高兴了。

译文：It's really nice for me to see her.（也可译成：I'm really glad to see her.）

而对于有标记话题句的翻译也有四种方法：

一是将汉语句子中的话题转换成英语句子中的宾语。当汉语话题句中的话题在逻辑上和语义上是话题句述题部分谓语动词的宾语时，须根据话题与谓语动词的逻辑语义关系将其转换成宾语。当然,该宾语既可以直接放在谓语动词之后,也可以放在句首,但放在句首时就具有了主题意义。试比较以下两种英译文：

原文：这本书我是在教室里发现的。

译文一：I found this book in the classroom.（常规表达，未凸显主题意义）

译文二：This book I found in the classroom.（具有了主题意义）

二是将汉语句子中的话题转换成英语句子中的状语。当话题前暗含介词"对""对于"或"关于"等时，一旦其前面加上介词，该话题就被转换成了英语的状语了。如：

原文：**这个历史伟业**，我们党领导全国人民已经奋斗了五十年，取得了巨大的进展，再经过五十年的奋斗，也必将胜利完成。

译文：**As for this historic cause**, the Communist Party of China has led the whole Chinese people in making tremendous progress after 50 years of unremitting efforts and will certainly score accomplishments through hard work in the coming 50 years.（冯国华 译）

三是将汉语句子中的话题转换成英语句子中的主语或者主语的一部分。当话题与主语具有广义的领属关系时，要根据语义关系将其转换为主语或者主语的一部分。如：

原文：**玩沙的乐趣**，玩沙的人知道就够了，何必让不想理解或者不能理解，不愿理解的人也去理解呢？（《玩沙的孩子》）

译文：Playing with sand is an enjoyment only for the sand-players. It is quite irrelevant for anybody else to get to the bottom of it as he has neither ability, intention, nor even willingness to do so.（陈文伯，1999：295）

四是将汉语存现句中的话题转换成地点状语置于英语的 there be 句型中。由于汉语存现句中的话题多表示方位，因此，在用英语表达时，根据英语的表达习惯也往往要置于句尾，充当地点状语。如：

原文：**会议室里**可能还有空位子给你们坐。

译文：There might still be some vacant seats for you **in the meeting room.**

二、译例举隅及翻译点评

【例1】

原　　文：我在山坡的小屋里，悄悄掀起窗帘，窥见园中大千世界，一片繁华，自己的哥姐，堂表弟兄，也穿插其间，个个喜气洋洋。（2003年全国高等院校英语专业八级考试汉译英试题）

译文一：I, without being noticed, lifted the curtain in my small room, only to have spied the bustle of a kaleidoscopic world down in the garden, and my elder sisters, my brothers and my cousins, each full of the joys of spring, were shuttling among the guests.

译文二：I stealthily lifted the curtain in my cabin on the hillside, only to have spied a bustling kaleidoscopic world down in the garden with many guests, among whom my elder sisters and brothers and cousins shuttled joyfully.（李明 译）

【点评】汉语这种语言主要呈意合（paratactic）的语言特征，英语则主要呈形合（hypotactic）的语言特征。在所有语言中，句子的内部连接或外部连接几乎都不外乎使用三种手段：句法手段（syntactic devices）、词汇手段（lexical means）和语义手段（semantic connection）。笼统地说，多倾向于使用前两种手段进行句子连接的语言被称为以形合（hypotaxis）为特点的语言，多倾向于使用后一种手段进行句子连接的语言被称为以意合（parataxis）为特点的语言。由于这种差异，在汉英翻译时就需要根据英语的语言特征对句子的行文进行一定程度的调整。这种调整除了体现在语序层面之外，还体现在注重前后行文之逻辑关系的用词方面。本例中，原文"悄悄掀起窗帘，窥见园中大千世界，一片繁华"是按照动作发生的先后顺序进行排列，但译文一的 without being noticed, lifted the curtain in my small room, only to have spied the bustle of a kaleidoscopic world down in the garden 中则增加了表示前后逻辑关系的 only to，此外，"一片繁华"在

英译文中使用 bustle 一词可以充分表达其意。译文二更为简洁。呈现汉语意合语言特征的最杰出的代表作要数元朝散曲名家马致远所写的散曲《天净沙·秋思》：枯藤老树昏鸦，小桥流水人家，古道西风瘦马。夕阳西下，断肠人在天涯。其英译文有采用归化翻译方法的译文一（见本章第三部分"翻译比较与欣赏"【例3】），也有采用异化翻译方法的译文二、译文三和译文四。

【例2】

原　文：快乐教育强调培养德、智、体、美、劳全面发展的人才，它使教育者改变了以往唯有高分的学生才是人才的观念，因为我们的建设事业不仅需要工程师、科学家，同样需要各行各业的能工巧匠。

译文一：Enjoyable education emphasizes developing children in an all-round way: intellect, ethics, physical culture, aesthetics and practical work. It has changed the old concept of the education that only pupils with high grades are promising talents. In fact, China's construction needs not only engineers and scientists, but also capable workers in all fields.（丁树德，2005：395）

译文二：Joyful education, which focuses on the all-round development of a person's intellect, ethics, physical culture, aesthetics and practical work, has changed the old practice of regarding only students with high scores as talents, for, not only do we need engineers and scientists, but also we need competent workers in every field of our cause of socialist contruction.（李明 译）

【点评】译文一基本上属于直译，但直译并非是译文同原文的字字对应和句句对应。直译在很多时候也需要在译文中对原文中词语的排列次序进行调整。就句子而言，可以将原文中的一句话拆分成几句话或者将原文中的几句话合译成一句话等。这些都是根据译文语言的表达习惯而作的调整。译文一在表达方面作了一些微调，比如在翻译"培养德、智、体、美、劳全面发展的人才"时，将"德、智、体、美、劳"放到英译文的后面：developing children in an all-round way: **intellect, ethics, physical culture, aesthetics and practical work**，这样，英译文就比较流畅。另外，汉语原文是一个长句，英译文则将原文信息分三层意思并用三个独立的句子进行表达。译文二则将原文翻译成了英文的主从复合句，体现了原文流水句中各分句之间的内在逻辑关系。

【例3】

原　文：没有一个设备优良，人员齐备的空间实验室，没有一个按照安全保护原则，本着一丝不苟的精神建立起来的空间实验室，**就很可能**出现计算上的误差或宇航中的事故。

译　文：Without a well-equipped and well-manned space laboratory, and without a space laboratory built in accordance with the principle of security and protection and in the spirit of meticulous discretion, **there is every possibility of** errors in calculation or accidents in space aviation.（傅晓玲、尚媛媛、曾春莲，2004：377，有改动）

【点评】"没有……，就……"是汉语中一个常用的句型。"没有……"所表示的是条件，"就……"所表示的是因具备前面的条件而导致的结果。既然"没有……"所表示的是条件，那么在翻译时，往往使用介词without或者"if从句"引出该条件，"就……"之后的内容往往转换成主句。主句到底使用什么句式要看"就……"所引出的内容。这里的"就很可能"在英译文中被翻译成there is every possibility of... 是比较正式的表达。也可使用it will be very likely/possible for... 的句式。但不管使用哪种句式，都需要通盘考虑该句所处语篇的语体。如果是非常正式的语体，就需要选择非常正式的句式，否则就选择不那么正式的语体。

【例4】

原　文：佛说，修五百年只能同舟，修一千年才能共枕。

译文一：The Buddha says: it takes five hundred years' religious devotion for people to acquire a chance of sharing a boat and one thousand years of sharing a marriage bed.（毛荣贵、廖晟，2005：211）

45

译文二：The Buddha says that only five hundred years' cultivation enables people to share the same boat and only one thousand years' cultivation enables people to become husband and wife.（李明 译）

【点评】"佛说"之后所接的两个分句既是无主句，也是意合句。因为，到底是"谁"修五百年，是"谁"修一千年，句子中并没有表述出来，因而它们属于无主句。另外，"修五百年只能同舟""修一千年才能共枕"这两个分句从逻辑上讲，句意是不通的，但之所以汉语读者能够理解其含义，是因为其句意靠意合得来。在将这类句子翻译成英语时，首先需要以英语这种主语突出的语言的行文方式来行文，即补充出主语，同时还需要选择恰当的谓语，接着再根据英语形合的特点，将原文所传达的信息以符合英语句子逻辑表述的方式表达出来，使译文能够为译文读者所理解。译文一和译文二均在这几个方面做了努力。译文二对原文所表达的意思进行了明示处理，尤其是"共枕"被译成了 to become husband and wife。

【例5】

原　文：他们派来的工程师迅速到达，并检查了所有的设备，工厂很快恢复了生产。

译文一：The engineers sent by them arrived quickly and examined all facilities carefully, thus, the factory restored its production very speedily.（邵志洪，2003b：290）

译文二：The quick arrival of the engineers sent by them and their careful examination of all facilities brought about the very speedy restoration of the factory's production.（邵志洪，2003b：290）

【点评】汉英翻译中，到底选择什么样的句式并非完全取决于句子本身，很多时候是取决于句子所处的语境。如果句子处在比较正式的语体中，就要选择正式的语体来翻译。本例所给的两种译文中，译文一在语体上没有译文二正式。译文二的正式程度主要体现在将动词短语所传达的信息用名词短语传递出来，比如用 quick arrival 来传递 arrived quickly 的信息，用 careful examination 来传递 examine carefully 的信息，用 the very speedy restoration of the factory's production 来传递 the factory restored its production very speedily 的信息。相比之下，译文二的英语味道更浓，更为英美人所喜好，但在表达的正式程度上要远远高于译文一。译者还要根据自己的语言功力做出恰当的选择。

【例6】

原　文：人生的大风大浪，他看过了；人生的惊涛骇浪，他经历过了；成败得失，都成了过眼烟云。(《饮料与人生》)

译文一：He has been tossed in life's storms and taught by rough and bitter experience to know better than to care about glories and successes, which appear to him now as transient as a fleeting cloud.（陈文伯，1999：288）

译文二：Countless numbers of storms in life he has witnessed; countless numbers of ups and downs in life he has experienced. To him, whether successes or failures, or whether gains or losses, means nothing but things as fleeting as clouds.（李明 译）

【点评】本例原文的前两个分句在汉语中属于有标记性话题句。第一个分句的话题是"人生的大风大浪"，述题是"他看过了"；第二个分句的话题是"人生的惊涛骇浪"，述题是"他经历过了"。英语中类似有标记性句子被看作是宾语提前的句子，即"人生的大风大浪"是"看过了"的宾语；"人生的惊涛骇浪"是"经历过了"的宾语。在将汉语中的这类有标记性话题句翻译成英语时，既可依照原文语序进行翻译，也可根据需要选择恰当的主语，然后进行叙述。原文因描写的是"他"，故译文一以 he 充当主语进行叙述。译文二则依照原文的行文方式，对前面两个句子采用英语的倒装结构进行翻译，充分表达了原文之意。

【例7】

原　文：中国的古人，把"行万里路"和"读万卷书"同等看待，因为在"行万里路"的同时，能够增长知识，陶冶情操，收到"读万卷书"的同样效果，因此都是提高自己的道德修养和文化素养的重要途径。

译文一：Ancient Chinese put "traveling ten thousand *li*" and "reading ten thousand volumes" on an equal footing, because, while traveling ten thousand *li*, one could enrich one's knowledge and mold one's temperament so that one could have the same result as "reading ten thousand volumes". Both were important ways to enhance one's moral accomplishment and cultural quality.（黄为之、黄锡之，2000：334）

译文二：People in ancient China placed "traveling ten thousand *li*" on the same status as "reading ten thousand volumes" because when one travels ten thousand *li*, he could both increase his stock of knowledge and cultivate his taste and temperament, which is the same result as "reading ten thousand volumes". Thus both of them are important ways to the enhancement of one's moral accomplishment and cultural quality.（李明 译）

【点评】　汉语原文是一个多重复合句，句子首先呈现第一个因果关系句的"果"（即：中国的古人，把"行万里路"和"读万卷书"同等看待），接着以"因为"引出"因"（即：在"行万里路"的同时，能够增长知识，陶冶情操，收到"读万卷书"的同样效果），接着由"因此"引出前面整个因果关系句子的"果"（即：因此都是提高自己的道德修养和文化素养的重要途径）。如此分析之后就知道原文句子的信息重心了。这里，译文一将原文的多重复合句中第一个因果关系分句译成英语的因果关系句，由 because 引导；对其中由"因为"引导的从句内含的意合句以 so that 来再现原文的目的关系。对整个句子的"果"，译文以单独一句译出，既突出了原文的信息重心，又以 both 充当主语，取得了与原文语意的连贯和衔接。译文二将"收到'读万卷书'的同样效果"译成了非限定性的定语从句，对前面所表述的"行万里路"进行了客观描述。

【例 8】

原　文：农历十二月二十三日，曾祖父总要我祖母在灶王爷爷和灶王奶奶的嘴上抹些蜂蜜，为让他们向玉皇大帝祷告时喜欢说些甜滋滋的美事。

译文一：On the twenty-third day of the twelfth moon my great grandfather would always ask my grandmother to stick some honey on the lips of the Lord and Lady Kitchen God to make them more inclined to say sweet nice things to the Celestial Emperor.（史企曾，2006：596）

译文二：On the twenty-third of the twelfth lunar month, my great grandfather would ask my grandmother to smear some honey on the lips of both Kitchen God and His Wife so that they would say something sweet when they prayed to the Jade Emperor.（李明 译）

【点评】汉语构句非常注重意义连贯，汉语的叙事特点多表现为平铺直叙，起、承、转、合常常隐含在字里行间。本例中的汉语原文可看成是表示目的的状语从句，但在将该句翻译成英文时，可采用英语中的简单句（即只使用一个主语和一个主要谓语动词）来表述。译文一将"为让他们……"翻译成动词不定式 to make them，译文二将其译成了由 so that 引导的目的状语从句。另外还需要注意文化词语如"农历十二月二十三日""灶王爷爷""灶王奶奶"和"玉皇大帝"的英译。

【例 9】

原　文：当他活着一天，总要尽量多劳动、多工作、多学习，不肯虚度年华，不让时间白白地浪费掉。

译文一：As long as they are alive, (even if there is only one day to live,) they always labor, work, and study as hard as possible, unwilling to dream away the time in vain and to let even one single second slip by without any gain.

译文二：As long as he was alive, even if it was just for a single day, he would try his utmost to labor more, to work more and to study more without the slightest willingness to idle away his precious time or to waste his time in vain.（李明 译）

【点评】原文是一个主从复合句，主句由三个分句组成，各分句之间属于并列关系，但没有使用并列连词"和"或"并"等，所描述的事件按照逻辑的

先后顺序进行线性铺排。在将该汉语句子翻译成英语时，译文一将作为流水句的主句中的两个分句"不肯虚度年华"和"不让时间白白地浪费掉"翻译成由 unwilling 引出的现在分词短语中两个带 to 的并列状语，作主句中三个并列谓语动词 labor、work 和 study 的伴随状语。译文二则将"总要尽量多劳动、多工作、多学习"译成英译文中的主干成分，将后面的"不肯虚度年华，不让时间白白地浪费掉"译成由 without 引出的介词短语复合结构。

【例 10】

原　文：同经济体制改革和经济发展相适应，必须按照民主化和法制化紧密结合的要求，积极推进政治体制改革。

译文一：To keep pace with economic development and the reform of the economic structure, it is imperative to push forward the reform of the political structure, bearing in mind that promotion of democracy must be closely combined with improvement of the legal system.（史企曾，2006：361）

译文二：In consonance with economic restructuring and economic development, efforts must be made to promote political restructuring in accordance with the requirements of the tight coupling of democratization with legalization.（李明 译）

【点评】原文是一个无主句。汉语中的无主句中，其主语到底是谁或到底是什么有时很难说清，但在特定语言环境里，它能表达完整明确的意思。英语中，除省略句中省略了主语而以动词为主体的祈使句之外，句子一般都需要有明确的主语。因此，汉语的无主句译成英语时，都需要补出主语或改变句型，使句子结构符合英语语法规范。本例中的"必须"在译文一中被译成了以形式主语 it 引出的"it is imperative + 动词不定式"结构，整个英语句子结构突然变得清晰起来。另外，原文中的"民主化"和"法制化"在译文一中分别被翻译成 promotion of democracy 和 improvement of the legal system，值得借鉴。译文二则选择 efforts 充当主语，并采取了更为简洁的表达方式翻译"民主化"和"法制化"。

三、翻译比较与欣赏

【例1】

原　文：新经理虽然有才干，也将和他的前任一样无力扭转公司亏损的局面，除非他可以全权管理人事。

译文一：Though the new manager is talented, he can no more get the company out of the red than his predecessor unless he is given full power in personnel management.

译文二：Talented as he is, the new manager cannot get the company out of the red any more than his predecessor unless he has full power for making personnel decisions.

译文三：Talented as he is, if the new manager is not given gull power in personnel management, he will fail to get the company out of the red just like his predecessor.（孙海晨 用例）

【例2】

原　文：风声雨声读书声声声入耳，家事国事天下事事事关心。

译文一：We should listen with open ears to the sound of wind and rain and the reading voice as well; We must not only concern ourselves with personal affairs but the affairs of the state and the world.（邵志洪，2005：261）

译文二：The sound of the wind, the sound of the rain, the sound of the study of books—all these sounds enter the ear. The affairs of family, the affairs of state, the affairs of all under heaven—all these affairs concern my mind.（Arthur H. Smith 译）

【例3】

原　文：天净沙·秋思

　　　　马致远

枯藤老树昏鸦，

小桥流水人家，

古道西风瘦马。

夕阳西下，

断肠人在天涯。

译文一：　　　　　**Homesick in Late Autumn**

　　　　　　　　To the tune of tianjingsha

　　　　　　　　　　Ma Zhiyuan

At dusk Near an old tree amidst the withered vines a crow crows ,

On a bony horse along an ancient road when the west wind blows,

Over a farmhouse by a small bridge under which a brook flows,

Broken hearted faraway I am roving.

As the setting sun downward goes.（Yang Zhiming 译）

译文二：　　**Tune to "Sand and Sky"**

　　　　　　　—Autumn Thoughts

　　　　　　　　Ma Zhiyuan

Dry vine, old tree, crows at dusk,

Low bridge, stream running, cottages,

Ancient road, west wind, lean nag,

The sun westering,

And one with breaking heart at the sky's edge.（Schlepp 译）（转引自毛荣贵、廖晟，2005：131）

译文三：　　　**Meditations in Autumn**

　　　　　　　　Ma Zhiyuan

Withered vines, aged trees, twilight crows.

Beneath the little bridge by the cottage the river flows.

On the ancient road and lean horse the west wind blows.

The evening sun westward goes,

As a broken-hearted man stands at heaven's close.（刘若愚 译）

译文四：　　**Tune to the Sky-Clear Sand**

　　　　　　　　Thoughts in Autumn

On the age-old tree with the vines much withered,

A crow's croaking at dusk;

Near a small bridge with a running creek under

Stands a cozy household;

Along an ancient route with fierce wind blowing,

My lean horse's staggering;

In the setting sun, I, with a heart broken,

Am far away from home.（李明、卢红梅 译）

四、翻 译 练 习

句子翻译

1. 中国作为一个发展中的沿海大国，国民经济要持续发展，必须把海洋的开发和保护作为一项长期的战略任务。
2. 世界上任何一个民族，如果不与其他民族相互沟通交流，就很难得到自身的发展。
3. 我下楼在门口买了几个大红橘子，塞在手提袋里，顺着歪斜不平的石板路，走到那小屋的门口。(冰心《小橘灯》)
4. 大批仁人志士，满腔悲愤，万种辛酸，想有所为而不能为，真是英雄无用武之地。
5. 会议开得冷冷清清，有时甚至开不下去了。
6. 年景不好，柴米又贵；几件旧衣服和旧家具，当的当了，卖的卖了；只靠着我替

人家做些针线活寻来的钱，如何供得起你读书？（吴敬梓《儒林外史》）

7. 司马迁探访古迹，采集传说，考察风土人情，历时十余载，行程万余里，为他以后撰写《史记》，并成为一个伟大史学家做了坚实的准备。

8. 邀请名人做广告，只要商品确实是货真价实，名人又愿意，这应该是广告技巧的上策，会产生很强的名人效应。

9. 盖茨不像一般的世界级大亨，他不讲究吃穿享乐，虽然年轻富有，却过着普通人的生活，直到最近才斥资四千万美元，兴建一幢装有多媒体电视幕墙、地下室可容纳二十辆车的豪宅。（何刚强，1996：127）

10. 我一向没有对于任何问题作高深研究的野心，因之所买的书范围较广，宗教、艺术、文学、社会、哲学、历史、生物，各方面差不多都有一点。（夏丏尊《我之于书》）

语篇翻译

语篇翻译 1

他迈着沉重的脚步，回到了离别三年的家乡。三年前，他参加了一个盗窃团伙，被判刑三年。在劳改农场，因为表现突出，被提前一年释放。

为了逃避那一双双熟悉的眼睛，释放后，他来到邻县一家小工厂做临时工。但强烈的思乡情怀促使他踏上归乡的旅途。回到家乡后，家乡的一切都使他感到亲切可爱。他暗暗下决心，要重新做人。

一天，邻居王二婶不小心把钥匙锁在了家里，很多热心人都来帮忙，但都无济于事。人们找到了他，但被他拒绝了。王二婶哀求地说："孩子，求求你啦，要是我当家的回来，我少不了要挨一顿揍。"他知道，她丈夫很粗野，经常打她。他心软了，找来工具，费了好半天劲，帮王二婶打开了锁。王二婶感激万分，特意买来一盒过滤嘴香烟，非要塞给他。在场的人惊愕地看着他，一个劲地夸他有本事。

第二天，他发现有好几家邻居的门上都上了双把锁。几天后，他又离开了家乡，还是到邻县那家小工厂做临时工。

===== 语篇翻译 2 =====

"达则兼济天下，穷则独善其身"，这是中国古代知识分子最基本的价值观念和人生理想，也决定了他们人格中最深刻的矛盾。"庙堂之上"的读书人会时常想要悠然隐退、寄情山水；"山林之中"的读书人却无时不盼望晋身官场、踏入仕途。士人心灵深处的矛盾决定了书院精神宗旨的矛盾：它以反对科举之学为旗帜，力倡独立的学术研究、学术传播，但它从来没有真正摆脱科举的影响和控制。毕竟，科举考试是他们步入政界、治国平天下的唯一途径。

千年学府，千年书香，书院的存在，对中国教育史、学术史的发展有着不可替代的作用和意义，它永远是中国文化史上一颗灿烂的明珠。

第四章 规避中式英语的途径

> 无论作者还是译者，只有当他们把自己的性格注入到了作为文本的物质实体的时候，这个物质实体才能够充满生命力，显现出真实的特质来。
>
> ——曹山柯

一、理 论 探 讨

在目前情况下，汉英翻译绝大多数由具有汉语语言文化背景的中国人来完成，在翻译过程中，从事汉英翻译的译者很容易运用汉语的思维方式以及汉语的语言结构来行文，这样，其最终的产品——英译文——很容易表现出汉语的思维方式特征以及汉语的语言结构特征。具有汉语的思维方式及汉语的语言结构特征的英语即通常所谓的Chinglish，即中式英语。

在进一步了解中式英语之前，先有必要将其同中国英语区分开来。中国英语（China English）不同于中式英语，中国英语是以规范的英语为核心，用以表达中国特有事物与现象的一种英语变体。它是英语国家所使用的英语同描述中国特有的社会文化现象的英语紧密结合的产物，是国际上通用的一种英语变体。而中式英语则是在汉英翻译过程中，因过分拘泥于原文字句而机械地从字面意义上以"对号入座"的方式来表述，导致一种在表面上看是英语译文但实际上却不符合英文表达习惯的言语形式，它暂不属于任何英语变体。李文中（1993）则这样定义中式英语：中式英语是中国英语学习者和使用者在使用英语进行交际的过程中，由于受汉语影响，硬套汉语语言规则和表达习惯，从而产出的不符合规范或不符合英语表达习惯的畸形英语。

那么，中式英语到底是怎样产生的？它们有哪些表现形式？怎样才能消除中式英语？中式英语与中国英语之间有什么联系？下面分两点进行讨论。

1. 中式英语产生的原因及其表现形式

(1) 用英文表达时以汉语的思维模式来进行，从而产生中式英语。

这是产生中式英语的最重要、最自然的原因。王还先生曾说："任何人学外语，最自然、最容易做的事情就是把自己的母语的习惯套在外语上，有时套对了，有时就套错了，那些母语和外语不同的地方就一定要套错。"比如，在用英语表达"你的身材很美"这句话时，说 Your figure is beautiful 就是中式英语，地道的英文表达应该是 You have a fair figure。在表达"我工作很忙"这句话的意思时，说 My work is busy 是中式英语，正确的表达应该是 I am very busy。

(2) 因带有中国特色的词汇在英语中无法找到对应语而进行直译，从而产生中式英语。

中国社会、经济不断发展，科技、文化不断进步，随之而来的是新兴的词汇不断涌现，而由于这些词汇均带有中国特色，在英语中没有或者一时无法找到对应的表达，这时又需要用英文表达，因此，英译文往往采用解释性或字字对译的方式进行翻译，这样，出现中式英语的情况就变得不可避免。例如，将"国际关系民主化"翻译成 democratization of international relations 就是中式英语，完全没有再现出原文之意，英文的意思也不明确。该短语通常译为 Democracy should be practised in international relations，意思是很清楚了，但中式英语的味道仍然存在。

(3) 因搭配不当而导致中式英语。

使用语言时，我们不会或者很少使用单独的词语，而往往会将几个词语组合起来表达我们的思想，此时，自然就产生了搭配现象（王寅，2001：240）。所谓搭配就是指常常在一起使用的两个或两个以上词语的组合（Collocation is a group of two or more words that often go together），这种组合也称共现关系（co-occurrence）。

由于汉英两种语言的发展历史与民族习惯不同，其各自的词汇在搭配能力和搭配习惯上存在着种种差别，因此，在汉英翻译中，万万不可一律使用汉语的搭配方法去套译英语的词汇搭配。虽说全人类所处的客观外界是相似的，这是不同语言之间可以交流和沟通的基础，但在相似的客观外界背景下，经过不同的认知，反映在不同语言之中，就会出现不同的表达方法，这就是语言的民族性特征（王寅，2001：249）。正

是由于世界各民族的语言均具有各自的民族性特征，翻译这种跨语言、跨文化的交流活动就会具有各种难以逾越的障碍。翻译的艺术性在很大程度上也就体现在对各种难以逾越的障碍的处理上。比如，汉语中有"长处""短处"之说，但英语中却只有shortcoming，而没有longcoming；汉语中只有"弱点"而没有"强点"之说，但英语中却有strong point 和 weak point；汉语中说"看报"，英语中却要说 read a newspaper 等。这些都是因为不同的语言有不同的搭配或表达方式。例如：

"学习知识"不是 to learn knowledge，而是 to acquire knowledge；

"达到自给自足"不是 to achieve self-sufficiency，而是 to reach self-sufficiency；

"生活水平"不是 standard of life，而是 quality of life；

"严密控制"不是 close control，而是 strict/rigid control；

"好票"不是 good tickets，而是 good seats；

"强硬政策"不是 strong policy，而是 tough policy；

"取得成就"不是 make achievements，而是 attain achievements；

"掌握机器"不是 master the machine，而是 operate the machine；

"请医生"不是 please/invite a doctor，而是 call a doctor；

"价钱太贵"不是 The price is too expensive，而是 The price is too high；

"恢复经济"不是 recover the economy，而是 reconstruct the economy；

"打扫房子"不是 sweep the house，而是 clean the house；

"我们赢了你们队"不是 We have won your team，而是 We have beaten your team。

(4) 将汉语中的修辞方式直接移入英语中，从而导致中式英语。

汉语中，作为积极修辞格的反复（repetition 或 reiteration）和作为消极修辞格的重复使用得非常频繁。在翻译中，对作为积极修辞格的反复，在英语中完全可以采用重复的手法达到与原文相同的修辞效果。如：有缺点的战士终究是苍蝇，完美的苍蝇也终究是苍蝇。（The fighter for all his blemishes is a fighter, while the most perfect flies are only flies.）

汉语中作为消极修辞格的重复是指，为了读音的抑扬顿挫或为了加强语气而采用的语意上的重复表达，将这类表达直译成英语就会形成中式英语。如将"我们应该为所有这些地区拟订正确的发展建设规划"译为 We should draw up correct development and construction plans for all of these zones 便是中式英语，因为 development 和 construction 实际上表示一个意思，所以应省略其中一个才符合英语表达习惯。将"完全征服"译为 completely conquer 则是语义冗余，因为 conquer 一词已经隐含了"完全"之意。

从语篇层面来讲，不同句子之间对同一个名词进行重复的情况是很多的，但在翻译成英文时，如果对这些重复不按照英语的方式行文就会出现中式英语。如下面的译文一就是中式味道很浓的行文方式：

原文：为了开好本次大会，邮联大会中国组委会全力以赴做了大量的准备工作。中国政府和北京市政府均对本次大会的**筹备**给予了大力支持。很多国家政府和邮政主管部门也为中国**筹备**本次大会提供了有益的帮助。在此，我谨向所有支持本次大会**筹备**工作的国家、部门和朋友们表示最衷心的感谢！

译文一：The Chinese Organizing Committee of the Postal Union **Congress** has gone all out to make preparations in order to make the **Congress** a success. The Central Government and the Beijing Municipal Government of China have given unfailing support to **the preparatory work** of the **Congress**. The governments and competent postal departments of many countries have provided kind assistance to China's **preparatory work** for the **Congress**. Here I'd like to express my most sincere thanks to all the countries, departments and friends that have given us support to **the preparatory work** for the **Congress**.

在这段文字的汉语原文中，"大会"出现了五次，译文一中，Congress 也出现了五次。"筹备"一词在汉语原文中出现了三次，在英译文中也出现了三次。这使得英译文非常累赘，有很强的中式英语味道。试比较：

译文二：The COC has gone all out and done a lot of preparatory work for the Postal Union Congress to make it a success. Both the Central Government and the Beijing Municipal Government of China have given unfailing support to its preparations. The governments and competent postal departments of many countries have provided China with kind help in this work. Here I wish to express most sincere thanks to all the countries,

departments and friends that have given us support in this regard.

(5) 汉语多修饰，将这些修饰直译成英文就显得行文浮夸，带有中式英语的色彩。

汉语中经常使用语气强烈的副词修饰动词或者用辞藻华丽的形容词修饰名词，以加重语气。而译成英语时则需要斟酌，不能一字一字地照译，否则往往会因强调过头而取得相反的效果，甚至削弱原文的力量。先看下面一句汉语原文的三种英语译文：

原文：我们要**继续坚定不移地**坚持以经济建设为中心，**继续坚定不移地**推进改革开放，**继续坚定不移地**保持社会稳定，**继续坚定不移地**贯彻执行独立自主的和平外交政策。

译文一：We will **continue to unswervingly** focus on economic development. We will **continue to unswervingly** press ahead with reform and opening-up. We will **continue to unswervingly** carry out an independent foreign policy of peace.

译文二：We will **steadfastly** focus on economic development, **resolutely** press ahead with reform and opening-up, **persistently** maintain social stability and **unswervingly** pursue an independent foreign policy of peace.

译文三：We will **steadfastly** focus on economic development, press ahead with reform and opening-up, maintain social stability and pursue the independent foreign policy of peace.

汉语原文重复使用了四个"继续坚定不移地"，取得了排比和意义不断深化的作用。译文一对原文中的四个分句以四个独立句译出，并对"继续坚定不移地"以四次重复continue to unswervingly 的方式进行翻译，这非但没有加强原文之意，反而显得冗长累赘；译文二去掉了 continue to，并对"坚定不移地"分别以不同的同义词来翻译，大大简化了译文的表达手段，但这样的英译文仍于加重语气无补。译文三则只使用一个steadfastly，不仅充分表达了原文之意，而且译文流畅简洁、通俗易懂，英语味道甚浓。

(6) 将汉语这种意合语言的行文方式直接移入英语中，从而产生中式英语。

汉语是意合的语言，表现在句子结构之间不需要使用关系非常明确的结构性词语，但其意义仍然清晰可辨，而英语则是形合的语言，大量使用结构性词语，以体现句子各成分之间的逻辑关系。如果将汉语这种意合语言的行文方式直接移入英语中，就很容易产生意义不清、逻辑有问题的中式英语。这也是中国学生容易造出中式英语句子的原因。比较下面汉语句子的两种英译文：

原文：外语节目应当在音像制品及封面包装上标明中外文名称。

译文一：Foreign language programs should be indicated by name in both Chinese and foreign languages on audio and video products and their cover packing.

译文二：With respect to a program in a foreign language, the name in Chinese and in the foreign language shall be indicated on the audio and video products and their cover packaging.（李运兴，2006：80，有改动）

译文一是中式英语，因为它没有厘清句子各成分之间在结构方面的关系。

(7) 将汉语中的拟人法直接移入英语中，从而造成中式英语。

拟人法在汉英两种语言中都存在，但这并不意味着汉语中的拟人法可以直接移入英语中，或者英语中的拟人法可以直接移入汉语中。比如，From the moment we stepped into the People's Republic of China, care and kindness surrounded us on every side 这句话中的拟人法 care and kindness surrounded us 就无法直接翻译成汉语。如果直接翻译就会成为欧化的汉语：我们一踏上中华人民共和国的国土，关怀与照顾就将我们团团围住。此句应根据汉语表达习惯调整翻译成：一踏上中华人民共和国的国土，我们就随时随地受到关怀与照顾。

同样，在将汉语的句子翻译成英语时，很多时候也无法将类似的拟人法直接移入英语中。比如，如果将"中国社会主义建设的航船将乘风破浪驶向现代化的光辉彼岸"翻译成 The ship of China's socialist construction will brave the wind and waves and sail to the glorious destination of modernization 就具有很强的中式英语味道，改译为 China will stride forward in building socialism like a ship braving wind and waves, towards the glorious destination of modernization 就具有更多的英语味道。再如，下面的译文一中式英语的味道很足，而译文二才是符合英语的表达：

原文：世纪之交，中国外交空前活跃。

译文一：At the turn of the century, China's diplomacy is most active.

译文二：The turn of the century finds China most active in the diplomatic arena / on the diplomatic stage.

(8) 对汉语原文的词类不善于变通，因而导致中式英语的产生。

汉英翻译最忌讳的就是不善于变通。所谓不善于变通是指，在汉英翻译中，汉语原文中使用什么词类，在英译文中也使用什么词类，而完全不考虑英文本身的表达习惯，这时所产生的英语译文必然是中式英语。试比较下面两个汉语句子的译文一和译文二：

原文：轻纺工业产品的花色品种增多，质量继续有所提高。

译文一：The designs and varieties of light industrial and textile products have increased and their quality has continued to improve.

译文二：Light industry and textile products are now available in better designs with improved quality and in richer variety.

原文：中国的富强和发展不会对任何国家构成威胁。

译文一：The strength, prosperity and development of China will pose no threat to any country.

译文二：A strong, prosperous and developed China will pose no threat to any country / any other countries.

上面两个汉语句子的译文中，译文二都要胜过译文一。

2. 规避中式英语的途径

一般认为，具体有以下几种消除中式英语的途径或方法：

(1) 吃透汉语原文的精神实质，摆脱汉语字面的束缚，从英语读者的角度出发，按照英语的表达习惯对句子进行重组，清晰地将原文之意表达出来。如：

原文：维护世界和平是大有希望的。

译文一：To maintain world peace is very hopeful.

译文二：There are great hopes for the maintenance of world peace.

译文三：The prospect for world peace is very bright.

译文四：The prospects for world peace are very encouraging indeed.

译文一和译文二基本上都是字对字的翻译，英语韵味不足。译文三和译文四才是地道通顺的英语表达。

(2) 在平时的工作和学习中有意识地记录汉语中某些表达的英文对应表达以及老大难的译例。多听英语电台，大量阅读英文原著，尤其注意关注其中关于中国的文章，看看外国人对同一个词、同一个事物以及成语如何表达，进行比较研究后"择优录取"较贴切的用法，为我所用。（但在借用这些词汇和表达方法时，一定要注意其政治倾向和不同的上下文。）比如：

原文：新世纪即将到来之际，……

译文一：As the new century approaches, ...

译文二：On the verge of the new century, ...

译文三：At the dawn of the new century, ...

译文四：At the threshould of the new century, ...

译文五：As the new century is just round the corner, ...

以上这些都是英文报刊和英语电台使用过的说法，将它们搜集起来，用时就方便了。

(3) 阅读英译汉的文章时，注意搜集常用的词、短语、句子，查阅英语原文是如何表达的，再利用回译（reverse or back translation）的办法，将其译成汉语，以此来不断积累地道的英语词汇和句型，即采用"英—汉—英"的方式来积累词汇和表达。如下面的英文表达方式值得我们学习：

原文：我最近常常想到你和贵国。

译文：You and your country **have been much in my thoughts** recently.

原文：你目睹了中国和世界在 20 世纪走过的非凡**历程**。

译文：You have witnessed the **sweep** of a remarkable century, both in China and abroad.

原文：美籍华人独特的文化和……勤奋观念加强了我们社会的**凝聚力**。

译文：Chinese Americans' unique culture and values of ... hard work have strengthened the **fabric** of our society.

原文：每个国家都得**根据**自己的传统寻找发展方案。

译　文：Each country has to look for development approaches **within** its own traditions.

当然，要从根本上解决中式英语的问题，还需要译者不断提高综合素质，尤其是语言素质和修养，不仅汉语要好，英语尤要精通，而且知识面要广。一般说来，译者英语的造诣越深，其译文中的中式英语就越少。

二、译例举隅及翻译点评

【例1】

原　文：在6 000平方米展厅内，陈列的地毯品种多、规格全、选择余地大，将给中外客商耳目一新之感。

译文一：In the 6,000 square meters exhibition hall carpets of innumerous varieties and sizes will be on display, with a wide range for customers to choose from, thus impressing Chinese and foreign business people.（易明华 用例）

译文二：In the 6,000 square meters exhibition hall carpets of innumerous varieties and sizes will be on display, with a wide range to facilitate customers' selection. These products will surely impress Chinese and foreign business people.（易明华 用例）

【点评】　上面两个译文均是好译文，因为译文中只有一个中心，即一个主语。在翻译"将给中外客商耳目一新之感"时，译文一用with..., thus impressing... 这种从属结构略显复杂；译文二则另起一句，用These products will surely impress... 的句式，新起的一句中添加的主语These products指代前一句中的主语carpets of innumerous varieties and sizes，这种行文方式使得上下文衔接更加自如，句意更加清楚明晰。相比之下，译文二比译文一更胜一筹。中国学生在汉英翻译时最容易犯的毛病就是不加分析地将汉语中的行文方式直接转换成英语，这是汉英翻译最忌讳的做法。这样做的后果是，英译文行文因没有考虑到一个中心而使得英译文支离破碎，语气不连贯，意义不紧凑（易明华，2006：2），中式英语味道浓烈。比如这里的汉语原文如翻译成以下英文便是语气不连贯的英译文：

> In the exhibition hall with a floor space of 6,000 square meters carpets of various styles and sizes will be on display, and there is a wide range for customers to choose from. Domestic and overseas business people will surely be impressed by the numerous new products.

【例2】

原　文：20世纪心理学最重要的发现是"自我意象"。有关科学家认为，积极的自我意象是开启最美好生活之门的金钥匙。

译文一：The most important psychological discovery of the 20th century is the discovery of "self-image", which, according to the scientists concerned, is a golden key to living a better life.

译文二：The most important discovery in psychology in the 20th century is that of "self-image", which, when it is positive, is a golden key to making a better living according to certain scientists.（李明 译）

【点评】上文讲到，在进行汉英翻译时，吃透汉语原文的精神实质，摆脱汉语字面的束缚，从英语读者的角度出发，按照英语的表达习惯对句子进行重组，清晰地将原文之意表达出来，这些都至关重要。本例译文一重复使用了discovery一词，英语通常是避免重复的，因而犯了大忌。其次，译文一没有将原文中"积极的自我意象"翻译出来，漏掉了这一信息无疑就丢失了原文所隐含的另一层意义：消极的自我意象对生活起着消极的作用。译文二克服了译文一所存在的不足，充分再现了原文的全部意义。

【例3】

原　文：**我们的研究发现**，中国各地区的经济增长与要素投入和全要素生产率的提高密切相关。

译文一：**Our research reveals** that the economic growth in every region in China is closely related to the factors input as well as to the improvement of total factor productivity.（官忠明 译，有改动）

译文二：Our research findings show that the economic growth in every part of China is closely related to the input of factors and the improvement of total factor productivity.（李明 译）

【点评】望文生义、字字对应是中国学生在翻译过程中最容易犯的毛病，要杜绝这种毛病必须大量阅读英语原著并从中汲取营养，必须大量从事翻译实践并不断积累翻译经验，必须不断研读和揣摩翻译家们的翻译作品，必须不断反思自己所做翻译的经验教训，必须多向周围的老师或比自己翻译水平高的同学请教等。这里原文中的"我们的研究发现"如果直译成 Our research finds... 则是望文生义、字字对应的译法，既不符合英语的主谓搭配，也不符合逻辑。译文一中的 Our research reveals 和译文二中的 Our research findings show 都是地道的表达。翻译工作正是细微之处才见功夫。

【例4】

原　文：中国具有五千年悠久历史。中华民族繁衍生息在中国这块土地上，各民族互相融合，具有强大的凝聚力，形成了崇尚统一、维护统一的价值观念。

译文一：China has a long history of 5,000 years. On this land the Chinese people have been living and multiplying all the time, and the various nationalities have been integrating with each other. Thus, among them a great cohesion has been forged, which advocates the concepts of admiration for, and maintenance of, unity.

译文二：With a history of 5,000 years, this land has been home to generations upon generations of the Chinese nation where all nationalities, through mutual fusion, feature a strong cohesion and have cultivated the values of advocating and safeguarding national unity.（李明 译）

【点评】在汉英翻译过程中，规避中式英语的目的就是要给出地道的英语译文，要做到这一点必须精通汉英两种语言，把握汉英两种语言的行文方式。本例中最难翻译之处要数"具有强大的凝聚力，形成了崇尚统一、维护统一的价值观念"这部分了。但对于"具有强大的凝聚力"这一分句，译文一用被动句来翻译，在被动句之前增添 among them，使之同上文提到的 the various nationalities 衔接起来，接着以 which 引导的定语从句置于该句之后，which 的先行词是 a great cohesion。根据英语的地道表达，将"形成了……的价值观念"翻译成 advocates the concepts of...，advocates 的主语是 a cohesion，符合逻辑。另外，译文一将"崇尚统一、维护统一"译成 admiration for, and maintenance of, unity。译文二将原文的两个独立句整合成一个英语主从复合句，句子结构严密，行文简练。

【例5】

原　文：有的青年人在苦苦思索生命的意义，有的青年人在高谈阔论生命的价值，有的青年人却在努力学习和工作，谱写着一曲壮丽的青春之歌。

译文一：Some young people ponder bitterly upon the meaning of life, others indulge themselves in empty talk about the value of life whereas still others are working and studying hard to compose the glorious song of the youth.

译文二：Some young people think hard about the meaning of life, others speak at great length about the value of life, while still others are hardworking in order to compose a glorious song of the youth.（李明 译）

【点评】汉语多重复，英语多替代。这是汉英两种语言的差异之一。要避免汉英翻译中出现中式英语，就需要注意汉英两种语言之间的差异，在英译文中使用地道的英语表达方式。本例中，"有的青年人"被重复了三次，这符合汉语表达，但在英语中如果采用同样的重复方式就不符合地道的英语表达，因此，译文一和译文二都将第二和第三个"有的青年人"分别译成 others 和 still others。

【例6】

原　文：多相流是在流体力学、传热传质学、物力化学、燃烧学等多学科的基础上发展起来的一门新兴学科。

译　文：The study of multiphase flow is a new discipline developed on the basis of hydrodynamics, study of heat and mass transfer, physio-chemistry, combustion theory and other disciplines.（易明华 用例）

【点评】比照原文和英译文不难发现，在翻译"多相流"时，英译文增加了 The study of...，在翻译"传热传质学"时，英译文也增加了 study of...。这样翻译是合乎英语逻辑范畴的。因为如果将"多相流是……一门新兴学科"直接翻译成英文便成了 Multiphase flow is a new and developing discipline，这就会因出现逻辑范畴的不对应而产生语意混乱，因为 multiphase flow 不可能是一个 discipline。另外，英译文中 on the basis of 之后所接的五个成分在逻辑范畴方面应该处于同一层次，而且应与前面的 The study of multiphase flow 属于同一逻辑范畴，因此，在翻译"传热传质学"时，就在英译文之前加上了 study of...，这样，该短语就具有了"学科"之属性，并同介词短语 on the basis of 之后的其他四个表示"理论学科"的名词（hydrodynamics、physio-chemistry、combustion theory、other disciplines）属于同一范畴了。试比较就此原文翻译的不合乎逻辑范畴的英译文：

　　Multiphase flow is a new and developing discipline on the basis of hydrodynamics, heat and mass transfer, physio-chemistry, combustion theory and other disciplines.

【例7】

原　文：货币和货币政策带来的种种后果影响着每一个人，年老的和年轻的，富裕的和贫困的，白人和黑人，大学毕业生和小学辍学生，无一例外。

译　文：Money and the consequences of monetary policies affect every one without any exception-old and young, rich and poor, white and black, college graduates and grade school dropouts.（谭卫国、蔡龙权，2005：315，有改动）

【点评】本例汉语原文中的"影响着每一个人……无一例外"是常见表达，也是汉语中多重复的表现。但在英语中，如果将该汉语表达翻译成 affect every one without exception / with no exception 则属于语义冗余或语义重复，因为 every one 已经隐含了 without exception 或 with no exception 之义。

【例8】

原　文：那本小说的故事情节这位作家常常闭着眼睛一动不动地坐在沙发上构思。

译文一：The plot of this novel has been figured out by the writer when he sits motionlessly with his eyes shut on an armchair.（周志培，2003：240，有改动）

译文二：The plot of that novel this writer worked out by often sitting motionlessly on the sofa with his eyes closed.（李明 译）

【点评】本例的汉语原文在汉语中属话题句，其话题是"那本小说的故事情节"，述题是后面的整个部分。译文一将话题原原本本地充当了主语，其后使用了被动语态，改变了原文的句子结构，在一定条件下这是不得已而为之。译文二则根据原文句子结构采用了对应的英文表达方式。

【例9】

原　文：专门词汇通常只有字面意义，但有许多基本词汇则有着多重词义，其用法必定和上下文搭配关系、地道的词汇选用以及英语的标准用法等这类问题相关联。

译文一：Technical words usually have only denotations, while many basic words have multiple meanings and have their uses invariably linked with such problems as contextual collocation, idiomatic word choice and standard usage.

译文二：Technical words usually only have literal meanings. Many basic words, however, are synonymous and their uses are without doubt closely related to the contextual collocation, idiomatic diction and standard usage.（李明 译）

【点评】翻译过程中最惬意的事情就是能够在译文中找到一个非常顺畅的表达方式。本例汉语原文一共有三个分句，第三个分句为"其用法必定和上下文搭配关系……相关联"，如果按字面翻译，该句的英译文就是 their uses must be closely linked with...，但如此翻译同上文的衔接不够顺畅。译文一对这个由三个分句组成的长句进行了通盘考虑而将第三个分句整合成与第二个分句并列的结构 have their uses invariably linked with such problems as contextual collocation...，这样，英译文就变得非常顺畅了。译文二将原文分成两个句子进行翻译，在第二个句子中使用了并列结构，所表达的意思清晰明了。

【例10】

原　文：风雪吹着我们走回家来了,手疼、脚疼,我白白的跟着跑了一趟。（萧红《商市街》）

译　文：We walked the rest of the way home amidst swirling snowflakes. My hands ached. My feet ached. The whole trip had been a waste of time.（Howard Goldblatt 译）

【点评】中国学生在翻译时最容易犯的错误就是将汉语的行文方式，包括标点符号等，直接翻译成英语，结果读来佶屈聱牙，不符合英语的行文方式和思维习惯，从而未能传达出原文的真实涵义。本例的汉语原文看上去并不难翻译，但若不善于变通就有可能使译文不仅缺乏连贯，而且还会出现诸多修辞性或逻辑错误。试看看直译时的译文：Snowstorms brought us home, our hands ached, our feet ached and I had that trip in vain，这样翻译从逻辑上讲有问题，因为 snowstorms 是不可能 brought us home 的，但汉语原文说"风雪吹着我们走回家来了"却是生动的表达，译者将其翻译成 We walked the rest of the way home amidst swirling snowflakes 正是深刻领会了原文之意而做的正确表述。译者将"手疼""脚疼"中的"手"和"脚"分别译成 My hands 和 My feet 符合逻辑，因为这些其实都是作家自己的感受。另外，"我白白的跟着跑了一趟"被翻译成 The whole trip had been a waste of time 也恰如其分。这里的 the whole trip 是指代前面已经隐含的 trip，因为前面已经提到 We walked the rest of the way。

三、翻译比较与欣赏

【例1】

原　文：接着,他继续设想,鸡又生鸡,用鸡卖钱,钱买母牛,母牛繁殖,卖牛得钱,用钱放债,这么一连串的发财计划,当然也不能算是生产的计划。(马南村《燕山夜话》)

译文一：He went on indulging in wishful thinking. Chickens would breed more chickens. Selling them would bring him money, with this he could buy cows. The cows would breed and selling oxen would make more money for him. With the money, he could become a money lender. Such a succession of steps for getting rich, of course, has nothing at all to do with production.(蔡基刚用例)

译文二：Then, he kept on indulging himself in more wishful thinking: These chickens would breed more chickens, and by selling them, he would get money. With the money, he would buy cows, and these cows would breed offspring. By selling the offspring, he would again get money. With the money, he would work as a money lender. Of course, the steps of making fortunes in such a succession cannot be counted as the plan for production.(李明 译)

【例2】

原　文：这本书再三重印,仍供不应求。

译文一：Though we have reprinted this book several times, we still can't satisfy the demands of the readers.

译文二：Though we have had this book reprinted several times, the readers' demand still exceeds its supply.

译文三：Though we have got the book reprinted again and again, we find it still unavailable in the bookstores.

译文四：Though this book has been reprinted time and again, its supply falls short of

the demand of the readers.

译文五： Though this book has been reprinted time and again, it is still short of stock.（宋天锡等，2000：22）

【例3】

原　文： 空气是这样的清香，使人胸脯里感到分外凉爽、舒畅。

译文一： The air was so fresh and fragrant that it gave people a feeling of exceptional coolness and comfort in their breast.（刘法公 用例）

译文二： The air was fragrantly fresh, making you feel unusually cool and comfortable.（刘法公 用例）

四、翻译练习

句子翻译

1. 我们在大海上不是孤独的，会感受到在自己周围处处有生命在颤动，大海永远不停地运动，永远有生命力，它的生命力比陆地具有更强的震撼力量……

2. 在漫长的历史过程中，中国虽然经历过改朝换代、政权更迭，出现过地方割据，遭遇过外敌入侵，特别是近代史上曾饱受外国列强的侵略和瓜分，但统一始终是中国历史发展的主流。

3. 科幻小说家的职责不在预言未来，而在试图展现许多可能出现在我们面前的前景，他们还揭示人类能够而且确实在创造这些未来世界。

4. 无论未来是什么样子，它都是属于年轻一代的。创造未来的主要是现代的青年，塑造明天的是他们的行动。

5. 这些极为显著的变化我们绝不能忽视，这些极为沉痛的教训我们要深刻铭记。

6. 港内水域宽阔，水深浪静，万吨轮船通行无阻，五万吨轮船可乘潮自由出入。

7. 中国四川，有汉、藏、彝等十几个民族丰富的文化和风俗，民族歌舞的创作要对其进行充分的研究和吸收。

8. 我喜欢逛街，一个人默默地在街上散步，热闹和冷静对我并没有差别。（巴金《憩园》）
9. 这城离我的故乡不过三十里，坐了小船，小半天可到，我曾在这里的学校里当过一年的教员。（鲁迅《在酒楼上》）
10. 他老以为他的个子比别人高大，就一定比别人能多受些苦，似乎永没想到身量大，受累多，应当需要更多的滋养。（老舍《骆驼祥子》）
11. 我过去学过一些法语，但现在都忘了，都还给老师了。

语篇翻译

语篇翻译 1

我携着三个孩子在屋后草场中嬉戏着的时候，夕阳正烧着海上的天壁，眉痕的新月已经出现在鲜红的云缝里了。

草场中放牧着的几条黄牛，不时曳着悠长的鸣声，好像在叫它们的主人快来牵它们回去。

我们的两匹母鸡和几只鸡雏，先先后后地从邻寺的墓地里跑回来了。

立在厨房门内的孩子们的母亲向门外的沙地上撒了一把米粒出来。

母鸡们咯咯咯地叫起来了，鸡雏们也唧唧地争食起来了。

——"今年的成绩真好呢，竟养大了十只。"

欢愉的音波，在金色的暮霭中游泳。（郭沫若《夕暮》）

语篇翻译 2

梦　　想

我母亲和我都是耽于梦想的人。我们常常坐在海滩上，把脚趾插进沉重而潮湿的沙里，看又大又慢、又绿又白的碎浪滚滚而来，脑子里尽在遐想。当时我 10 岁，母

亲34岁。我想的是海边有幢房子。母亲想的是钻石耳环。

母亲是矮身材,那时胖胖的。容貌端庄秀美,鼻梁笔直,鼻尖微翘。头发古铜色,光可鉴人。我黑发细眼,长得矮,矮到比不上弟弟约翰。我们常常坐下来梦想,一面看约翰和小妹妹阿黛尔在海滩上赛跑。

我梦想的是在防波堤后面有一幢华厦。可以坐在大门口看邮船在海上行驶,船上满载逍遥自在、有说有笑的阔客。我憧憬家里仆从如云,他们手托银盘,以巧克力、冰激凌侍候我们。

母亲并不知道怎样放胆做大梦。她想的是一副每只大约有半克拉钻石的小耳环。耳朵早给外婆穿了孔,她告诉我,有了耳环绝不会丢掉。

第五章 汉英翻译的过程和步骤

> 翻译程序非常复杂，它包括三个步骤：1. 分析：在此过程中，译者将表层结构（即甲语言信息）按照各种语法关系和词语的各种意义及各种组合进行分析；2. 转换：在此过程中，译者在大脑中将所分析的材料由甲语言转换成乙语言；3. 重构：在此过程中，对所转换的材料进行重构，以便使最终的信息在目标语言中完全可以为读者接受[1]。
>
> ——Douglas Robinson

一、理论探讨

不管是英汉翻译，还是汉英翻译，其过程都一样，即英汉翻译和汉英翻译的过程都可分为理解、表达和润饰三个阶段。但由于经济和历史的原因，英语和汉语之间相互影响的程度是不一样的，即英语国家的文化对汉语文化的影响远远超过汉语文化对英语文化的影响。也就是说，汉语文化的读者总的说来对英语国家文化的了解程度远远高于英语国家的读者对汉语文化的了解程度，这就不仅不可避免地造成了英汉和汉英翻译过程中所采用的方法不一样（比如英汉翻译多采用异化的翻译方法，而汉英翻译则多采用归化的翻译方法），也造成了对翻译过程中理解、表达、润饰这三个阶段所关注焦点的不同。

就英汉翻译而言，在这三个阶段中，对于汉语是母语的译者来说，对原文的准确

---

[1] 英文原文为：Translation "consists of a more elaborate procedure comprising three stages: (1) analysis, in which the surface structure (i.e., the message as given in language A) is analyzed in terms of (a) the grammatical relationships and (b) the meanings of the words and combinations of words, (2) transfer, in which the analyzed material is transferred in the mind of the translator from language A to language B, and (3) restructuring, in which the transferred material is restructured in order to make the final message fully acceptable in the receptor language. (Robinson, 1991: ix)

理解是第一位的，尽管表达也很重要。因为，如果译者对原文理解透了，他会尽自己最大的努力用母语传达原文的信息，但更为重要的是，他可以采用异化的翻译手段传递原文信息，也就是说，他可以采用原文的结构或者句式进行表达。因此，英汉翻译在更大程度上更加关注对原文的准确理解。与此相对应，英汉翻译的步骤一是确定词语在语境中的意义，二是弄清原文的逻辑关系，三是理解原文的深层结构，四是采用直译（异化）和意译（归化）的翻译方法传达原文信息。

汉英翻译同英汉翻译则有所不同。正如上文所说，由于英语国家的读者对汉语文化了解的程度没有汉语文化的读者对英语国家文化了解的程度那么高，换句话说，汉语文化属于弱势文化，而英语文化则属于强势文化。这样，汉英翻译就是弱势文化的载体——汉语——被翻译成强势文化的载体——英语。因此，在翻译方法上，汉英翻译多采用归化的翻译方法，即英译文的行文往往必须符合英语的语言习惯、搭配、句法结构和语言规范。作为以汉语为母语的译者，汉语原文是自己的母语，对母语的理解要比对英语的理解来得相对容易，而要将汉语原文翻译成地道的英译文则不那么容易，很多时候翻译出来的东西犹如隔靴搔痒，不得要旨，或者"洋味"少，而"中（国）味"十足，这使得英语国家的读者读起来要么颇感别扭，要么不知所云。那么，到底如何才能够将汉语原文翻译成地道的英语译文呢？我们可以结合翻译的过程和步骤进行讨论。先看下面的例子：

原文：太湖明珠无锡，位于江苏省南部，地处美丽富饶的长江三角洲中心地带，这里气候宜人，物产丰富，风景优美，是中国重点风景旅游城市。（上海市高级口译资格证书笔试试题）

原译：Wuxi, the pearl of the Taihu Lake, lies in the south of Jiangsu Province, and is located/situated in the middle of the beautiful and rich Changjiang River Delta, here the climate is pleasant, it is abundant in resources, and the scenery is beautiful, it is the key tourist city in China.

本译文是一个学生给出的。对照原文，译文看上去不可谓不"忠实"，译文可以说同原文亦步亦趋，但读起来却让人觉得拖泥带水，不够"酣畅淋漓"。该译文的问题主要出在信息层次的安排上、语言的使用上、标点符号的使用上、连接手段的处理上、逻辑的合理性上以及语言的简洁性上。这些问题之所以会出现，皆是因为译者在翻译之前，没有很好地分析原文，而只是根据原文依样画葫芦地译出。这样做所得到的译文无疑会变成"中国式英语"（Chinglish）。那么，作为译者，在将一个汉语句子翻译成英语时，具体应该做一些什么才有可能将该汉语句子翻译成地道的英文句子呢？我们认为，应该采取以下步骤：

1. 分清原文句子的信息层次

分清原文句子的信息层次是汉英翻译的第一步。只有将原文句子的信息层次弄清楚了，才能够较好地按照英文的行文方式再现原文信息。如果不分析原文句子的信息层次就进行翻译，很容易就会造成英语译文带有"中国味"，尤其是在翻译汉语的长句或者流水句时会出现这种情况。当然，如果原文句子中只有一个信息层次，就可以直接进入到下面的第三个步骤。这里的汉语原文应该分为三个信息层次："太湖明珠无锡……中心地带"为第一个信息层次；"这里气候宜人……风景优美"为第二个信息层次；"是中国……旅游城市"为第三个信息层次。将汉语原文进行信息层次的划分，其目的就在于，把汉语原文中的每一个信息层次翻译成英语中的一个分句。

2. 弄清各信息层次所传达的意义

弄清各个信息层次所传达的意义有助于译者选择恰当的句式来再现这些意义，因为一定的意义要靠一定的句式来表达。译者在确定了原文句子信息层次的意义之后，会马上调用自己的知识，选择自己认为合适的句式来再现原文信息。上面汉语原文的第一个信息层次讲的是无锡的地理位置；第二个信息层次讲的是无锡的自然环境；第三个信息层次讲的是无锡作为旅游城市的地位。

3. 找出各分句的主干成分

一个信息层次可以被看作是一个分句。每个分句都有主干成分，所谓主干成分是指"主语""谓语""宾语"。英语句子的主干成分很容易找到，汉语句子的主干成分有时则不那么容易找到，因此需要译者用心识别。比如上面汉语句子第一个信息层次的主语是"无锡"，谓语是"位于"和"地处"，宾语分别是"江苏省南部"和"中心地带"。第二个信息层次的主语是"这里"，谓语分别是三个主谓结构"气候宜人""物产丰富""风景优美"。第三个信息层次的主语是承前省略的"无锡"，谓语由"是"构成的合成谓语充当。

4. 选择地道的句式

经过了以上三个步骤之后，接下来就是选择地道的英语句式再现原文信息了。根据我们掌握的知识，表示地理位置往往用"地名 + lies / is located / is situated + in/at/on"的句式；表示自然环境的句式有"地名 + enjoys/boasts + 自然环境的某个方面如风景、气候、旅游点等"和"It + is + 对自然环境进行描述的形容词如 beautiful、mild、fertile + 地点"；评价某个地方的地位的句式有"地名 + is + 具体的地位"和"地名 + ranks + 具体的地位"。

5. 确定谓语动词的正确时态、语态、语气

汉英翻译中，在时态方面中国学生最容易出错，因为汉语里的动词体现不出时态，而英语中的动词则必须有时态。在汉英翻译中，对时态的把握基本上能够反映出译者的语言基本功。上面的汉语原文是对无锡的介绍，表示一般的情况，因此，谓语动词使用一般现在时。

6. 选用恰当的衔接手段

衔接手段是书面语语篇中非常重要的内容[2]。几乎可以说，没有衔接手段就没有语篇，没有衔接手段也很难取得语篇的连贯性（coherence）（当然，没有连贯性的语篇是不存在的）。英语中的衔接手段有照应（包括指前照应、指后照应、指内照应和指外照应）、词汇衔接（包括重复、部分重复、同义词的使用、上义词的使用）、连接、替代等。上面的汉语句子，包含了三个信息层次，是衔接手段（如"这里"指代前面的"无锡"，属指前照应；"是中国……旅游城市"这一分句前省略掉了"无锡"，属零照应）把它们联系在一起，从而构成一个具有连贯性和一致性的语篇。通过上面的讨论，我们可以将那个学生的译文修改如下：

改译：Wuxi, the pearl of the Taihu Lake, lies in the south of Jiangsu Province, and is located/situated in the middle of the beautiful and rich Changjiang River Delta, it enjoys pleasant climate, affluent products and beautiful scenery, it is the key tourist city in China.

---

2 黄国文先生认为，语篇中的成分之间可以没有衔接关系，但一定要有连贯。为此，他引用 Widdowson 于1978年出版的 *Teaching Language as Communication* 一书中所给出的著名例子作例证来支持他的观点。该例子为：A: That's the phone. / B: I'm in the bath. / A: OK. 在口语语篇中，这种非常极端的例子是存在的，但在书面语语篇中，这种没有衔接但有连贯性的例子是比较少见的。

7. 通盘考虑，对译文进行润饰

对于上面的改译，我们仍然不满意。那么我们再进一步考虑以下问题：译文是否有重复啰嗦现象？用词是否精当？标点符号的使用是否正确？衔接手段运用得如何？大小写是否有误？是否有不符合逻辑的语言表达？译文语言是否地道？

经过对译文仔细检查发现，译文在同一句中分别使用了 lies in 和 is located/situated in，意义重复，因而显得啰嗦。"中心地带"在英语中使用 in the center of 比使用 in the middle of 要好，"富饶的"往往使用 fertile 而不是 rich。标点符号是按照汉语的方式标出的，这种将两个或两个以上独立分句只用逗号连接起来的长句在英语中叫做"累迭句"（run-on sentence）。累迭句在英语修辞中属于错误的句子。这里的衔接手段采用了指前照应，即使用 it 指代前面已经出现过的 Wuxi。译文将"是中国重点风景旅游城市"翻译成 it is the key tourist city in China 不符合逻辑，这样译就意味着中国只有无锡这样一个重点风景旅游城市，这与现实也不相符合，应改为 it is one of the key scenic cities for tourism in China。另外，按照英语的语言习惯，地名是按照从小到大的顺序排列的，因此，"长江三角洲的中心地带"置于"江苏省南部"之前才比较符合地道的英语表达。

综合以上分析和讨论，我们可以将上面汉语原文的英译文再次修改为：

译文：Wuxi, the pearl of the Taihu Lake, is located in the center of the beautiful and fertile delta of the Changjiang River, south of Jiangsu Province. It enjoys pleasant climate, affluent products, and beautiful scenery. It is one of the key scenic cities for tourism in China.（上海市高级口译资格证书笔试试题参考答案，有改动）

二、译例举隅及翻译点评

【例1】

原　文：中国是世界上最早的产茶国家，不仅产茶历史悠久，而且茶叶品质优良，品种繁多，有红茶、绿茶、花茶、乌龙茶、白茶、压制茶等六大类，每一茶类都具有各自的特点。

译文一：China was the first country in the world to grow tea. It boasts not only its long history of growing tea but also the fine quality and the great variety of its tea. There are mainly six classes of Chinese tea: Black, Green, Scented, Oolong, White and Compressed, each with features of its own kind.（常玉田 用例）

译文二：As the earliest tea producing country, China boasts not only its long history of tea growing but also the fine quality and the great variety of its tea. Altogether there are six different kinds of tea, namely, black tea, green tea, scented tea, Oolong tea, white tea and compressed tea, with each exhibiting its own unique features.（李明 译）

【点评】汉语中使用流水句的现象是很普遍的，但在英语中使用流水句从修辞角度看就是错误的，如 China was the first country in the world to grow tea, it boasts not only its long history of growing tea but also the fine quality and the great variety of its tea, there are mainly six classes of Chinese tea: Black, Green, Scented, Oolong, White and Compressed, each with features of its own kind。例外的情况是为了修辞格的需要而有可能采用流水句，如 Julius Caesar 的名言就采用了渐进（Climax）修辞格而使用了流水句：I came, I saw, I conquered。因此，在将汉语中的流水句译成英语时，须根据汉语句子的不同层次的意思进行断句，并用完整的英语句子进行表达。当然，必须注意的是，译者必须关照到不同信息层次的汉语句子翻译成英语句子后彼此之间的内在联系，如译文一第二句的主语 it 是指第一句中的 China，第三句中的 Chinese tea 又同第一句和第二句中的 tea 之间有着互指关系。这样，尽管只有一句的汉语原文被译成三句英文，但这三句英译文之间的内在逻辑关系同汉语原文的逻辑关系一样紧密。译文二将句中前面两层意思合并成一个英语句子进行表达，取得了简洁的效果。

再如：

原文：上海浦东新区地处中国海岸线中点和长江出海口的交汇处，紧靠繁华的上海市区，背倚物阜民丰的长江三角洲，面对太平洋及东南亚的发达国家和地区，有着得天独厚的地理优势。

译文：The Pudong New Area lies at the mid-point of China's coastal line where the Changjiang River empties into the sea. Adjacent to the prosperous downtown area of Shanghai, backed by the rich and populous Changjiang Delta and located vis-à-vis the Pacific Ocean and the Southeast Asian developed countries and regions, it enjoys a unique geographical advantage.

原文：在经济高度发展的社会，仅小部分人从事农业，农业生产率较高，而大部分劳动力则从事其他商品的生产及服务性行业。

译文：In a society with a highly developed economy, only a small proportion of the population is engaged in agriculture. Its agricultural productivity is relatively high, and most of the working population is engaged in the production of other goods and services.

【例2】

原　文：奉浦大桥的建成解决了长期困扰奉贤县与浦南地区的过江问题，同时还改善了该地区的投资环境，为杭州湾北岸的开发、建设打下了良好的基础。

译文一：The completion of the Fengpu Bridge has resolved the problem of crossing the Huangpu River that has bothered the residents in Fengxian County and Punan District for a long time. It has also improved the investment environment in the area and laid a solid foundation for both the development and the construction of the north bank of the Hangzhou Bay.（上海市高级口译资格证书笔试试题参考答案，有改动）

译文二：The completion of Fengpu Bridge has helped resolve the issue of crossing Huangpu River which bothered residents in both Fengxian County and Punan District for a long time and at the same time improve the investment environment in the area, which lays a solid foundation for the development and the construction of the north bank of Hangzhou Bay.（李明 译）

【点评】原文是一个长句，若将该句译成一个英文句子，译文势必冗长。这从原文句子的结构中便可看出，因为原文句中有三个分句，每个分句都有一个或一个以上的动词，而且有的动词（如"困扰"）处在汉语较长的定语短语中，这类短语英译时通常需要以定语从句译出。尽管英语中可以将

动词以非谓语动词形式（如动词不定式、动名词、分词）或介词译出，但这里的原文中几个动词如"解决""改善""打下（基础）"都处在并列层次上。要翻译它们，要么将其译为三个并列分句并以一个句子统领起来（那样的话，译文就非常冗长），要么将它们进行拆分，对不同层次的意思用不同的句子来表述。这里译文一是按照后一种方式来处理的，符合英文表达。译文二则以一个并列句来翻译整个汉语句子。

【例3】

原　文：**东方明珠广播电视塔**位于黄浦江畔、浦东陆家嘴嘴尖上，**塔高468米**，三面环水，与外滩的万国建筑博览群隔江相望，是亚洲第一、世界第三的高塔。

译文一：**The Oriental Pearl Radio and Television Tower** stands on the Huangpu River and at the point of Lujiazui in Pudong. Surrounded by waters on three sides and facing a row of buildings of variegated international architectural styles in the Bund across the river, **the 468m-tall tower** ranks first in Asia and third in the world in height.（孙万彪 用例）

译文二：Located on the bank of Huangpu River and at the point of Lujiazui Area in Pudong, Shanghai, the Oriental Pearl Radio and Television Tower, which boasts a height of 468 meters and is surrounded by waters on three sides and faces a row of buildings of variegated international architectural styles in the Bund across Huangpu River, ranks first in Asia and third in the world in height.（李明 译）

【点评】在将汉语的长句进行拆分翻译成英文或者将连续的几个汉语句子翻译成英文时，译者必须考虑的最重要的问题之一就是要设法让不同的英文句子之间通过词汇等衔接手段很好地连贯起来。不管是在英语中还是在汉语中，句子中的主语是连接不同句子之间的重要纽带。本例汉语原文中所谈论的对象是"东方明珠广播电视塔"，接下来的一句是"塔高……"，最后一句为"是亚洲第一、世界第三的高塔"。如果将这句话直译，英译文将是 **The Oriental Pearl Radio and Television Tower** stands on the Huangpu River and at the point of Lujiazui in Pudong. **The tower** is 468 meters high. Surrounded by waters on three sides and facing a row of buildings of variegated international architectural styles in the Bund across the river, **it** is a tower which ranks first in Asia and third in the world in height。这样表达没有错误，但却没有英语行文的层次感和简练。译文一既对原文信息进行了重组，又充分考虑到了英语表达中不同句子中主语的相互衔接和照应，是很妙的英译文。译文二则将前景信息（或主要信息，指主句或句子的主干成分所传达的信息）和背景信息（或次要信息，指从句或句子的辅助成分所传达的信息）进行了合理分布，也是很流畅的英语译文。

【例4】

原　文：对一些地方房地产投资增长过猛、高档房地产开发过多的**现象**，应引起高度警惕，避免**盲目开发**带来的风险和**损失**。

译文一：In some localities, real estate investment is expanding too rapidly and too many luxury homes are being built. We must heighten our vigilance against risks and **potential losses** from blind **development**.（隋荣谊，2004a：136）

译文二：Concerning the excessive investment growth in real estate and the excessive development of high-end real-estate projects, high vigilance should be maintained so as to avoid potential risks and losses which result from blind development.（李明 译）

【点评】汉英翻译中，善于变通至关重要。变通的理据就是：汉英两种语言之间存在差异，表达时需要根据目的语需要和表达习惯作出调整。译文一作了以下调整：一是将原文的一个句子翻译成了英语的两个句子；二是省略了对"现象"和"盲目"这两个词语的英译；三是将汉语的"损失"这个词转换成了英语的 potential losses，这里增加了 potential 一词，使得英译文更加符合逻辑。汉语中说"盲目开发带来的损失"已经隐含了"未来的损失"之意，而英语中则需要用 potential 一词来标识才可以，如果只用 losses 就有可能让人误解为"已经遭受了损失"，这与其后面使用的 development 一词存在着时间上的不合逻辑，因此，必须增加 potential 一

词。译文二没有将原文译成英语的两个句子，而是将其整合成一个句子，使之具有了英语句法的层次感。

【例5】

原　文：我们的企业一般不重视经济效益，广泛存在着劳动无定员、生产无定额、质量无检查、成本无核算的现象，造成人力、物力、财力的很大浪费。

译文一：Our enterprises, in general, pay little attention to their economic result. The number of workers needed for a job is not fixed. Production quota is not fixed. The quality for products is not checked and cost accounting is not earnestly practiced. All these phenomena have already incurred a big waste of manpower, material resources and money.（方梦之、马秉义 用例）

译文二：Being generally oblivious of economic benefits, some of our enterprises feature an unfixed number of laborers, an unfixed quota of production, no check of the quality for products and no business accounting of the costs, which incur a great waste of manpower, material resources and financial resources.（李明 译）

【点评】在一个句群中，不同句子之间的衔接还可以通过词语的语义场（semantic field）进行。语义场理论认为，很多词语在同一个概念的支配下结合在一起可构成一个语义场。处于同一个语义场中的词语，在语义上的关系更为密切，在谈到其中一个词语时，其他词语更容易被激活，因而同一个语义场中词语共现的可能性更大。（王寅，2001：244）

在同一个语义场中的词语在语义上具有密切的联系，这也类似索绪尔的学生 Bally（巴利）所提出的"语义联想"（semantic association）观。如，若提到 student，就会立即让人联想到 teacher、classroom、school、pen、book、note、exercise、grade，还会让人联想到 math、physics、language、subject 等，进而联想到 study、learn、read、recite、test、exam 以及 clever、intelligent、bright、brilliant、stupid、good、bad 等词项。

这里原文中的"企业"同"经济效益""劳动""定员""生产""定

额""质量""成本核算""人力""物力""财力"处于同一语义场中,因此,译文一中各个句子的主语尽管不一致,但却具有一定程度的内在联系。译文二则突出前景信息 some of our enterprises feature an unfixed number of laborers, an unfixed quota of production, no check of the quality for products and no business accounting of the costs,将其余背景信息或辅助信息依附在前景信息上。

【例6】

原　文：当前的经济改革要以我国国民经济的支柱——国有企业——为重点,配套推进社会保障体制的改革,巩固和完善宏观管理体制改革的措施,进一步转变政府职能,培育市场体系,沿着建立社会主义市场经济体制的方向继续前进。(张蓓,2001:31)

译文一：The current economic restructuring should **focus on** the reform of state-owned enterprise—the pillars of our economy, plus the supporting reform of social security system. It also **aims at** strengthening and improving measures in reforming the macro-control system, further shifting the functions of the government, fostering a market system and pressing ahead in the direction of a socialist market economy.(张蓓,2001:197)

译文二：The current economic restructuring should be focused on reforming state-owned enterprises—pillars of our national economy—and promoting the social security system reform as complement. Efforts should also be made to strengthen and improve measures in the macro-control system reform and to further transform the government functions so as to cultivate a market system and to forge ahead along the construction of a socialist market economy. (李明 译)

【点评】在将汉语句子翻译成英文时,首要的问题是要在英语中选择好主语,其次是确定一个与主语搭配得当的谓语。从本例汉语原文来看,句子的主语是"当前的经济改革的重点",直译就是 The focus of the current economic restructuring，如果选择这个主语，谓语动词只能选择 should be on...，但由于 be 是一个静态动词，属于弱势动词，难以生动再现人们为达到某个目的而有意去从事某项活动。另外，由于本例中的汉语原文很长，译者在翻译该句时需要对句子进行拆分，此时又会面临选择主语和谓语的问题。同样，如果选择 be 动词又会显得过于平淡。译文一没有按照这种思路进行翻译，而是将主语选择为 The current economic restructuring，这样，谓语动词就理所当然地选择 focus on 来充当，在另起一句时以 it 来充当主语，谓语动词用 aims at，这样，句子的活力就充分显现出来。译文二将句末的"培育市场体系，沿着建立社会主义市场经济体制的方向继续前进"译成由 so as to 引出的目的状语短语，这似乎更加符合原文句子的意义。

【例7】

原　文：随着中国经济改革的进一步深化，生产力的进一步解放和人民生活水平的进一步改善，中国人民对文化生活、精神生活在质量上的追求将进一步提高。

译　文：The deepening of China's economic reforms will further liberate her productive forces and thus enrich the material life of the Chinese people, which in turn will ensure them to pursue a cultural and spiritual life of higher quality. （李明 译）

【点评】这里的汉语原文中，如果将"随着……改善"看作是介词短语，将"中国……提高"看作是主句，直译成英文就是 With the deepening of China's economic reforms, the further emancipation of her productive forces and the further improvement of people's living standards, the Chinese people will pursue a cultural and spiritual life of higher quality。但这样翻译是没有完全弄清原文句子各成分之间的关系。从表面上看，"中国经济改革的进一步深化""生产力的进一步解放"和"人民生活水平的进一步改善"属并列关系，但其语意内容却不是并列关系而是因果关系，即"中国经济改革的进一步深化"带来"生产力的进一步解放"，"生产力的进一步解放"带来"人民生活水平的进一步改善"。这样理解更符合原文句子的意思，也更符合逻辑。本例中所提供的英译文正是依据这样的理解而给出的。

【例8】

原　文：落了春雨，一共有七天，河水涨大了。

译文一：That spring, it rained for 7 days and the river rose.

译文二：That spring, after a whole week's rain, the river rose.

译文三：Seven days of spring rain have left the river swollen.

译文四：Seven days' spring rain has left the river swollen.（李明 译）

【点评】这里的汉语原文是典型、地道的汉语意合句。作为译者，在将类似的汉语意合句翻译成英文时，首先要考虑的是如何将原文信息进行整合，然后使用主要以形合为特征的英语句子再现出原文信息。在这里所提供的三种英译文中，译文一使用了并列句 it rained for 7 days 和 the river rose，这是同汉语原文类似的具有意合特点的句子。译文二将原文信息进行了整合，将"落了春雨，一共有七天"整合为 That spring, after a whole week's rain，充当整个句子 the river rose 的状语。译文三则将原文信息融为一体，将"落了春雨，一共有七天"译为 Seven days of spring rain，并使之充当句子的主语，将"河水涨大了"译为 have left the river swollen，整个句子的语义还算清晰。译文四同译文三的区别就是：译文四以 spring rain 充当英语句子的主语似乎更符合逻辑。

【例9】

原　文：我们浙江省的船舶工业从无到有，从木到钢。

译文一：Starting from scratch, Zhejiang Province has witnessed a marked development in shipbuilding industry. In the past, only wooden ships could be built, and now steel ships are turned out every year.

译文二：Shipbuilding industry has been developing rapidly in Zhejiang Province. In the past, there was no shipbuilding industry at all in this province. Then wooden

ships could be built, and now steel ships are turned out every year.（郭建中用例）

译文三： There used to be no shipbuilding industry in our Zhejiang Province. From the building of wooden ships to the building of steel ones, great changes have taken place.（李明 译）

【点评】 汉语原文中，"从无到有，从木到钢"在句子中充当谓语，若只译词而不译意，原文中的谓语就会是 from nothing to something and from wood to steel。这样的翻译当然不知所云。这里的译文二将"浙江省过去没有造船工业，后来有了该工业，但开始也只能造木船，现在能造钢船了"这些原文中含有的信息充分体现了出来。在翻译过程中若碰到这种情况，首先要从原文出发，弄清原文所传达的意义；其次要确定英语句子的主语，接着就选择与英语句子的主语相匹配的谓语动词，最后就是将其他句子成分予以妥当安排。译文三以英语特殊结构 used to 来表达"从无到有"之含义，并将"从木到钢"阐释为 From the building of wooden ships to the building of steel ones, great changes have taken place，添加了译者对原文含意的理解。

【例 10】

原　文：圆月从东边一小片林梢透过来，暗红色的圆月，很大很混浊的样子，好像老人昏花的眼睛垂到天边去。（萧红《商市街》）

译　文：A full moon was rising in the east from behind a grove of trees—a dark orange moon, looming large and very turbid. It hung over the sky's edge like an old man's blurred eye.（Howard Goldblatt 译）

【点评】 汉语是意合的语言，如果一个句子有几个信息层次，就需弄清每个信息层次所传达的意义以及这几个信息层次之间的关系。但每个信息层次都需要靠一定的句式来表达，而不同信息层次所呈现的不同句式之间需要靠逻辑纽带连接起来。本例汉语原文有两个信息层次：一是描写月亮的色彩；二是呈现月亮挂在天上的情形。译者将这两层信息以两个独立的英文句子译出，第一个英文句以 A full moon 充当主语，第二个英文句以代词 It 来指代前面的 A full moon，使得两个句子之间联系紧密。

三、翻译比较与欣赏

【例1】

原　　文：中国的事情能不能办好，社会主义和改革开放能不能坚持，经济能不能快一点发展起来，国家能不能长治久安，从一定意义上说，关键在人。（《邓小平文选第三卷》）

译文一：In a sense, personnel form the key to the issue of whether we can do well in China's domestic matters, whether socialism, reform and opening can be adhered to, and whether the economy can grow faster and the country enjoy long-term peace and stability.（《北京周报》英译文）

译文二：In a sense, whether we can manage our domestic affairs well, whether we can keep to the socialist road and adhere to reform and the open policy, whether we can develop the economy more rapidly and whether we can maintain long-term peace and stability will all be determined by people. (*Selected Works of Deng Xiaoping Volume III (1982-1992)*)

【例2】

原　　文：四川省是一个多民族的省份，少数民族自治地区占全省总面积的 62%，主要分布在川西南山地和川西北高原地区，地域辽阔，自然资源丰富，生态环境多样。

译文一：A province with multi-ethnic minorities, the autonomous regions of Sichuan cover 62% of its land. Those widely scattered regions, characterized by abundant natural resources and a great variety of eco-environmental patterns, are mostly found in the southwestern mountainous areas and the northwestern plateaus of the province.（官忠明 译）

译文二：With many ethnic minorities, Sichuan Province boasts autonomous regions which cover 62% of its total area. These regions are widely scattered mainly in the southwestern mountainous areas and the northwestern plateaus of the province and they are featured by abundant natural resources and the multiplicity of eco-environmental patterns.（李明 译）

【例3】

原　文：时代不同了，男女都一样。

译文一：Times are different; men and women are the same.（刘法公 用例）

译文二：Times are different; men and women are equal.（刘法公 用例）

译文三：Times are different; either men or women can make it.（刘法公 译）

译文四：At this new age, both men and women are placed on an equal footing.（李明 译）

四、翻 译 练 习

句子翻译

1. 在中国，要是没有自行车，生活是难以想象的，可是没有多少年以前，人们还把自行车看成奢侈品，很多人都买不起，再说，自行车也供不应求。（宋天锡等，2000：399）

2. 中国机床总公司成立于1979年，隶属于国家机械电子工业部，是一个具有内、外法人地位的专业性公司，主要经营机床工具、工具产品和民用机械产品的进出口业务。

3. 海南岛是我国第二大岛，面积三万四千多平方公里，人口六百多万，地处热带与亚热带地区，石油、矿藏、天然气、海洋及热带作物丰富，这是它得天独厚的长处。

4. 企业要重视职员的能力、创造力、智慧潜力的充分发挥，为他们创造公平竞争的工作环境，搞好企业人员的培训，激发企业员工的积极性，让每个人都能人尽其才。

5. 他的公司具备一支乐于献身、干劲十足的劳动大军，部分原因是那种家长式的人事制度，部分原因是公司非常多的交流活动，还有部分原因是公司创始人自身的可信性和示范作用。

6. 善于处理人际关系的人敢于承认错误，敢于承担自己的责任，这是对待错误的一种成熟和负责任的态度。

7. 狂欢的队伍后面跟着舞龙舞狮的、摆旱船的、走高跷的，再后面是挥舞着彩绸跳秧歌的。

8. 他对高妈有相当的佩服，觉得这个女人比一般的男子还有心路与能力，她的话是抄着根儿来的。（老舍《骆驼祥子》）

9. 她是唯一的有吃有穿，不用着急，而且可以走走逛逛的人。（老舍《骆驼祥子》）

10. 太阳光从雾薄的地方射到嫩树叶儿上，一星星的闪着，像刚由水里捞出的小淡绿珠子。（老舍《二马》）

语篇翻译

语篇翻译 1

古往今来人类的一切智慧结晶，数百年来一直为人们津津乐道的故事，我们都可以轻而易举地在书本中得到，而且也无需很多的花费。但是我们必须懂得如何来利用这笔财富，如何最大限度地从中汲取养分。世界上最不幸的就是那些人——他们从来没有发现过读好书是何等令人愉快的事。

读书是一种精神享受，这意思是说读书好像一种运动。你的渴望感，你所掌握的知识以及你的机敏程度，这些都将决定你是否会成为一名善于读书的人。读书很有乐趣，这不仅仅是因为作者向你讲述什么，而是因为读书能使你开动脑筋思考。你自己的想象同作者的想象不谋而合，甚至超越作者的想象。你的经历同作者的经历相比较，会使你得出与作者相同或相异的结论。当你领会了作者的观点以后，你自己的观点便

形成了。

只有把读书当成乐趣，它才会成为乐趣。如果你只集中精力阅读别人要求你读的那些书，那么你可能永远也不会以读书为乐。相反，如果你把自己不喜欢的书搁在一旁，试读另一本书，直到找到一本对你有意义的书，然后轻松愉快地读起来，那么你一定会感到很惬意。假如因为博览群书，你变得更加高尚、更加聪慧、更加善良、更加文雅，那么，你就不会觉得读书是苦差事了。

语篇翻译 2

太湖明珠无锡，位于江苏省南部，地处美丽富饶的长江三角洲中心地带，这里物产丰富，气候温和，温差不大，雨量偏少，大多数时候阳光灿烂，万里晴空，是全年适合的旅游胜地。适宜的气候，尤其是优美的自然风景使她成为闻名于世的国家重点风景旅游城市。与万里长城齐名的古京杭大运河纵贯市区。泛舟河上，能领略水乡的民俗风情。

距市区七公里的太湖梅梁景区是太湖风景之精华，碧波万顷，渔帆点点，湖光山色令人陶醉。其中的鼋头渚，巨石状如鼋头，远眺烟波浩渺的太湖，被诗人郭沫若誉为"太湖佳绝处"。

第六章 主语的确定及信息重心的确立

> 由于汉语句子是话题结构，因此只要和评述的东西在语义上有联系，即使没有直接的逻辑关系和语法搭配关系，任何内容、成分、词类都可处在主语的位置上。
> ——蔡基刚

一、理论探讨

　　汉英翻译同英汉翻译一样，都是在句子层面上进行的。但两者的区别在于，英汉翻译的重点在于对原文的准确理解，而汉英翻译的重点在于译文的准确表达。因此，我们在进行汉英翻译时，首先要考虑汉语所用的句子结构，所表达的思想，然后重点要考虑在英语当中该用什么样的句子结构表达原文的意思。英译文的准确和地道对于汉英翻译至关重要。而作为译者，要能够给出标准、地道的英译文，必须要了解汉英两种语言在句子各个成分表达上的差异。而汉英翻译，最关键的问题是如何确定主语。因此，在这里，我们首先谈谈汉英两种语言在主语表达上的差异。

　　英语这种语言深受西方传统哲学思维的影响，"西方传统哲学思维习惯于个体上把握对象，通过逻辑分析到达对事物的认识和了解。而逻辑分析是以形式的完备为前提的，只有'主项和谓项才构成一个完整的命题'。在印欧语系里，一向把语言用作表现这种逻辑思维的外在形式，即由主语和谓语构成一个完整的句子。语法从属于逻辑，把判断与句子等同，把句子成分与逻辑范畴等同，因而使英语这种西方语言有丰富的形态标志，以形统意，用严密的形态变化来表现语法范畴和语义信息。'英语语法上的句子，一定是由主谓结构组成的'，'凡是主谓结构都是句子，也只有主谓结构

才是句子',而句子中的所有的重要词项的地位和功能则均是由这种结构所限定。"(陈登,1994:313)另外,英语是主语显著的(subject-prominent)语言,它所突出的是主语,主语是整个句子最关键的成分,具有较强的功能。就英语而言,主语一旦选定,句子的总体框架就确立了(孙海晨,1998:215)。除祈使句和感叹句等可以省略主语的句式以外,每个英语句子都必须有主语,英语句子的基本结构形式是"主语 + 谓语"。因此,英语句子中的主语一方面是必不可少的,另一方面也是很容易确定的。

汉语句子中的主语则不像英语句子中的主语那样容易确定,因为汉语是一种话题显著(topic-prominent)的语言,句子的基本结构形式是"话题 + 说明",句子所突出的是话题而不是主语。换言之,汉语不太强调主谓,对主语的要求非常松散,句子中的有些成分看似主语,严格来说只是评述的话题,话题后面的部分往往是对该话题所进行的评论,因此,主语的功能非常弱。既然处于主语位置上的成分是话题,那么,在词性、长短等方面就可以不受后面的谓语所限制,这样,在汉语句子的主语位置上就很容易发现几乎所有类型的词汇和语言单位(如介词短语、动词短语、动宾结构、主谓结构、副词短语等)。另外,即使汉语原文中处于主语位置上的成分是主语,翻译成英文时也不一定能充当英文句子的主语,因为英文行文是按照英文的信息重点和修辞需要来安排的。如:

原文:这次国家调动了 160 万军队去帮助守护大堤,将被洪水淹没地区的百姓迁走。

译文:One million and six hundred thousand soldiers have been mobilized to help protect the dikes and to move people out of the flooded areas.

本例中,"国家"不是重要信息,因而放在主语的位置上不妥。

为了更好地了解汉英翻译中主语的转换,请看下面 14 个例句,它们的谓语动词都是"能解决",宾语都是"这个难题",但每个例句中处在主语位置上的成分是否都能够翻译成英语句子的主语呢?如果汉语原文中处在主语位置上的成分不能够翻译成英语句子中的主语,那么,该确定什么成分来充当英语句子中的主语呢?在确定主语的过程中,作为译者,应该考虑什么因素呢?下面,我们一边翻译实例,一边进行讨论。

例 1:我们能解决这个难题。

第六章　主语的确定及信息重心的确立

点评：例1是一个简单句，处在主语位置上的"我们"在这个简单句中充当主语，翻译成英语时最佳的办法是采用对译的方式：

We can solve this problem. / **We** can come up with a solution to this problem.（李明 译）

例2：学电脑的能解决这个难题。

点评："学电脑的"这种短语在汉语中看上去像是形容词短语，但实际上是具有名词性质的短语。"学电脑的"泛指懂电脑的所有人，在汉英翻译中，我们往往将其翻译成英语的 computer people。下面句子中的**斜体**部分均属于同一个类型："**学电脑的**看电脑书籍，**学文学的**看小说，**当老师的**读教育心理，**做生意的**看经济，**搞行政的**读政治、管理"。其英译文是这样的：**Computer people** read computer books, **literary people** read novels, **teachers** read educational psychology, **businessmen** read economics and **administrators** read politics。

译文：Computer people can solve this problem.（李明 译）

例3：两天时间能解决这个难题。

点评：显而易见，处在主语位置上的"两天时间"所表示的是时间。根据逻辑分析，"两天时间"是不能充当"解决"的主语的，因为"解决"这个动作的发出者往往只能是人。但这句话所谈论的话题很明确，不会引起误解，也不属于错误的句子。在汉英翻译时，对于这类句子，我们可以采用补充主语或使用被动语态的方式进行：

译文一：**We/You/One/They** can solve this problem (or: come up with a solution to this problem) in two days.（李明 译）

译文二：**This problem** can be solved in two days.（李明 译）

然而，我们必须知道，"两天时间能解决这个难题"同"我们两天时间能解决这个难题"所表达的意义是不一样的。前者将"两天时间"置于主语的位置上，而后者则将"我们"置于主语的位置上，两者的主位（Theme）不同，话语发出者所表达的意义自然也不一样。假如我们知道"两天时间"在主语这个位置上的重要性和说话人所要传达的意义，那么，我们就不会轻易将"两天时间"这个短语移出主语这个位置，刚好英语当中使用时间名词或者抽象名词充当主语的现象很普遍。那么下面这句英译文可能更具英语味道：

95

译文三：**Two days' time** will guarantee a solution to this problem.（李明 译）

例4：明年5月以前能解决这个难题。（宋天锡等，2000：354）

点评：这个例句同上面的例2一样，也是时间短语占据主语的位置，由此可见说话人对"明年5月以前"这一信息给予了强调。但该句同例2不同的是，"明年5月以前"在英语中只能用介词短语表达，因此，该句的翻译不能使用例2中译文三那种英文结构。那么，该确定由什么来充当主语呢？下面的译文一使用 this problem 作主语，译文二使用 a solution 作主语，这两种英译文都能够较好地传达原文的意思：

译文一：Before / Prior to next May, this problem can be solved.（李明 译）

译文二：Before / Prior to next May, a solution to this problem can be found.（李明 译）

例5：那个地方能解决这个难题。（宋天锡等，2000：354）

点评：这里，处在主语位置上的是表示地点的短语——"那个地方"，按照英语的思维方式，这个短语在句子中应该充当状语。如果"那个地方"在句子中充当状语的话，原文句子中就没有了主语，而英语句子必须要有主语和谓语动词搭起框架，那么，这里用什么作主语呢？根据英语句子的表达习惯，一是可以由原文中的宾语，即"这个难题"充当主语，谓语动词使用被动语态；二是由原文中"解决"这个动词的名词形式作主语，谓语动词亦用被动语态，再和原文中的宾语搭配起来即可。由此得出的译文是：

译文一：This problem can be solved at that place.（宋天锡等，2000：355）

译文二：A solution can be found to this problem at that place.（李明 译）

但如果我们考虑到汉语原文中将"那个地方"这一信息置于句首的重要性，我们可以将该句翻译成：

译文三：At that place this problem can be solved.（李明 译）

译文四：That place is where this problem can be solved.（李明 译）

例6：1 000万元能解决这个难题。（宋天锡等，2000：354）

点评：汉英翻译时，在英语译文中到底选择什么样的句型以及什么来作主语，我们的依据应着眼于如何最好地传达原文信息。例6可以翻译成以下两种英译文，但这两种英译文的句子结构不同，主语也不一样，因而所表达的语义重心也不一样：

译文一：This problem can be solved with ten million yuan.（宋天锡等，2000：355）

译文二：Ten million yuan will enable this problem to be solved.（李明 译）

例7：调查研究能解决这个难题。（宋天锡等，2000：354）

点评："调查研究"在汉语中可以被看作是联合结构的名词短语，也可以被看作是联合结构的动词短语。名词短语和动词短语在汉语中均可充当主语。另外，"调查研究"是汉语的说法，在英语中使用 investigation 一词就可以表达该短语的意思了。因此，汉语原文可以翻译成以下几种句子，但要注意各句的主语以及各句所传达的语义重心：

译文一：This problem can be solved through investigation.（李明 译）

译文二：Through investigation, this problem can be solved.（李明 译）

译文三：Investigation will enable this problem to be solved.（李明 译）

例8：快能解决这个难题。（宋天锡等，2000：354）

点评："快"在汉语中可以被看作是副词，也可以被看作是名词。如何翻译这个处在主语位置上的字要取决于它所处的上下文。这个汉语句子可以有下面几种译文，请关注各个句子的主语并想象这些译文的前后文应该是什么样子：

译文一：This problem can be solved if it is handled quickly.（李明 译）

译文二：If it is handled immediately, this problem can be solved.（李明 译）

译文三：Quick/Immediate action will render a solution to this problem.（李明 译）

译文四：Immediate/Quick/Prompt action will bring about a solution to this problem.（李明 译）

例9：（用）这种方法能解决这个难题。（宋天锡等，2000：354）

点评：宋天锡等人提供的译文是 We/You/One can solve the problem (in) this way 和 This problem can be solved (in) this way。第一种译文补充了主语 We/You/One，是类属（generic）代词，表示泛指,谓语动词使用主动语态,原文的宾语被翻译成了译文的宾语。第二种译文的主语是原文中的宾语"这个难题"，谓语动词使用被动语态。"（用）这种方法"在译文中均被翻译成了状语。同样,在我们考虑"(用)这种方法"在原文句子中是充当主语的时候,我们也可以想办法保留其位置,从而突出它的意义。因此,例9可以译为:

The adoption of this method/approach will bring about/result in a solution to this problem.(李明 译)

例10:巧干能解决这个难题。(宋天锡等,2000:354)

点评:在这个汉语句子中,"巧干"可以表示方式。因此,宋天锡等人将其翻译为We/You/One can solve this problem by working ingeniously 和 This problem can be solved by working ingeniously。然而,"巧干"在汉语中也可以被看作是动词短语,按照英语的表达习惯,动词短语可以以动词不定式或者动名词的形式出现在主语的位置上作主语,因此,我们在译文中可以这样选择句子的主语:

译文一:To work ingeniously can bring about the solving of this problem.(李明 译)

译文二:Working ingeniously will enable this problem to be solved.(李明 译)

例11:从王教授那里能解决这个难题。(宋天锡等,2000:354)

点评:汉语原文中,介词短语"从王教授那里"占据了主语的位置。由于它是介词短语,人们一般将它也翻译成英语中的介词短语作状语。主语可以使用泛指人称代词we、you或者one,或者将原文的宾语译成主语,动词使用被动语态。因此译文可以是We/You/One can solve this problem with the help from Professor Wang 和 This problem can be solved with the help from Professor Wang。但由于原文突出了"从王教授那里"这一信息重心,我们可以为了反映原文的这一信息而将句子翻译成:

译文一:With Professor Wang's help, this problem can be solved.(李明 译)

译文二:Professor Wang's help means the solving of the problem.(李明 译)

例12:把技术人员的积极性调动起来能解决这个难题。(宋天锡等,2000:354)

点评:处在原文主语位置上的是介词"把"引出的"把"字句,有人认为它在句子中充当主语,也有人认为它在句子中作状语,表示方式。如果认为该"把"字句作状语,该句的主语是this problem,整句话的英译文是:

第六章　主语的确定及信息重心的确立

译文一：This problem can be solved by bringing into play the positive factor of the technical staff.（宋天锡等，2000：355）

但也可以把原文理解为表示因果关系，则其英译文是：

译文二：Bring into play the positive factor of the technical staff, and this problem can be solved.（李明 译）

我们还可以转换视角，转移信息重心，主语用"解决"的名词形式 solution 来充当，因而可以翻译成：

译文三：The solution to this problem lies in bringing into play the positive factor of the technical staff.（李明 译）

例 13：如果运用科学的方法能解决这个难题。（宋天锡等，2000：354）

点评：显而易见，汉语原文中处在主语位置上的"如果运用科学的方法"表示条件，如果用条件从句翻译该句，原文后半句仍然要用被动语态，将"这个难题"作主语，英译文就是：

译文一：If a scientific method is adopted, this problem can be solved.（李明 译）

但表示条件的这一部分也可以用介词短语进行翻译：

译文二：By adopting a scientific method, this problem can be solved.（李明 译）

上面两句译文都是地道的英译文，尽管英语当中多用被动语态，但译文如果能够使用主动语态，也会受到读者欢迎的。如果选择主动语态翻译原句，我们又面临主语的确定问题。在将汉语句子中谓语动词前面表示条件或原因的短语翻译成英语时，我们往往可以使用抽象名词充当主语，这样翻译出来的英文句子也很地道。上面这句话可以译为：

译文三：The adoption of a scientific method can bring about the solution to this problem.（李明 译）

例 14：人人都动手而不是坐而论道能解决这个问题。（宋天锡等，2000：354）

点评：这个句子处在主语位置上的部分是一个主谓结构，这个结构作为一个话题充当整个句子的主语。在英语中，汉语的这种类型的主谓结构或者话题是不能充当主语的。那么，在进行汉英翻译的时候，要把握好这种类型的汉语的"话题句"同英语的"主谓句"之间的转换，首先确定句子的"主语"。原文句子中的主干部分是"能解决这个问题"，这部分用被动语态进行翻译比较恰当，因为前面没有涉及任何人。那么，"人人都动手而不是坐而论道"该怎么翻译呢？通盘考虑整个句子便可作出选择，将其译为表示条件的从句：

If everyone bears a hand instead of indulging himself in empty talk, this problem can be solved.

从以上14个例句的翻译中可以看出，英语句子都要有主语和谓语，因此，英语被看作是主语突出的语言，而汉语则是话题突出的语言，这表现在，处在主语位置上的成分不一定都是名词性短语，而可以是几乎任何词、短语或结构，这些词、短语或结构同后面的谓语动词一道构成话题句，即处在主语位置上的成分是话题，谓语用来说明主题。而英语当中则往往是名词性短语（包括代词、名词、动词不定式、动名词）充当主语。当然，也有人将上面14个句子中处于主语位置上的大部分成分都看作是主语。著名语言学家赵元任先生在其《汉语口语语法》一书中就是持这种观点。他认为，汉语句子的主语有六种：

1. 名词性主语。

2. 动词性主语，如"走行，不走也行。"

3. 表时间处所和条件的词语。

4. 介词引出动作者作主语，如"由主席召集会议。"

5. 别的介词短语。

6. 主谓主语。

这六种主语只有第一种与英语主语相同或相似。英语里常常只有名词或主格人称代词才能充当主语，若想让其他任何词或短语充当主语，则必须使这些词或短语具有名词的性质，要做到这一点就要对这些词或短语在形式上作一些改变。（马秉义，1995）

二、译例举隅及翻译点评

【例1】

原　文：热烈欢迎世界各地客商来此进一步加强合作，建立和发展贸易关系。

译　文：**Customers** from various countries and regions in the world are warmly welcome to promote cooperation and to establish and develop business contacts with us.（陈宏薇，1998：165，有改动）

【点评】原文是省略句，被省略的成分是主语"我们"，这个句子既反映了汉语重话题而非重主语的语言特点，同时也反映了汉民族喜欢以主人的姿态欢迎客人这一文化传统。但由于英语是主语显著的语言，另外，若英美人作为客商，被放到主语的位置上，他们会更加乐意，故译者在译文中选择了原文中的宾语"客商"（customers）充当译文中的主语。再者，这一句话常常出现在商务文本当中，翻译这种"口号"式的汉语句子往往会采用上面译文所提供的这种句式，而不常使用 We warmly welcome customers... 这样的句式。因此，在汉英翻译时，选择原文中的恰当成分充当主语，使得所选主语符合英语语言习惯的同时还乐于为英美人所接受至关重要。再如：

(1) 此后，武汉先后与一些世界名城如美国的匹兹堡、德国的杜伊斯堡、英国的曼彻斯特、罗马尼亚的加拉茨和乌克兰的基辅等建立了友好关系，从而揭开了武汉与外国城市建立友好关系的新的一页。

Since then, Wuhan has established friendly relations with several world-famous cities such as Pittsburgh in the U.S., Duisburg in Germany, Manchester in Britain, Galatz in Romania, and Kiev in Ukraine. Thus **a new page** is opened in the history of Wuhan on the establishment of sister-city relations with cities in other countries.

(2) 自1983年以来，已经建立了一百多个这样的组织。

There have been established **more than one hundred organizations of such kind** since 1983.

【例2】

原　文：她从来没想到他是个不诚实的人。

译文一：She never thought that he was a dishonest person.

译文二：It never occurred to her that he was a dishonest person.

【点评】中国人有"天人合一"的观点，强调人与自然的浑然天成，因而汉语句子习惯于以人作主语。英美人则较强调客观，因而英语句子常以物或抽象名词或概念充当主语。这反映了讲汉语的中国人与讲英语的英美等西方人思维方式上的差异。汉译英时，所确定的主语是否恰当，必须考虑译文是否符合西方人的思维方式，即要选择原文中的恰当成分充当主语，使得所选主语符合英美人的思维方式。本例中原文中的主语是"她"，是行为的主体，这一句子结构反映了中国人的思维方式。在译文中，主语被译成it，看来似乎是风马牛不相及，其实是西方人的思维方式使然，译文意为：这种念头从来没有闪过她的脑际。这是西方人比较重视客观观念的例证之一。同时，译文这样处理重点突出了"她"对"他为人不诚实"这一点感到惊奇。译文一和译文二相比较，译文一更强调主观印象，译文二强调客观事实，字里行间显露出她对这一事实感到难以置信。

　　汉语中很多以"人"作主语的句子英译时必须用it作主语，这方面的例子数不胜数。

【例3】

原　文：到去年年底，我部已同有关省市签订了100余艘中小船舶的建造合同和协议。

译　文：By the end of last year, **contracts and agreements** had been signed between us and some provinces and cities for the construction of more than 100 medium- and-small-sized vessels.

【点评】句子一般由主语和谓语两部分组成。主语是谓语陈述的对象，是一个句子中得到突出的信息，因为一个句子的主语通常处在句首的位置，它在句中占有非常重要的地位。在进行汉英翻译时，由于汉英两种语言的差异，并非所有原文句子中的主语都能被转换成英语译文句子中的主语。这样，我们在汉英翻译时要考虑的关键问题是，看原文句子中哪一部分信息是值得突出的或者值得强调的，然后再将值得突出的或者值得强调的信息放在主语的位置上，**即要选择原文中的恰当成分充当主语，使得所选主语反映出原文句子中突出的信息**。原文的主语是"我部"，译文的主语则是 contracts and agreements。仔细阅读原文就会发现，原文最重要的信息并非是"我部"，而是"合同和协议"，译者在译文中使之突出，正确地传译出了原文的重要内容，同时也反映了汉族人重人伦、英美等西方人重物质的心理文化特征。另外，英语使用被动语态较多，汉语则多用主动语态。由于原文的主动语态在译文中被转换成了被动语态，原文的宾语"合同和协议"的英译文 contracts and agreements 理所当然地在译文中变成了主语。再如：

(1) **我给你打国际直拨**就跟给楼下的李姐打电话差不多，一拨就通。

An international phone call to you is as easy as a call to Sister Li downstairs.

(2) **长飞公司**严格执行自上而下的一条线管理和自下而上的一条线汇报制度，确保了公司高效率快节奏的运转。

The strict management and report system have been carefully enforced, which ensures Changfei Corporation to run efficiently.

【例4】

原　文：**我们武汉**还在吸引外资企业进行老企业改造、房地产开发等方面制定了一系列优惠政策。

译　文：**We** have also formulated a series of preferential policies to absorb foreign capitals in such fields as technical renovation of old enterprises, and real estate development.

【点评】这里，原文中的主语是"武汉"，是地理名词。译文中的主语是 we，是人称代词。译者之所以不选择 Wuhan 而选择 we 作主语是因为 Wuhan 不能够用作谓语动词 have formulated 的主语。从逻辑上讲，formulate 这一动词的主语常常应该是人。这是在确定主语时为考虑主语与谓语在逻辑上的搭配得当而进行的选择，即在汉英翻译时，要选择原文中的恰当成分充当主语，使得所选主语符合英语句子中主语和谓语之间的搭配和逻辑关系。有很多中国学生将"他的英语讲得很好"译为 His English speaks good 就不符合逻辑，这句话的正确译文应该是：He speaks good English，再如：

(1) 我们的事业从胜利走向胜利。

We have won one victory after another for our cause.

(2) 汉字在历史上有过不可磨灭的功绩。

The system of Chinese characters has played an invaluable role in our history.

(3) 宗教不得干预政治。

It is impermissible to interfere with politics in the name of religion.

(4) 我国的社会主义建设事业需要尽可能多的知识分子为它服务。

China needs the services of as many intellectuals as possible in building its socialism.

(5)《心上的河流》写出了他对于小河流水的深情，这使我忆起我所热爱的无边的大海。

In "A River at Heart", **he** expressed his deep feelings towards the flowering water of a creek, which reminded me of my own love for the boundless, vast sea.

【例 5】

原　文：在历史上，由于长江不断改道在武汉地区形成了众多的湖泊。

译　文：**The constant change of the course of the Changjiang River in history** helped form a great many lakes in the areas around the city of Wuhan.

第六章 主语的确定及信息重心的确立

【点评】 原文中话题显著而主语不显著，而译文中的主语则显而易见。译者将原文中的原因状语"由于长江不断改道"翻译为抽象名词短语 The constant change of the course of the Changjiang River，并将它作为主语，不仅行文简洁，而且突出了"长江不断改道使武汉地区形成众多湖泊"这一意义，同时也符合西方人的思维方式，是地道的英语。因此在汉英翻译时，在一定条件下，要将原文中的状语变通为英语译文中的主语，这样会使得英语表达更为地道。再如：

(1) 众所周知，中国**在 1980 年**成功地发射了第一颗洲际导弹。

As is known to all, **1980** saw the successful launching of China's first intercontinental guided missile.

(2) 这个运动首先**在北京**兴起。

Beijing first saw the rise of the movement.

(3) **在南京城**发生过许多重大的历史事件。

Nanjing witnessed many great historic events.

(4) 1984 年签署的中英联合公报中，英国同意 99 年租期期满后于 1997 年 7 月 1 日撤离香港。

A Sino-British joint declaration that was signed in 1984 saw Britain agree to withdraw from Hong Kong on July 1, 1997 after the 99-year lease expired.

(5) 如果运用科学的方法能解决这个难题。

The adoption of a scientific method can bring about a solution to this problem.

【例6】

原　文：希望今后上海能够与更多的外国城市结为友好城市。

译　文：**It** is hoped/anticipated that Shanghai will establish friendly relations with more foreign cities in the future.

【点评】原文省略了主语。所省略的主语可以是"我们",也可以是"人们"。为了避免这种代词的指代不清,英语中有一种左右逢源的办法,即使用非人称代词 it,谓语动词使用被动语态。而原文中"希望"之后所接的是一个宾语从句,但由于在英语译文中采用了"It + 动词的被动语态 + that 从句"的结构,原文中的宾语从句就变成了译文中的主语从句,非人称代词 it 就指代该主语从句了。也就是说,主句中的主语 it 是形式主语,真正的主语是后面的主语从句。当然,也可以将"It is + 过去分词 + that 从句"这种结构看成是一种常用句式。类似的结构还有:

It is/was { suggested that...
said that...
reported that...
believed that...
well-known that...
considered that...
accepted that...
expected that... }

这种办法叫做增补主语。增补主语,可以使得英语句子成为地道的英语句式,因为英语句子中最重要的两个成分是主语和谓语。再如:

(1) 无论是打仗还是搞改革,都经不起慢腾腾的决策。在很多情况下,都需要冒险试一试,然后一边前进一边改正自己的错误。

No one can afford the luxury of slow decision-making, whether it involves fighting a battle or making a reform. In many cases, you have to take a chance, and correct your mistakes as you go along.

(2) 进一步简化手续,及时地积极地从国外引进,并且认真组织科学技术人员和广大职工做好消化和推广工作。

We should simplify procedures and take prompt action to import urgently needed technology from other countries and to organize scientists, technicians and workers to assimilate and popularize imported technology.

(3) 只有这样,才会明了发展问题既是发展中国家自己的责任,也是发达国家的责任。

Only thus will **we** recognize that the development is the responsibility not only of the developing countries but also of the developed countries.

(4) 下倾盆大雨了。

It is raining cats and dogs.

汉语中有很多无主句，而英语中很少有无主句，英语中的祈使句只是省略了主语，不算是无主句。英语的句子往往必须有主语，如果找不到表示事物或人的名词或代词充当主语时，则用 it 作形式主语，这是英语属于主语显著的语言的重要表现。在表示时间、天气、距离或度量等概念时，这一点表现得尤其突出。比如，汉语中说"几点了？""七点了。"问话和答话中都没有主语，但英译文则常借助 it 作形式主语。这一问一答常译为"What time is it？""It's seven o'clock."

关于英语形式主语的使用，王力先生曾经有过精辟的论述："就句子结构而论，西洋语言是法治的，中国语言是人治的。法治的不管主语用得着用不着，总要呆板地求句子形式的一律；人治的用得着就用，用不着的就不用，只要能使对话人听懂说话人的意思，就算了。"（转引自马秉义，1995）作为反映文化的语言，汉语和英语有如此的差异，难怪有人说，汉文化是人文文化，而西方文化是科学文化。

上面的例句中，it 究竟指什么，谁也说不清楚。英语语法说它是非人称代词，表示天气、时间、距离和度量等，无词义，只是用它来占一下主语的位置。中国人只简单地说"下雨了。"就行了，是个无主句，主语是什么，用不着提。类似的句子还有很多，比如"从武汉到上海有一千多里路。"（It is one thousand li from Wuhan to Shanghai.）等。

【例7】

原　文：柯灵，生于 1909 年，浙江省绍兴人。中国现代作家。1926 年发表第一篇作品叙事诗《织布的妇人》。1930 年任《儿童时代》编辑。1949 年以前一直在上海从事报纸编辑工作，并积极投入电影、话剧运动。解放后，

曾任《文汇报》副总编辑。现任上海电影局顾问。

译文一： Ke Ling was born in Shaoxing, Zhejiang Province in 1909. **He** is a modern Chinese writer. **His** first writing, a narrative poem, *The Woman Weaver*, appeared in 1926. **He** was one of the editors of *Children Times* from 1930 onwards. Before 1949 **he** was all along engaged in editorial work in newspaper offices and took an active part in activities of film and modern drama in Shanghai. After liberation **he** filled the post of deputy editor-in-chief of *Wenhuibao* for a period. **He** is at present adviser of Shanghai Film Bureau. （许余龙，1992：248）

译文二： Ke Ling, born in 1909 in Shaoxing, Zhejiang Province, is a modern Chinese writer. In 1926, he got published his first narrative poem, *The Woman Weaver*. From 1930 onwards, he worked as one of the editors of *Children Times*. Before 1949, he had been engaged in newspaper editing and took an active part in film-making and drama-acting in Shanghai. After liberation, he worked as deputy editor-in-chief of *Wenhuibao*. Presently, he is adviser of Shanghai Film Bureau. （李明 译）

【点评】 在语篇翻译中，主语要依据上下文行文的需要进行选择。语篇是一些意义相关的句子通过一定的承接手段合乎逻辑地组织起来的语义整体（章振邦，1983：554）。虽然连句成篇的衔接手段多种多样。但作为句子"龙头"的主语在连句成篇、承上启下的过程中起着举足轻重的作用。汉语语篇中的主语主要是通过原词复现、照应和省略的方式起着衔接语篇的作用。而英语的主语则往往避免重复原词而更多地使用照应和替代的方式来衔接上下文。在进行汉英语篇翻译时，我们必须牢记汉语和英语之间存在的这一差异，并根据上下文确定主语。

　　这里的原文是一段作者介绍。由于整段文字是关于同一个人的信息，因此汉语在第一句中点出了话题"柯灵"之后，以后每句话中的主语都省略了。但在英译文中，人称代词he却在不断地反复使用。在汉语这种话题显著的语言里，行文经常省略主语不仅不会引起误解，反而会使语篇衔接得更紧凑、更简练，毫无啰嗦之嫌。汉语里之所以可以省略话题，是因为话题与述题之间没有语法限制。再者，汉语句法的特征是意合，这一特征往往使句子中的指代关系（尤其是主语）在形式上不明显，尤其在汉语语篇当中，某些句子的主语不仅常常可以省略，有时还必须省略，否则文字会不顺畅。汉语句子在主语方面的这些特征在英语句子中是不存在的。因此，译者必须善于认准和确定汉语原文句子中不明显、被省略或未说明的主语，并将它们在英语译文中恰当地表现出来。

  英语是主语显著的语言，主语与谓语之间有某种形式的制约，如时态、人称、数等方面的一致等，若主语省略，这些语法关系就无从表达。在上面的英语译文中，尽管整个语篇的句子都很短，结构也很简单，并构成一个话题链，整个语篇的语义结构也是围绕着一个语篇核心组织的，但主语是不能少的，采用人称代词照应的粘连形式在此处是最佳选择。但译文二在时间的表述方面更胜一筹，因为表示时间的短语在译文中几乎都放在句首：In 1926, he... From 1930 onwards, he... Before 1949, he... After liberation, he... Presently, he...，这非常符合功能语言学中所主张的主位推进模式。

【例 8】

原　文：我父亲狂热地追求绘画，绘画已成了他生活的一切，要比母亲，比他的孩子，甚至比他自己都更为重要。

译文一：For my father, painting was a governing passion. It came before Mother, before his children and even before himself.（丁树德，2005：103）

译文二：My father was crazy about painting. Painting had become everything in his life and more important than anybody——his mother, his child or even himself.（李明 译）

【点评】 主语的确定还应有利于句子前后的行文。这里汉语原文的第一个分句的主语是"我父亲"，但第二个分句的主语变成了"绘画"。由于汉语是话题突出的语言，而这里的"绘画"同前面"我父亲"完全可以很好地关联起来，故汉语的这种表达非常自然顺畅。译文一第一句选择 Painting

充当主语，第二句以 It 指代前面 Painting 的方式来衔接。译文二在第一句中则选择 My father 充当主语，在第二句中选择 Painting 充当主语，这也符合英语的衔接，因为在第一句的述位部分已经提到了 painting，因此在第二句的开头提起 Painting 也就不显得突兀了。总之，汉英翻译时，在选择主语这个问题上必须考虑好句子前后行文的衔接和连贯。

【例9】

原　　文：这些研究表明，一个人是否曾得到父母经常性的夸奖，对其生活有着重要影响。

译文一：These studies indicate that every person's life is largely shaped / deeply affected by **whether he or she has received frequent parental praise**.

译文二：These studies leave no doubt that **whether one has received frequent parental praise** has great influence on one's life.（孙海晨，1998：109，有改动）

【点评】主语的选择还取决于译者所着重强调的方面或者译者看待问题的角度。本例中的汉语原文主要有两个重要内容，一是"一个人是否曾得到父母经常性的夸奖"，另一个是"对其生活有着重要影响"。如果译者着重前者对后者的影响，就可以将它用作主语（见译文二）；如果强调后者，即"一个人生活受到重要影响"，则需要调整句子结构，将前者置于介词 by 之后表示原因（见译文一）。从这个意义上讲，主语的选择具有可变性，不同译者可能会作出不同选择，但决定译者作出选择的重要因素是文本所谈论的中心思想。

【例10】

原　　文：破玻璃门旁，来来往往有人进出，戴破皮帽的，穿破皮袄的，还有满身红绿的油匠，长胡子的老油匠，十二三岁尖嗓的小油匠。（萧红《商市街》）

译　　文：People were coming and going through the dilapidated glass door: some were wearing tattered leather caps and fur-lined gowns, and some were in paint-spattered work clothes—bearded old house painters and young teenagers with shrill voices.（Howard Goldblatt 译）

【点评】 汉英翻译时，作为译者，应该学会把握好主语，因为在英语中，主语是句子与句子、分句与分句之间的纽带，只有把握好了主语才有希望产出符合英语行文和逻辑的英语句子。本例汉语原文虽然只在"有人"这个短语中出现了"人"这个字，但整个句子所描写的都是关于"人"的情况，译者充分理解到了这一点，于是首先使用了"人"充当主语，接着分别以两个 some 充当接下来的两个并列分句的主语，与主句中的主语相呼应，整个表达就文从句顺了。

三、翻译比较与欣赏

【例1】

原　文：年前，在上海展览馆，看了一场奇特的服装表演，"模特儿"们都已人到中年甚至老年，从42岁直至74岁。她们穿了自己设计剪裁的衣服，随着迪斯科音乐走在长长的红色地毯上，操着没有训练的朴素的步子，面带羞怯而勇敢的微笑。她们逐渐地镇定下来，有了自信。她们的脚步渐渐合拍，注意到了观众。（王安忆《记一次服装表演》）

译文一：Previous to the Chinese New Year, at the Shanghai Exhibition Hall I saw a unique fashion show. **The "models"** were all of middle age and even old age, ranging from 42 years to 74. **They** wore clothes of their own designing and making, walking on a red carpet, to the accompaniment of disco music, stepping naturally without training, beaming shyly and yet courageously. **They** gradually calmed down, restored self-confidence, and began to step in harmony with one another, and became conscious of the audience.（严信达 译）

译文二：I watched a unique fashion show at the Shanghai Exhibition Hall just before the Spring Festival. It was unique because **all the "models"** were middle-aged and old-aged women, ranging from 42 to 74. In the fashions designed and made by themselves, **they** walked down the red carpet to disco music. The way **they** walked indicated that **they** were not professionally trained. And though courageous enough, **they** still wore a shy smile. Gradually, **they** calmed down and regained self-confidence. As a result, **their** steps became harmonious and **their** eyes were on the audience.（吴群，2002a：70）

【例2】

原　　文：生命开始的一瞬间就带了斗争来的草，才是坚韧的草，也只有这种草，才可以傲然地对那些玻璃棚中养育着的盆花哄笑。

译文一：Indomitable is the grass that begins its very life with a tough struggle. It is only fit and proper that the proud grass should be jeering at the potted flowers in a glass house.（张培基 译）

译文二：The grass that begins to fight its way out right after its birth is strong and tenacious, and only that grass has the right to smile with pride at the potted plants in glassed green houses.（刘士聪 译）

【例3】

原　　文：二年级，贺麟老师教我西洋哲学史，见了我长达百页的英文读书报告不仅不皱眉，反而在班上表扬我；正是在他的指导之下，我读了不少古希腊哲学家著作的英译，真有发现新星球似的喜悦。

译文一：In the second year when Professor He Lin taught me History of Western Philosophy, he didn't frown on the hundreds of pages of my English reading reports; instead, he praised me in class. It is under his guidance that I read many English versions of the ancient Greek philosophical masterpieces. The pleasure was really like that in finding a new star.

译文二：As a sophomore, I was taught History of Western Philosophy by Professor He Lin. He did not frown at my one-hundred-page long book report in English, but rather praised me in class. It was under his guidance that I read a great deal of ancient Greek philosophers in English translation, the delight from which was just like that of discovering a new planet.（隋荣谊，2004a：52）

【例4】

原　　文：吃饭吃面他都无所谓。

译文一：Noodles or rice doesn't make any difference to him.（刘宓庆，1999：168）

译文二：He doesn't mind eating noodles or rice.（刘宓庆，1999：168）

译文三：There's no difference to him whether to eat noodles or rice.（刘宓庆，1999：168）

四、翻 译 练 习

句子翻译

1. 改革，开放，搞活经济的总方针，使我国的对外经济贸易在过去十年中取得了前所未有的好成绩。

2. 中日两国发展和平友好关系，符合两国人民的长远利益。（常玉田，2002：75）

3. 为了更好地扩大对外贸易，必须按照有利于促进外贸企业自负盈亏，放开经营，工贸结合，推行代理制的方向，坚决地，有步骤地改革外贸体制。

4. 把我们的事业全面推向二十一世纪，就是要抓住机遇而不可丧失机遇，开拓进取而不可因循守旧，围绕经济建设这个中心，经济体制改革要有新的突破，政治体制改革要继续深入，精神文明建设要切实加强，各个方面相互配合，实现经济发展和社会全面进步。（冯国华，2002：67）

5. 随着内地的改革开放，内地对港澳地区的投资也增加很快，驻港澳中资机构不断发展壮大，投资形式增加，除了独资外，还搞了合资、控股和合作项目，投资分布很广，从贸易、航运、金融、旅游以至建筑工业等领域。

6. 如果写作业时还听音乐、聊天，那么我完成一篇英语作文或许要多花一个小时的时间。（常玉田，2002：76）

7. 城市里行路难、乘车难，已经成了最为严重的社会问题之一。（常玉田，2002：77）
8. 鲁镇的酒店的格局，是和别处不同的：都是当街一个曲尺形的大柜台，柜里面预备着热水，可以随时温酒。
9. 这些年来，我国的农业、林业、畜牧业和渔业都得到相应的发展。
10. 我访问了一些地方，遇到了不少人，要谈起来，奇妙的事儿可多着呢。
11. 认识落后，才能去改变落后；学习先进，才能有可能赶超先进。（邓小平在全国科学大会上的重要讲话）
12. 所以我这一夜虽然饱胀得睡不稳，又做了一大串梦，也还是祝福她一生幸福，愿世界为她变好。
13. 大多数的家庭主妇常常逛商店，这样她们可以不要老做家务了，也可解解无聊。
14. 人们常说，通过电视可以了解时事，掌握科学和政治的最新动态，从电视里还可以看到层出不穷、既有教育意义又有娱乐性的新节目。
15. 凭良心讲，你待我礼貌有加，我却受之有愧。

语篇翻译

语篇翻译1

说出来，有谁相信呢？我已经四天没吃饭了。

起初是一天吃四个烧饼，或者两个小面包；后来由四个减成两个，再由两个减成一个，最后简直穷得连买开水的一个铜板也没有了。口渴时就张开嘴来，站在自来水管的龙头下，一扭开来，就让水灌进嘴里，喝得肚子胀得饱饱的，又冷又痛，那滋味真有说不出的难受。（谢冰莹《饥饿》）

语篇翻译2

这几天心里颇不宁静。今晚在院子里坐着乘凉，忽然想起日日走过的荷塘，在这满月的光里，总该另有一番样子吧。月亮渐渐地升高了，墙外马路上孩子们的欢笑已经听不见了；妻在屋里拍着闰儿，迷迷糊糊地哼着眠歌。我悄悄地披了大衫，带上门出去。

　　沿着荷塘，是一条曲折的小煤屑路。这是一条幽僻的路；白天也少人走，夜晚更加寂寞。荷塘四面，长着许多树，蓊蓊郁郁的。路的一旁，是些杨柳，和一些不知道名字的树。没有月光的晚上，这路上阴森森的，有些怕人。今晚却很好，虽然月光也还是淡淡的。

　　路上只我一个人，背着手踱着。这一片天地好像是我的；我也像超出了平常的自己，到了另一个世界里。我爱热闹，也爱冷静；爱群居，也爱独处。像今晚上，一个人在这苍茫的月下，什么都可以想，什么都可以不想，便觉是个自由的人。白天里一定要做的事，一定要说的话，现在都可不理。这是独处的妙处；我且受用这无边的荷香月色好了。（朱自清《荷塘月色》）

第七章 谓语动词的选择

> 有一个词语、一个句子并不意味着我们必须要有一个事物或者一种现象的存在，相同的感受也可能通过不同的词语或者句子结构表达出来。
>
> ——傅敬民　徐僡婕

一、理 论 探 讨

　　谓语动词在英语中也叫做限定动词，它与非限定动词如动词不定式、动名词、分词相对应而存在。汉语中没有限定动词和非限定动词之说，但有连动句和兼语句之说。关于连动句和兼语句，第三章已有详细讨论。总体来说，汉语的谓语和英语的谓语差别很大。前者的范围非常宽泛，可以用来充当谓语的成分也多种多样，因而汉语主谓搭配的形式复杂多变。英语的谓语则只能由动词来充当，其形态比较稳定，对于非谓语动词，英语赋予它们以非常严谨的非定式形态。

　　具体说来，汉语谓语与英语谓语的差别表现在以下几个方面：

　　1. 汉语的谓语无人称和数的变化，不管主语是单数还是复数，不管主语是第几人称，谓语的形态都不变。而英语的谓语有人称和数的变化，其单、复数和人称要依据主语来定。如：我来自上海。（译文：**I am** from Shanghai. / **I come** from Shanghai.）你来自北京。（译文：**You are** from Beijing. / **You come** from Beijing.）他来自深圳。（译文：**He is** from Shenzhen. / **He comes** from Shenzhen.）

　　2. 汉语谓语动词本身显现不出时间的先后，其时间的先后往往是以添加表示不同时间概念的词或者以动词排列的先后顺序表示出来的。但英语的谓语动词本身有时态、语态、语气的变化，谓语动词动作所发生的时间概念除添加表示时间的状语外，往往要通过谓语动词时态的变化来表现。如：本公司全体同仁竭诚为各界服务。（译文：Our corporation **will** wholeheartedly **serve** various circles.）该机（指九星牌录放机）是市场紧俏产品，既是音响又是精美的高档家具。（译文：This product **has sold well since it entered the market**, not only as an exquisite sounder, but also as a piece of high-grade furniture.）

3. 汉语中，名词、形容词、数词和介词短语均可以直接作谓语；而在英语中，直接用名词、形容词、数词或介词短语作谓语的现象是没有的。因此，在将汉语中的以名词、形容词、数词或介词短语作谓语的这类句子译成英语时，往往要用连系动词 to be，否则就无法成句。如：她今年十八了。（译文：She **is eighteen** this year.）鲁迅，**浙江省绍兴人**。（译文：Lu Xun **was from Shaoxing, Zhejiang Province**.）北京的秋天**最美**。（译文：Autumn **is the most beautiful season** in Beijing.）我爸爸今天不在家。（译文：My father **is not at home** today.）

4. 汉语句子中的谓语可以是一个主谓词组，而英语的句子是不可以用主谓词组充当谓语的。在将以主谓词组作谓语的汉语句子译成英语时，往往要变换句式。如：他们正在谈论的那位女教师**品格正直**。（译文：The woman teacher they are now talking about **is upright**.）武汉这个地方，我认为比深圳好。（译文：I think Wuhan is better than Shenzhen.）

5. 汉语和英语的句子有五种常见的句型，其主要成分的顺序是一致的，它们是：

(1) 主语 + 谓语（连系动词 + 表语）

(2) 主语 + 谓语（不及物动词）

(3) 主语 + 谓语（及物动词）+ 宾语

(4) 主语 + 谓语 + 宾语 + 宾语补足语

(5) 主语 + 谓语 + 间接宾语 + 直接宾语

在将汉语句子译成英语时，若主要成分的顺序一致，则可套用对应的英语句型，所选择的谓语也大致可以与原文对应。

6. 汉语的谓语动词多用主动式，但有时也必须用被动式，比如为了保持前后分句主语的一致，避免逆向叙述；或者为了强调动作的对象，使之更加突出；或者不必说出或无从说出施动者时，也须使用被动式。相比之下，英语的被动句用得比较多，而且英语的被动句有形式标志，即"be + 动词的过去分词"。汉语的被动句分为两种，即有形式标志的被动式和无形式标志的被动式。

有形式标志的被动句是指在句子中有下列词汇标示的句子：被、受、由、挨、遭、奉、叫、让、给、加以、予以、为……所、被……所、是……的、系……的、在……中。这类有形式标志的被动句在译成英语时也采用被动句式。

无形式标志的被动句是指汉语中那些结构为"受事主语+谓语"的句子，其形式是主动的，但意义是被动的。在将这类句子译成英语时必须用被动结构，请参见第十一章汉语被动意义句的翻译。

最后，汉语以"时间"和"地点"作主语，谓语为及物动词的句子在英译时常译成被动句,通常把地点和时间译成状语置于句末。如：明年将出版更多的书籍。（译文：A greater number of new books will be published next year.）河上又架起了一座桥。（译文：Another bridge has been built across the river.）

从以上论述可以看出，汉语的谓语与英语的谓语存在着较大的差异。因此，在汉译英的过程中选择谓语时需遵循以下原则：

(1) 在人称和数上与主语保持一致；

(2) 保持时态与原文意义上的吻合；

(3) 与主语在逻辑上搭配得当；

(4) 与宾语在逻辑上搭配得当；

(5) 原文若是形容词、名词、数量词或介词短语作谓语，译文则常常采用系表结构作谓语；

(6) 原文若同时有几个动词出现，即句中的谓语由连动词组或兼语词组充当谓语，译文则选择一个主要动词作谓语，其他动词用其他形式（如非谓语动词、介词短语等）译出；

(7) 原文若为有形式标志的被动式，译文宜用被动式作谓语；

(8) 原文若为无形式标志的被动式，译文亦选择被动式作谓语；

(9) 若不知原文谓语动作的发出者是谁，或者原文的主语为"人们""大家"等，或者句中含有"据说""据传""据悉"等字眼，译文的谓语常用被动句式；

(10) 若要突出宾语，则往往将宾语置于主语的位置上，谓语动词采用被动句式。

二、译例举隅及翻译点评

【例1】

原　文：当秋秋问她为什么将房子盖在大杨庄，又为什么不住大杨庄的大房子却住在这小茅屋时，她**不再言语**，只把眼睛朝门外大杨庄方向痴痴地望，仿佛在记忆里寻找一些已几乎逝去的东西。（曹文轩《蓝花》）

译　文：Every time when asked why she had the house built in Dayangzhuang and why she was living here in such a shabby hut instead of that big house, she just **remained silent**, looking dazedly outside in the direction of Dayangzhuang, as if she was looking in her memories for something missing.（Qin Xuelan 译）

【点评】汉语原文中的"不再言语"是否定的说法，英译文为 remained silent，是肯定的说法。在汉英翻译中，由否定到肯定或由肯定到否定的转换是常用翻译技巧，但到底是否需要进行这种从肯定到否定或从否定到肯定的转换取决于英译文中到底哪种方式更符合英美人的习惯表达。在这里，如果将"她不再言语"翻译成 she no longer spoke 或者 she no longer said a single word 则没有 she just remained silent 那么符合英美人的表达习惯。

【例2】

原　文：那边是南国风光，山是青的，水是绿的，小溪更是清可见底！院里四季都有花开。水果是从枇杷、荔枝、龙眼一直吃到福桔！对一个孩子来说，还有什么比这个更惬意的呢？

译文一：Over there **we have** the typical southern scenery **with** blue mountains, green waters, limpid brooks…! There in the courtyard we can always see some kind of flower in full bloom throughout the year. Fruits ranging from loquats, lichees, longans to tangerines **are in plenty**. Is there anything more palatable to a little child than these fruits?（陈宏薇 用例）

译文二：Over there are typical sceneries in south China with blue mountains, green waters and limpid brooks. In the courtyard can be seen flowers in full bloom all the year round. Fruits from loquats, lichees, longans to tangerines are all available. To a little child, what else can be more pleasing to him than this? （李明 译）

【点评】对于汉语"是"字句的翻译，英语中有多种表达法，但到底使用哪一种表达法，取决于该"是"字句所表达的意义。很多时候，汉语中的"是"字句在英语中需要通过对其他成分的整合或协调才能表达其内在的意义，从翻译技巧上来说这叫做"意译"。这里的译文一将汉语原文中的第一个"是"意译成 we have，第二、第三和第四个"是"以一个 with 翻译出来。第五个"是"表示对"水果"之多的惊叹，译成了 are in plenty。译文二将原文的第一句和第二句均译成了倒装句，对于第三句和第四句，译者也作了不同的选择，读来简洁有力。

【例3】

原　文：今天的中国，经济发展，政治稳定，民族团结。今天的北京，城市面貌日新月异，环境保护长足进步，体育设施日臻完善，为北京成功举办2008年奥运会打下坚实的基础。（《人民日报》社论，转引自杨大亮、杨海燕，2004：74）

译　文：Today's China **is enjoying** unprecedented political stability, economic prosperity and ethnic harmony and today's Beijing **is witnessing** rapid development with great improvement of its environment and with growing perfection of its sports facilities. This has laid a solid foundation for the successful hosting of the Olympic Games in Beijing in the year 2008.（李明 译）

【点评】原文的第一句"今天的中国，经济发展，政治稳定，民族团结"是以三个主谓词组（即"经济发展，政治稳定，民族团结"）来充当谓语的，这在汉语中是允许的。但在英语中就没有这种结构。那么，翻译这句话时就需要考虑使用什么谓语动词了。英译文在这里使用了 is enjoying，该谓语动词在这里非常符合英文表达，相应地，其后的几个汉语主谓结构英译时需要根据该谓语动词来作相应的词序调整，因而变成了 political stability, economic prosperity and ethnic harmony。这样，英译文就非常通顺了。原文第二句英译时使用了 is witnessing 作谓语动词，其后的结构同第一句一样进行了相应调整。

【例 4】

原　文：丁肇中比王（安）和贝（聿铭）都年轻，而且他成名的年龄比许多专家成名的年龄小得多。

译　文：Samual Chao-Chung Ting is younger than either Wang (An) or Pei (Ieoh Ming) and recognition **came to** him much earlier than it comes to many professionals.（陈小慰，2006：80）

【点评】在英语中，谓语的选择在很大程度上取决于谓语之前所选择的主语。本例中"他成名的年龄比许多专家成名的年龄小得多"翻译成英文时也可以用 he 作主语，那样的话，英译文就是 he became well-known at a much earlier age than many experts，这样，谓语动词就变成了 became。当然，翻译这句话要看译文的读者对象。如果译文的读者对象是较高层次的读者，就采用本例中的英译文；如果译文的读者对象是普通读者，就采用 he became well-known at a much earlier age than many experts 这个英译文。再如：中国文化之所以如此灿烂，是因为我们一直在吸取外国的优秀文化，而且也在不断地更新自身的观念。（The very cause for the prosperity in the Chinese culture **lies in** our constant adoption of good aspects of foreign cultures and in the innovation of our own ideas.）（张蓓，2001：196）

【例 5】

原　文：没有电，人们就会在 19 世纪中期的条件下生活和工作，靠煤、木柴、油、天然气等燃料取热和光，靠蒸汽为工业和运输提供动力。

译文一：Without electricity, man would live and work in the conditions of the mid-19th century, **depending on** fuels such as coal, wood, oil and gas to give warmth and light, and **on** steam to provide power for industry and transport.（张蓓，2001：201）

译文二：Without electricity, man would live and work in the same condition as that of the mid-19th century, depending on such fuels as coal, wood, oil or natural gas for warmth and light, and on steam for power for industry and transportation.（李明 译）

【点评】汉语中，动词可以重复使用，构成排比句式或对偶句式。通过重复使用动词可以明显地加强汉语动态感的表现力。英语动词一般不能重叠，也较少重复，甚至常常在需要重复的地方省略。（连淑能，1993：122）在本例中，汉语原文使用了两个"靠"，构成排比句式，大大加强了原文的语气，在英译汉语的"靠"时，两个译文均选择了 depend on 这一动词短语。在再次使用 depend on 时，只保留该动词短语中的介词 on 即可。译文一使用了 39 个单词，译文二使用了 41 个单词，但译文二似乎更为充分。

【例6】

原　文：能不能尽快地把科学技术搞上去，这是一个关系到社会主义建设的全局，关系到我们国家命运与前途的大问题。

译　文：Whether science and technology **can be pushed forward** as quickly as possible is a question of vital importance for socialist construction as a whole and for the destiny and future of our country.（张蓓，2001：87）

【点评】这里汉语原文中的"把"字句被译成了英文的被动句。有关"把"字句的翻译，可以参见相关章节。再如：

(1) 他们的友爱，他们的帮助，他们的鼓励，几次把我从深渊的边沿救回来。（巴金《朋友》）

Thanks to their fraternal love, assistance and encouragement, I have time and again been saved from falling into an abyss while on its verge. （张培基 译）

（2）莎士比亚在英国荣获桂冠之后，伦敦有少数人出于嫉妒，对他进行诽谤，梦想把他拉下"英国文学皇帝"的宝座。但是莎士比亚不朽的杰作却使他誉满天下，举世同钦。

After Shakespeare had reaped his laurels in England, there were a small minority of people in London who slandered him out of envy and vainly hoped to dismount him from the throne of "the Emperor of English Literature". But his imperishable masterpieces have procured him worldwide renown and respect.（陈宏薇，1996：73）

【例 7】

原　文：经过多年努力，我们国家用仅占世界百分之七的耕地，养活了占世界百分之二十二的人口，使十一亿人民基本解决了温饱问题。

译文一：China has, through many years' efforts, basically solved the problem of **feeding and clothing** its 1.1 billion people, which make up 22 percent of the world's total population, though it **tills** only 7 percent of the world's total cultivated land.

译文二：Through many years' efforts, China is able to feed and clothe its 1.1 billion people which account for 22 percent of the world's total population, with only 7 percent of the world's total arable land.（李明 译）

【点评】谓语及动词的选择还要有利于整个句子的行文和内容的整合。本例在这方面又提供了典范。首先，"养活"一词根据它在句中所作的成分可以直接翻译成 feeding，但其后加上了由 clothe（"给……穿衣"）变成的 and clothing 是怎么回事呢？原来，它是用来翻译下一分句中的"温饱"之意的。通过这种整合，使得英文行文更为方便、达意，同时也使得对原文信息的传达更为紧凑。另外，对"用仅占世界百分之七的耕地"的翻译，译文选择了 till（耕种）一词，非常到位，其主语是由 it 所指代的 China，

搭配得当。值得顺便一提的是,"我们国家"在此要翻译成China而通常不译成Our country,因为在汉译英中,读者往往是外国人。同译文一相比,译文二更为简洁。

【例8】

原　　文：他们在**战胜**自然灾害的斗争中,在恢复和发展工农业生产的斗争中,**克服**了很多的艰难困苦,表现了极大的勇敢、智慧和积极性。

译文一：In the fight to **overcome** natural calamities and to restore and develop industrial and agricultural production, they **have surmounted** many difficulties and hardships and demonstrated immense courage, wisdom and initiative.（陈宏薇,1996:73）

译文二：In the battle against natural disasters and for the recovery and development of industrial and agricultural production, they have surmounted many difficulties and hardships and exhibited their great courage, wisdom and initiatives.（李明 译）

【点评】选择谓语动词时,还要避免所选动词同句中的其他动词重复。这在英语句子中尤其重要。本例汉语原文中有两个动词,其一是"战胜",其二是"克服"。这两个动词的英文对应语都既可以是overcome,又可以是surmount。在将"战胜自然灾害"翻译成英语时,既然译者已经根据搭配使用了overcome一词（此处不能译为surmount natural calamities）,那么,在翻译"克服了很多的艰难困苦"中的"克服"时,就不能再使用overcome一词了,尽管overcome many difficulties and hardships是很漂亮的英语搭配。因此,译者为避免重复而选用surmount一词是正确的。译文一和译文二的翻译各有千秋。

【例9】

原　　文：大学毕业后我**分配**到一所学校任教,**认识**了后来成为我妻子的琳。但我并未引起她的注意,因为那时我实在太平常了。（周全《造个安乐窝》）

译　　文：After graduation from a university, **I was assigned** to work as a teacher in a

124

high school, where **I met** Lin, who later **became** my wife. But **I'm** so ordinary a man that I never **attracted** any of her attention then.（居祖纯 译）

【点评】汉语不像英语那样有形式标志，表现在谓语动词方面就是，汉语句子中的谓语动词不像英语句子中的谓语动词那样，是通过增加后缀或者在动词前面增加助动词来体现时态的。由于这种语言上的差异，在将汉语句子翻译成英语时，根据原文句意选择正确的时态至关重要。这个看来似乎非常容易解决的问题，正是许多中国学生在翻译时最难把握，并且经常出错的大问题。本例原文中的动词有：分配、认识、成为、引起（注意）。根据原文的意思，它们都需要翻译成过去时，这也符合作为故事性的小说的时态要求。但在"那时我实在太平常了"这一句中，将"那时"理解为指向上文中的"并未引起她的注意"是比较恰当的，因为原文作者并没有认为"现在的他是非常不平常的"，所以译者将该句翻译成 But I'm so ordinary a man，即动词使用了一般现在时，这是正确的理解。再如：大夫走到桌子边，对着他的手表注视了一会儿，心里对等着他前去的出诊暗暗叫苦。(The doctor went to the table and stared a moment at his watch, his spirit complaining at the job ahead of him.)

【例10】

原　文：按照我们学校的制度，是根据每个学生的考试成绩和课外活动的表现来对其做出评价的。（常立，2006：2）

译　文：In our college system, each student **is evaluated** by his marks on exams and performance in extracurricular activities.（常立，2006：2）

【点评】汉英翻译过程中，"语态"的选择也是中国英语学习者难以把握的重点内容。本例中，汉语原文的"对其做出评价"是主动语态，但其对应的英译文则采用了被动语态 is evaluated 来表达。当然，由于谓语动词与主语密切相关，对谓语动词的选择在很多时候是需要看主语的"脸色"行事的，如本例中的主语为 each student，其谓语动词不可避免地要使用被动语态，但假如将主语确定为 we，则谓语动词必须使用主动语态了。但在将类似汉语句子翻译成英语时,英语中一般不会使用 we 来充当主语,因为那样行文不够简洁,因此更为地道的表达便是:主语用 each student 来充当,与之相匹配的谓语动词就要使用被动语态。再如:教室是按照不同的课程划定的,学生们按照课程表上课,分选修和必修两种。(Classrooms are assigned for different classes, and students attend classes according to their curriculum, which itself is composed of selective and core subjects.)

三、翻译比较与欣赏

【例1】

原　文:总之,社会主义要赢得与资本主义相比较的优势,就必须大胆地吸收和借鉴人类社会创造的一切文明成果,吸收和借鉴当今世界各国包括资本主义发达国家的一切反映现代社会化生产规律的先进经营方式、管理方法。(《邓小平文选第三卷》)

译文一:In brief, if socialism wants to win the edge over capitalism, it must be hold to absorb and learn all civilized achievements created by human society and all advanced forms of operation and management which reflect the laws governing modern socialized production practiced in various countries around the world today, including developed capitalist nations. (《北京周报》英译文)

译文二:In short, if we want socialism to achieve superiority over capitalism, we should not hesitate to draw on the achievements of all cultures and to learn from other countries, including the developed capitalist countries, all advanced methods of operation and techniques of management that reflect the laws governing modern socialized production. (*Selected Works of Deng Xiaoping Volume III (1982-1992)*)

【例2】

原　文:本书精选中国南方 26 个少数民族的 131 则脍炙人口的故事。它们从不同侧面**表现**了中国南方少数民族的生活、风俗、人情，**表现**了少数民族人民的智慧和灿烂的民族文化。

译文一：The book **consists of** 131 superb stories popular among 26 minority nationalities in the south of China. They **praise** from various perspectives the wisdom of the people and **present** rich and splendid cultures of different nationalities in life, custom and sensibilities.（丁树德，2005：105）

译文二：This book **presents a selection of** 131 stories with great popularity among 26 ethnic minorities in south China which **are a reflection of** the life and the local customs of these minorities from different perspectives and **a manifestation of** their wisdom and splendid cultures.（李明 译）

【例3】

原　文：像这一类的问题还有不少，如果处理不当，就很容易**动摇**我们的方针，影响改革开放。（《邓小平文选第三卷》）

译文一：There are many problems like this one, and if we don't handle it properly, our policies could easily **be undermined** and overall reform affected. (*Selected Works of Deng Xiaoping Volume III (1982-1992)*)

译文二：There are many more issues of this kind, and if not properly handled, they could easily **shake out** policies and affect the overall of reform.（《北京周报》英译文）

四、翻 译 练 习

句子翻译

1. 从我们自己这些年的经验来看，经济发展隔几年上一个台阶，是能够办得到的。
2. 记得那时听人说，读《鉴略》比读《千字文》《百家姓》有用得多，因为可以知道从古到今的大概。

3. 由于英语被接受为联合国的官方语言之一，这就使英语在国际外交场合使用得更为广泛。

4. 有一天，**我忽然想起**，似乎多日不很看见他了，但记得曾看见他在后园拾枯竹。（鲁迅《风筝》）

5. 我的态度，你现在**骂**我玩世不恭也好，不负责任也好，我告诉你，我盼望这一次的谈话是我们最末一次谈话了。（曹禺《雷雨》第二幕）

6. 公司的人说你总是在跳舞场上**鬼混**，尤其是这两三个月，喝酒，赌钱，整夜地不回家。（曹禺《雷雨》第一幕）

7. "跳竹竿"每年从开春之日起，直至元宵，几乎夜夜灯火通明，欢跳不息，热烈气氛**充溢着**山坡村寨。

8. 再细看，山下农家，炊烟袅袅，谷场水巷之中，鸡鸭成群，顽童嬉戏，田野上人来人往，一派丰衣足食的景象，这不正是《桃花源记》中描写的景象吗？

9. 中国人的祖先认为，鼓为天声，锣为地声，天地相交，金鼓齐鸣，身置其中，不禁自舞。

10. 这里的每块砖，每块石头，每滴石油，都沾着我们人民的血汗，都藏着我们人民的生命。（杨朔《戈壁滩上的春天》）

语篇翻译

语篇翻译 1

1995年10月，黄浦江上又一座大桥凌空飞架，将浦南与奉贤县连接起来，成为继松浦、南浦、杨浦3座大桥之后建成通车的第4座大桥——奉浦大桥。

奉浦大桥是首座由地方筹资兴建的黄浦江大桥，奉贤县与市区有关部门和企业集资4.46亿元人民币，仅用一年零七个月的时间即胜利建成。大桥的建成解决了长期困扰奉贤与浦南地区的过江问题，同时还改善了该地区的投资环境，为杭州湾北岸的开发、建设打下了良好的基础。

10月的黄浦江畔，松浦、南浦、杨浦、奉浦4座大桥沐浴着金秋阳光，各显姿态，交相辉映，为上海这座充满生机与魅力的国际大都市增添了更加夺目的风采。不久的将来，上海还将建造更多的过江设施，把浦江两岸更紧密地连接在一起。

语篇翻译 2

　　读书的状态大致分为三种：一是为别人而读，二是为有用而读，三是为兴趣而读。

　　处在第一种状态是最痛苦的，自己本不想读，但迫于外界压力却不得不读。好多中小学生就属于这种情形。在这样的状态下，读书真是苦不堪言。有不少学生曾咬牙切齿地发誓：毕业考试一结束，一定把××书烧掉。

　　一些为了拿文凭、评职称而读书的亦在此列，对于他们而言，读书实在是件苦差事。

　　第二种是为有用而读书。处在此列的人已知书中自有黄金屋和颜如玉，已经能从烟波浩渺的书海中有所取舍，读书很有目的性。或为提高专业技术水平，或为丰富知识，学电脑的看电脑书籍，学文学的看小说，当老师的读教育心理，做生意的看经济，搞行政的读政治、管理……为获得某方面的知识而读书，以具备养家糊口的基本技能，凭真才实学立足于社会。

　　第三种是为兴趣而读书。这是读书的自觉状态，更是一种境界。不为有用，只因喜欢。这些读者把读书当做生存的基本需要，读书已和吃饭睡觉一样必不可少。三日不读书，则自觉面目可憎，心里就空虚、失落、不踏实。（李娇《读书的三种状态》）

第八章 汉英翻译中的明示与隐含

> 只要语言文字不同，不管是在一个国家或民族（中华民族包括很多民族）内，还是在众多的国家或民族间，翻译都是必要的。否则思想就无法沟通，文化就难以交流，人类社会就难以前进。
>
> ——季羡林

一、理论探讨

加拿大翻译理论家 Delisle（1988: 10）曾经说过，"翻译的过程充满了艰辛，因为原文中已经明示的内容以及只是隐含的内容都必须在目标语言中再现出来。[3]"陈文伯在其著作《教你如何掌握汉译英技巧》一书中就翻译中的"明示意义和暗示意义"进行了探讨。他认为，每种语言都有其自身的表达规律。作为译者，必须充分了解所涉及的两种语言各自的表达规律，并在译文中体现目的语的表达规律。为了做到这一点，译者绝不能够在语言转换过程中就事论事地按照字面结构进行翻译。换言之，有时"原语明明说了的某些词语却不要译，明明没有说的却必须补加。前一种情况可称之为隐含（implication）处理，后一种情况可称之为显性（explicitation）处理。"（陈文伯，1999：66）隐含处理和显性处理都涉及语言和文化两个方面。

就汉语而言，很多习惯说法中有些词其实并不重要，但因为习惯了，说的人不经意就用上了，但如果译者将这些其实并不重要的词语直译成英语，反而会因形害义，抑或曲解原文所传达的意义。（陈文伯，1999：66）比如：

---

[3] 英文原文为：Translation is fraught with danger, because both what is said and what is merely implied must be rendered in the target language.

第八章 汉英翻译中的明示与隐含

原文：大碗喝茶解渴，却说不上茶是怎样的好。(《飘逸人生》)（陈文伯，1999：164）

译文：To **drink** at a gulp is a quick way to quench thirst, but it gives no taste whatever.（陈文伯，1999：286）

本例中的"喝茶"实际上是指喝任何可以解渴的液体，包括水。如果将这里的"喝茶"直译成 drink tea 倒反而把原本蕴含的范围弄得很狭窄，这里的"大碗"中的"碗"字也是虚指，可以理解为任何容器，甚至是"大口"。因此译文便是 at a gulp。这样，译者在这里对原文中明明说出的词语没有译出，即对原文中并不是实指的词语进行了隐含处理。

但在汉英翻译中，对汉语原文英译时进行显性处理比进行隐含处理的情况更多，这是因为汉语是以意合为主要特征的语言，其中的很多不言而喻的信息都需要在以形合为主要特征的英语中予以明示，才能让英语读者明白原文所传达的意义。如：

原文：人生旅途上，有人背负着名利急急奔走，有人回归自然，飘逸而行。（陈文伯，1999：164）

译文：In **their** journey **through** life, some people hurry on with a heavy heart **in pursuit of** fame **and** wealth, **while** others go easy and enjoy **themselves in harmony with** nature.（陈文伯，1999：286）

对照原文不难发现，英译文中的 their、through、in pursuit of、and、while、themselves、in harmony with 等都是根据英语的行文需要予以明示的信息。这些在原文中明明没有说的信息在译文中却需要补加上去，才能使行文通畅。由此也可以看出什么是以意合为主要特征的语言，什么是以形合为主要特征的语言。

以上均是在汉英翻译时就语言方面需要进行明示处理和隐含处理的探讨。在汉英翻译中，明示处理和隐含处理还会涉及文化方面。

文化所涉及的范围非常广泛，就汉语而言，它涉及中国的汉字文化、社会习俗、历史词汇、文化典故等等。在将这些具有文化特质的内容翻译成英语时，同样需要采取明示和隐含两种方法处理。先看下面的例子：

原文：过了几天，父亲要请一个姓万的亲戚来吃饭，叫儿子写个请帖。(《"万"字》)

译文：A few days later the father wanted to invite to dinner a relative named Wan, **a character of a dozen (now 3) strokes which happens to mean ten thousand**. He told his son to write an invitation.（陈文伯，1999：3）

原文节选自一个妇孺皆知的故事：从前有个目不识丁的有钱人，请了一位先生教儿子读书。先生教儿子写字时说："一画就是'一'，二画就是'二'，三画就是'三'。"儿子学了这几个字就扔掉手中的笔，告诉父亲说自己已经学会了，不需要老师了。父亲很高兴，就辞掉了先生。后来父亲邀请一个姓万的亲戚来家吃饭，要儿子写个请帖。儿子写了半天没写完，父亲去催，儿子抱怨说："天下什么姓不好，偏偏姓万。这不？我才画了五百画，离一万画还差很远呢。"

对于外国读者来说，了解"万"字的意思对理解整篇故事毫无疑问有着举足轻重的作用。如果不是讲"万"字同"一""二""三"这几个字之间笔画的多少，翻译这个"万"字直接用汉语拼音 Wan 就可以了。但在这篇故事中，对于"万"字在汉语中的意义非常有必要给予交代。译者在这里采用了显性处理的办法，在译文中增加了 a character of a dozen (now 3) strokes which happens to mean ten thousand，这样，整个故事的意思就清楚明了了。

再来看看下面的例子：

原文：在我十六岁还是一名下乡插队知识青年时，根本想不到还有今天。（《我唯一的资本是勤奋》）

译文一：At 16 I went to work at an agricultural brigade. At the time I never expected I could ever become what I am today.

译文二：At 16 I **was sent to live and work in the countryside as most urban school graduates were** at the time. It never occurred to me that I could ever become what I am today.

这里的原文中含有一个历史词汇，该历史词汇具有强烈的时代背景，从翻译的角度来看，这里不能不用显性的处理方式。否则难以为外国读者所理解。这里所提供的两个英译文，第一个英译文显然是作了隐含处理。这样处理没有反映出该事件发生的历史文化背景，而这个历史文化背景对于整个事件的理解至关重要。译文二则作了显性处理，对原文中的历史词汇"下乡插队青年"以显性的方式翻译成 was sent to live and work in the countryside as most urban school graduates were，意思也就清楚明白了。

从本例可以看出，在翻译过程中到底是采用显性处理办法还是采用隐含处理办法在很大程度上取决于译者对原文中语言和文化意蕴的理解以及译者的翻译诗学观，但采用隐含和显性的处理办法所产生的不同译文会存在质量的优劣。

我们再来看看陈文伯（1999：72）所举的例子：

原文：编辑要当作者的伯乐，当作者的知音。（《谈编辑》）

译文：An editor can not only be a good connoisseur of a writer's works but also a good friend who knows him well.

我们都知道汉语原文中的"伯乐"和"知音"分别出自典故"伯乐相马"和"高山流水觅知音"。伯乐乃古代相马能手，现用以泛指善于发掘人才的人；知音是指钟子期善于识别伯牙的琴声，现泛指了解别人特长的人。这里的英译文将"伯乐"和"知音"均进行了隐含处理，分别将他们译成 a good connoisseur（鉴赏家，行家）和 a good friend who knows him well（知心的朋友）。译文只译出了它们各自的语用意义。

关于汉英翻译中的明示与隐含，陈文伯（1999：72）说得好：

> 任何语言在具体表达时都必然包含明示意义（用词语表达的意思——原文注）和暗示意义两部分。两种语言的明示意义和暗示意义常常并不对应，译者的责任便是将这两方面协调起来。一般来说，原语明示意义转为译语暗示意义（即隐性处理——原文注）的情况较少，原语暗示意义转为译语明示意义（即显性处理——原文注）的情况很多，汉译英尤其如此。有些论述翻译的书把隐性处理称之为减词，把显性处理称之为加词。其实这不是数量上简单的加减问题，而是牵涉到语言的本质，使一种语言适应另一种语言的表达方式问题。

二、译例举隅及翻译点评

【例1】

原　文：现阶段中国已经**实现了粮食基本自给**，在未来的发展过程中，中国依靠自己的力量**实现粮食基本自给**，客观上具备诸多有利因素。

译　文：China has basically achieved self-sufficiency in grain at the present stage, and there are many favorable objective factors for her to maintain such achievement by her own efforts in the course of future development.

【点评】汉语多重复，英语多省略。这是一个基本规律。本例中汉语原文重复使用了"实现了粮食基本自给"，但英译文在第二次处理该表达时，只使用 to maintain such achievement 即可，原文所重复的信息因译文使用了 such 一词而隐含其中，同时这也避免了像汉语原文那样的重复，但意思仍然清楚明了，而且符合英语的表达习惯。英语中使用 such、so 等词语来指代前面所描述的内容，以避免重复的情况非常常见。再如：一个地方有一个地方的全局，一个国家有一个国家的全局，一个地球有一个地球的全局。(A locality has its own over-all interest, so do a nation and the earth.)

【例2】

原　文：他这个人历来都是**勇于**探索，**勇于**创造，**勇于**改正错误。

译　文：He has always been **courageous enough** to probe into things, to make inventions and to correct his mistakes.

【点评】如果将这里的原文翻译成 He has always been courageous enough to probe into things, courageous enough to make inventions and courageous enough to correct his mistakes 则违背了英语中忌重复的原则。遇到这样的情况，需要"勇于"将整个句子重复的词语全部提出来，总译一次，统管兼顾，就会使译文简洁、通顺，符合英语表达。再如：

(1) 我们的政策，不光要使领导者知道，干部知道，还要使广大人民群众知道。

Our policy must **be made known** not only to the leaders and to the cadres but also to the great masses.

(2) 发达国家有四大优势：先进的技术、先进的管理经验、资金雄厚、人才丰富。

Developed countries have an edge on four areas: technology, managerial expertise, capital and experienced professionals.

【例3】

原　文：我国的经济建设，需要一个和平的国际环境，需要一个国内安定团结、天下大治的**局面**。

译　文：For its economic development, China needs an international environment of peace and a domestic stability, unity and great **order**.

【点评】原文"国内安定团结、天下大治的局面"中的"局面"一词在英译文中省去没有译出，但英译文的意思更为清晰明了。"局面"属"范畴词"，其他的范畴词还有"事业""现象""方面""方式""问题""情况""状况"等。范畴词在汉语中使用非常广泛，多用于构成四字结构，但语义上则不太重要。英语中则很少使用范畴词。汉英翻译时汉语原文中的范畴词往往隐含在英语中的某个抽象名词之中，因此，在将汉语中含有范畴词的短语翻译成英语时，通常删去范畴词。再如：

(1) 我们要促进文化教育**事业**。

We will promote culture and education.

(2) 我国有十二亿多人口，陆地自然资源人均占有量低于世界平均**水平**。

China has a population of more than 1.2 billion, and its land natural resources per capita are lower than the world's average.

(3) 他对现时的信息产业的发展**状况**感到乐观。

He is optimistic about the present development of information industry.

(4) 我想土地沙漠化的**问题**总不能够再被忽视了！

The soil desertification, in my view, should not be ignored!

(5) 这所附属中学的学生们热衷科学研究**活动**。

The students in the affiliated high school are addicted to the scientific researches.

(6) 各行各业都应服从并服务于经济发展的**进程**。

Work in all fields should be subordinated to and serve the economic development.

【例4】

原　文：战争是民族与民族、国家和国家、阶级和阶级、政治集团和政治集团之间互相斗争的最好形式。

译　文：War is the highest form of struggle between **nations, states, classes or political groups**.（杨莉藜 用例）

【点评】对照汉语原文和英译文不难发现，英译文比原文简短，并且充分传达了原文之意。"民族与民族、国家和国家、阶级和阶级、政治集团和政治集团"分别以 nations、states、classes 和 political groups 表达出来足矣。这是英语名词复数所具有的"隐含"意义使然。

【例5】

原　文：广州的天气热得真早，夕阳从西窗射入，逼得人只能勉强穿一件单衣。

译　文：It certainly grows hot early in Guangzhou; **the rays of the setting sun shining through the west window** force one to wear nothing but a shirt at most.（杨莉藜 用例）

【点评】汉英翻译时，该隐含处必须隐含，该明示处必须明示。本例中原文为"夕阳从西窗射入"，如果直译就是 the setting sun shining through the west window，这样翻译就出现了逻辑错误，因为射入的应该是太阳光线而非太阳本身，因此，英译文增加了 the rays，这样的明示就使得英译文既符合逻辑，又不会引起歧义。但在该隐含时又必须隐含，如：他谈吐温婉有礼、**身体**健康、性情爽朗，我甚至觉得他聪明敏捷、机智幽默，几乎囊括了我所有赞美的形容词。（He was cultured and polite, in good health, with an outgoing personality, not to mention bright, quick, witty, humorous—worthy of almost any of the laudatory adjectives in my vocabulary.）

这里，原文中的"谈吐"和"身体"在英译文中都省略不译了，但其意义已分别隐含在 was cultured and polite 和 good health 之中。再如：这些农民祖祖辈辈在这块土地上耕种，现在被迫要从这里搬出去，他们当然极为不满。（They naturally resented **the prospect of** being forced to move out of the land they had cultivated for generations.）

这里的 the prospect of 在原文中是隐含的，而在译文中却被明示出来了。

【例6】

原　文：王小玉便启朱唇、发皓齿，唱了几句书儿。

译文一：Now open her rosy lips and her ivory white teeth shine, her song begins!

译文二：Little Jade Wang then opened her vermilion lips, displaying her sparking white teeth, and sang several phrases.

译文三：Little Jade then parted her lips and sang a few lines.

【点评】原文用"启朱唇、发皓齿"描述小玉唱歌时口型优美，这是中国评书常见的表达手法。译文一和译文二都把"发皓齿"直译出来，效果却不如译文三省译的好，译文二读起来让人有先咧嘴、后呲牙、再唱歌的印象，如此翻译，文学的韵味全无。因此，在汉英翻译过程中，该隐含时必须隐含，隐含有时蕴涵着朦胧之美，太过显露有时反而导致韵味的丧失。作为译者，就是要把握住一个"度"的问题。翻译大家和末流译者之间的差别在很大程度上就在于对这个"度"的把握。再如：

(1) 游客到处乱扔垃圾，**制造废水**，再加上这一地区建造旅游设施，这一切都严重破坏了当地的**生态环境和文化氛围**。

Littering and **waste water** from tourists as well as construction of tourist facilities in the area are polluting the surroundings both **environmentally** and **culturally**.

(2) 由于中外合营企业是在我国对外开放、对内搞活政策下涌现的新生事物，这就需要我们勤于思考，勇于开拓，不断地克服我们前进中的各种困难。

As the joint venture is still a new operating form in China under the policy of activating domestic economy and opening to the outside world, we should be **creative**, **innovative** and always try to overcome difficulties that may come out in our advance.

【例7】

原　文：西部高速公路建设资金来源主要有：政府投资、银行贷款、社会资本，但存在一些局限。

译　文：Funds for expressway projects in West China come mostly from government investment, bank loans and social capital, but **those sources of financing** are inadequate.（官忠明 译，有改动）

【点评】汉语原文中，"一些局限"有些模糊，但仔细分析整个句子不难发现，"存在一些局限"的主语是"资金来源"。在英语当中，由于一个句子的主语至关重要，因此，找出原文中的主语非常关键。这里的英译文将原文中的主语明示出来，用 those sources of financing 来表达，意思清楚明了。人们经常说，译者需要有创造性，在这个例子的翻译中，译者的创造性正体现在译者对原文模糊隐含的信息在译文中进行明示。再如：虽然三年来西部大开发成绩显著，但通过同东部地区相关社会经济指标比较，西部尚存在较大差距。（In spite of the remarkable achievements made in the drive of developing the western region of China over the past three years, **a comparative study of the social and economic indicators between the western and the eastern regions shows that the former lags rather behind the latter in terms of development**.）（官忠明 译，有改动）

【例8】

原　文：他下乡去**视察**了一回，在他**下乡期间**公文积压了**一大堆**，昨天傍晚他刚回来，**现在**他要在会客时间开始之前，把这些公文翻阅一下。

译　文：He had returned the previous evening from a **tour** to the countryside, and wanted to go through the **papers** that had accumulated in his **absence** before visiting hours started.（宋天锡等，2000：506，有改动）

【点评】本例有几处原文明示的信息在英译文中被隐含，其一是"视察"没有在英译文中明示出来，但其信息已经隐含在 tour 一词当中，如果将"视察"译为 inspect 或 visit 反而会出现同 tour 在意义上的重叠。原文中的"下乡期间"，以一个英文单词 absence 即可体现其意义。"一大堆"的意义在英译文中是靠 papers 中的 -s 以及动词 had accumulated 体现出来的。中国学生汉译英时，往往生怕丢失原文中的任何信息而很少考虑英译文句子中的某些成分有可能已经隐含了原文中的某些信息。因此，他们的英译文有时显得很啰嗦。要使英译文简洁，必须不断地提高英文的表达能力和语感。

【例9】

原　文：掐指一算，（我们）分手快有半个世纪了，现在都已是风烛残年。（萧干《枣核》）

译　文：It was about half a century since we last met, and we were now both in our declining years.（张培基 译）

【点评】汉语中，在表达某个观念时，惯于使用具体的形象来说明某个问题或现象，比如本例中的"掐指一算"和"风烛残年"，但在英语中则不一定有如此表达。比如本例的第一句"分手快有半个世纪了"，就已经足够表达"时间过得飞快"这层意义了，"掐指一算"完全可以不需要，但由于是文学作品，运用了"掐指"这一动作形象，大大增添了文学的生动性和色彩。"风烛"（the candle flickering in the wind）也是一个形象，这个形象富于汉语文化色彩。由于英语中缺乏类似的这种形象，在翻译这些表达时可以采取隐含的方式对原文的意义进行传达。

【例10】

原　文：所以，我们每一种缺陷都有补偿，吝啬说是经济，愚蠢说是诚实，卑鄙说是灵活，无才便说是德。（钱钟书《写在人生边上》）

译　文：Thus, each of our weaknesses can be seen in a different light. We see ourselves as economical when we are stingy, honest when we are stupid, resourceful when we are mean and virtuous when we are ignorant.（郑雅丽 译）

【点评】在谈到翻译中的明示与隐含时，还有一种情况是对语言本身的明示与隐含。本例的译文对汉语原文的第一个分句"我们每一种缺陷都有补偿"进行了明示的翻译，原文较为隐含的"补偿"在译文中被明示为 can be seen in a different light，恰到好处地同下文将要传达的意思连接了起来。对于原文第一个分句之后的四个分句，译文也采用了明示的翻译方法，首先以 We see ourselves as... 来翻译接下来一系列分句中的"说"这个字的意思，以统领全句，然后分别以 economical when we are stingy、honest when we are stupid、resourceful when we are mean 和 virtuous when we are ignorant 来翻译"吝啬说是经济，愚蠢说是诚实，卑鄙说是灵活，无才便说是德"，恰到好处地再现了原文信息。

三、翻译比较与欣赏

【例1】

原　文：京都涮羊肉之所以名冠全球，誉满中外，是因为它集前人制作之经验，博采众家之长，又创造了自家的风格，具有选料精、加工细、佐料全、火力旺等特色。

译文一：The reason why Peking's instant-boiled mutton is crowned with Number One in China as well as in the world is that it pools its predecessors' experience and adopts their merits in creating its own style. It is characterized by fine selecting of mutton, careful processing, all sorts of condiments and intense heating.

译文二：The fame of instant-boiled mutton in the Capital stems from a very skillful pooling of the experience gained over the past centuries in a particular way of eating mutton and creating a special style of its own characterized by the exquisiteness in mutton selecting and slicing, condiments and heat controlling.（刘宓庆 用例）

【例2】

原　文：对科学而言，验证不仅在方法上是十分必要的，而且，如果仅仅将验证视为方法论上的程序，那么，科学的结论就可能成为一种因人而异的权宜之计。

译文一：For science, verification is not only methodologically necessary, but, if it only regarded as a methodological procedure, a scientific conclusion may become an expediency, which will change because of different scientists.

译文二：Verification is not simply a methodological necessity for science. If it were, a scientific conclusion might have become an expediency, which changes from scientist to scientist who chooses it.（刘宓庆 用例）

【例3】

原　文：共同富裕的构想是这样提出的：一部分地区有条件先发展起来，一部分地区发展慢点，先发展起来的地区带动后发展的地区，最终达到共同富裕。（《邓小平文选第三卷》）

译文一：The concept of common prosperity was put forward in this way: where conditions permit, some areas may develop faster than others. Regions which enjoy faster advance can help promote the progress of the less developed regions, finally achieving common affluence.（《北京周报》英译文）

译文二：Our plan is as follows: where conditions permit, some areas may develop faster than others; those that develop faster can help promote the progress of those that lag behind, until all become prosperous. (*Selected Works of Deng Xiaoping Volume III (1982-1992)*)

【例4】

原　文：针对这一社会普遍关注的问题，作者对国内研究现状进行了综合分析，指出目前在解决"三农"问题上**存在的不足**……

译文一：The author makes an all-round review of domestic research into the issue of wide concern, pointing out **the existing insufficiency in measures** of dealing with the "three rurals", namely the rural economy, rural community and rural residents.（官忠明 译）

译文二：Concerning the issue of wide social concern, the author has conducted a comprehensive analysis of the domestic research and has pointed out **the inadequacies of the measures** that were taken toward the "three rural issues", namely, the rural economy, the rural community and the rural residents.（李明 译）

四、翻译练习

句子翻译

1. 这就是我们的国际主义，这就是我们用以反对狭隘民族主义和狭隘爱国主义的国际主义。
2. 当时我刚满二十，年纪轻轻，心想多干一点跑跑颠颠的工作，倒也无妨。
3. 雪花落在积得厚厚的雪褥上面，听去似乎瑟瑟有声，使人更加感到寂寞。
4. 天天是金黄色的好太阳，微微的风，那些秧就同有人在那里拔似的长得非常快。
5. 花园里面是人间乐园，有的是吃不完的大米白面，穿不完的绫罗绸缎，花不完的金银财宝。（周而复《上海的早晨》）
6. 三月里刘熏宇来信，说互生病了，而且是没有希望的病，医生说只好等日子了。

四月底在《时事新报》上见到立达学校的通告，想不到这么快互生就殁了！（朱自清《哀互生》）

7. 对一些地方房地产投资增长过猛、高档房地产开发过多的现象，应引起高度警惕，避免盲目开发带来的风险和损失。
8. 60年代，日本在从发达国家大量引进尖端技术和技术诀窍的基础上，进行了大规模的经济扩张活动，使日本的经济在短短的20年间迅速赶上了世界先进水平。
9. 吃、穿、住、行、用等各方面的工业品，包括彩电、冰箱、洗衣机，都大幅度增长。
10. 在古代，中国先哲们就提出了"观国之光"的思想，倡导"读万卷书，行万里路"，游历名山大川，承天地之灵气，接山水之精华。
11. 在中国一提到孔子，上至白发苍苍的老人，下至天真幼稚的顽童，无人不知，无人不晓，人们为了纪念他，在许多地方都建有祭祀他的寺庙，天津也不例外。

语篇翻译

语篇翻译 1

过去十年中，世界资本市场完成了全球化的变革。在未来十年里，全球化将发生在整个经济的其他各个领域当中。具有国际性眼光成为企业管理的核心要素。缺乏这样的眼光，管理者就等于闭目塞听，在无知中经营，对周遭的情况和变化一无所知。

而到了下个世纪，劳动力构成将与本世纪发生很大的不同，一方面是由于经济的全球化，另一方面则是由于人口流动分布的发展。届时，大多数公司将会雇用更多的外国员工。你和老板极有可能就是不同国籍的。人口流动和社会风尚的变化意味着，女性和少数民族的社会地位不断提升，白人男子在劳动力群体中的比例将缩小。所有这些都逼迫管理者改变传统方式。

另外，过去人们认为批量生产和参与型管理模式无法保证产品和服务的质量。而提供优质产品和服务的需求在客观上要求具有更高教育素质和专门技术的劳动者。生产工人必须有能力做数据质控，有能力做即时盘存。管理者的管理方式，将很快从"不必思考，照我的话去做"的老一套转变为"自己思考，我不会教你怎么做"的新方式。

_____ 语篇翻译 2 _____

我若为王，我的姓名就会改作："万岁"，我的每一句话都成为："圣旨"。我的意欲，我的贪念，乃至每一个幻想，都可竭尽全体臣民的力量去实现，即使是无法实现的。我将没有任何过失，因为没有人敢说它是过失；我将没有任何罪行，因为没有人敢说它是罪行。没有人敢呵斥我，指责我，除非把我从王位上赶下来。但是赶下来，就是我不为王了。我将看见所有的人们在我面前低头，鞠躬，匍匐，连同我的尊长，我的师友，和从前曾在我面前昂头阔步耀武扬威的人们。我将看不见一个人的脸，所看见的只是他们的头顶或帽盔。或者所能够看见的脸都是谄媚的，乞求的，快乐的时候不敢笑，不快乐的时候不敢不笑，悲戚的时候不敢哭，不悲戚的时候不敢不哭的脸。我将听不见人们的真正的声音，所能听见的都是低微的，柔婉的，畏葸和娇痴的，唱小旦的声音："万岁，万岁！万万岁！"这是他们的全部语言。"有道明君！伟大的主上啊！"这就是那语言的全部内容。没有在我之上的人了，没有和我同等的人了，我甚至会感到单调，寂寞和孤独。（聂绀弩《我若为王》）

第九章 汉英翻译中句子信息的凸显与淡化

> 语言结构中信息的选择与安排是由信息突出的程度决定的。
>
> ——郭鸿

一、理 论 探 讨

句子信息的凸显（highlighting）是指在语言表达过程中，将句中的信息重点进行突出而将其置于句子主体最显著位置，从而指引着读者将注意力和焦点集中于所突出的最重要信息上的做法。当一个句子中的某一部分信息得到凸显之后，其余部分信息就相对而言淡化了。

就汉英翻译而言，由于汉语句子结构松散，叙述时往往先陈述情况后作出结论，句子中的语意重点较难把握，而英语句子结构严谨，语言形式本身就可彰显出所凸显的句中信息。比如在英语中，人们经常使用诸如 On this cycle all life depends 或 This responsibility we accept wholly, and willingly we could bear it alone 之类的句子。从传统的角度看，这两个句子可以被看作是部分倒装。第一句中，因介词短语 On this cycle 被置于句首而构成倒装；第二句中，因宾语 This responsibility 和状语 willingly 被前置而构成倒装。但如此解释无法揭示出两个句子如此组织安排所要传递的信息。如果我们运用信息的凸显与淡化来对上述语言现象进行解释就非常充分了。在上述第一句中，句子凸显的是 On this cycle 这一信息，由于这一信息得到凸显，句中其余部分的信息就被淡化了。同理，第二句中的 This responsibility 和 willingly 就得到了凸显，句子其余部分的信息就被淡化。

根据陈文伯（1999：75-80）的观点，句子信息的凸显与以下两个方面相关：

1. 与上下文相关

先看下面汉语句子的两种英译文：

原文：中国人民珍惜同各国人民的友谊与合作，也珍惜自己经过长期奋斗而得来的独立自主的权利。

译文一：The Chinese people cherishes its friendship and cooperation with other peoples, as well as their right to the independence they have won through protracted struggles.

译文二：While cherishing other peoples' friendship and cooperation, the Chinese people treasure their own right to independence won through protracted struggles.

本例中的译文一凸显了原文中第一个分句的信息，将第二个分句中的信息以 as well as their right to the independence they have won through protracted struggles 引出，从而淡化了第二部分信息。译文二则刚好相反，将原文中第一个分句的信息以 While cherishing other peoples' friendship and cooperation 译出，从而淡化了这部分信息，而将第二个分句的信息以主句 the Chinese people treasure their own right to independence won through protracted struggles 译出，凸显了这部分信息。那么，到底哪个译文恰当呢？我们不妨来看看原文。原文这一段的第一句是"我们的先人历来把独立自主视为立国之本。"接着在下文中多处强调中国人的独立自主的民族精神。本例汉语原文之前的一句是：在处理国际事务中，我们采取独立自主的立场和政策。由此不难看出，译文二凸显"也珍惜自己经过长期奋斗而得来的独立自主的权利"这一信息是佳译。

2. 与句子结构相关

汉语句子的强调部位比较有规律，通常是在主语和谓语部分。英语句子虽然多半情况也是如此，但有时主语和谓语只起形式作用，并不表示语意或者语意的作用非常小，表示语意的部分反而落在语法上次要的宾语和修饰语上（陈文伯，1999：76）。因此，汉英翻译时，作为译者，首先要确定句子应凸显的内容，然后将其译成语意重点（而不是语法重点）部位。当然，如果语法重点（主语和谓语动词）可以表意，句子所凸显的内容自然应置于这两个部位上。

原文：一个世纪以来，中国人民在前进道路上经历了三次历史性的巨大变化，产生了三位站在时代前列的伟大人物：孙中山、毛泽东、邓小平。（中共十五大《报告》）

第九章　汉英翻译中句子信息的凸显与淡化

译文一：The past century has witnessed the Chinese people undergoing three historic changes on their road of advancement and the birth of Sun Yat-sen, Mao Zedong and Deng Xiaoping, three great men who stood at the forefront of the times.

本英译文中充当主语的是语意不重要的 The past century，谓语动词 has witnessed 基本无意义，句子中本应凸显的信息被运用并列结构置于宾语的位置上，这就造成了重点信息没有凸显的后果。

译文二：On their forward march over the past century the Chinese people have undergone three historic changes, each with a great man—Sun Yat-sen, Mao Zedong or Deng Xiaoping—at the forefront of the times.

本英译文将两个重点分别译成了主次，凸显了 the Chinese people have undergone three historic changes 这一信息。

译文三：Three historic changes represented by three great men—Sun Yat-sen, Mao Zedong and Deng Xiaoping respectively—have taken place over the past century to stand for milestones of the Chinese people's onward march.

本英译文凸显了三次历史性变化，并将这一信息置于主语的位置上。

译文四：Three great men—Sun Yat-sen, Mao Zedong and Deng Xiaoping—have emerged at the forefront of the times marking three historic changes during the past century when the Chinese people went on their forward march.

本英译文则凸显了三位伟大人物，并将这一信息置于主语的位置上。

因此，在译文中对句子的某部分信息进行凸显是行文的需要、语篇的需要、强调的需要。作为译者，千万不可忽视凸显对语意传达的巨大作用。

二、译例举隅及翻译点评

【例1】

原　文：毛主席问陈妻："你们俩感情好不好？"陈妻答："好。"主席听了感到非常高兴。

译　文：Then Chairman Mao talked with Chen's wife. He was pleased to know that they had a happy home life.

【点评】在中国文化中，长辈或上司询问如年龄、婚姻、家庭等个人问题，是一种关心的表示。在西方，这类问题被认为属于个人隐私。因此，译者化直接为间接，化具体为模糊，淡化有可能同西方文化相冲突的涉及个人隐私的具体问题，既巧妙表达了原文的含义，又避免了可能产生的直译与译文读者的文化相冲突的不足。

【例2】

原　文：一年，两年，三年，你的望眼将穿，一年，两年，三年，我的归心似箭。

译　文：Year in year out you've been looking forward with eager expectation to my home-coming; year in year out I've been looking forward with great anxiety to returning home.（李定坤 译）

【点评】汉语原文中的"一年，两年，三年"并非表示具体的年数，而是表示概数，表示"年复一年"之意，既然表示概数，英译时就要将该概数予以淡化处理。这里，英译文在两处都使用了 year in year out 进行翻译，准确表达了原文的含义。类似的情况在汉英翻译中是很普遍的。再如：我国人民正沿着建设有中国特色的社会主义道路，**满怀信心，昂首阔步地迈向二十一世纪**。（At present the people of our country are **advancing confidently towards** the 21st century along the road to socialism with Chinese characteristics.）

【例3】

原　文：该国有一半金融机构陷于瘫痪，货币贬值率超过百分之百，外汇储备耗费殆尽；若没有国际援助，它很难从目前的危机中摆脱出来。

译文一：Half of the financial institutions of this country are paralyzed, its currency has been devalued by more than 100 percent, and its foreign reserves have been exhausted. Without international aid, it is unlikely for the country to pull itself out of the current crisis.（孙海晨 用例）

译文二：With half of its financial institutions paralyzed, its currency devalued by more than 100 percent, and its foreign reserves depleted, the country is unlikely to extricate itself from the current crisis without international aid.（孙海晨 用例）

【点评】对句子信息进行凸显与淡化，可借助句子的结构来达到目的。译文一这种行文方式将原文句子分号前面的部分译成三个并列分句，分别对金融机构（financial institutions）、货币（currency）和外汇储备（foreign reserves）进行陈述，淡化了句子的信息重心。译文二则将原文句子分号前面的部分译成了介词短语，主句中的主语以"国家"（the country）一词来充当，凸显了"国家"这一重要信息。在具体上下文中到底采用哪种翻译方式取决于原文所叙述的中心内容。如果原文所叙述的是某个国家所面临的各种困境，就可以选择译文一。如果原文所叙述的是某个国家的现状，则可以采用译文二。

【例4】

原　文：花园里面是人间天堂，有的是吃不了的**大米白面**，穿不完的**绫罗绸缎**，花不完的金银财宝。

译　文：The garden was a paradise on earth, with more **food and clothes** than could be consumed and more **money** than could be spent.

【点评】从语义角度看，汉语中有许多表示具体概念的词语往往只具有泛指意义或引申意义。翻译时用表示泛指意义的概括词语或表示引申意义的词语来表达。本例原文中使用了"大米白面""绫罗绸缎""金银财宝"等表示生活中非常具体概念的词语，由于它们非常对称，且读来抑扬顿挫，使得汉语行文颇具美感。另外，汉语非常注重意象，这三个排比结构均使用了非常具体的意象如"大米、白面、绫罗、绸缎、金银、财宝"来组词成句。从语言学的角度说，它们属于对义聚合体词语。对义聚合体词语是指由同一上位词的各个子项构成的词语。对义聚合体词语可由两项构成（如父母、兄弟等），也可由三项（如松竹梅、天地人等）、四项（如王侯将相、花鸟虫鱼等）或多项（如金木水火土、柴米油盐酱醋茶等）构成。对义聚合体词语要求结构整齐、音韵和谐。由于现代汉语中双音节

词，特别是双音节合成词占多数，而语素则多是单音节的，所以现代汉语可以形成众多的对义聚合体词语。有的对义聚合体词语在相应语境中表示分类对立的概念，因而其语义只是各子项语义之和，如"数理化"指的是数学、物理和化学。有的对义聚合体表示某种范围，即其语义特点是"系统大于单位之和"。例如，"红男绿女"从字面上看，只指穿着红衣服的男子和绿衣服的女子，实际上则指一切身着盛装的人们；另一方面也不限于语义重点所指的青年男女，还包括老人、小孩儿，范围扩大了许多。（曾剑平，2006：9）

对于对义聚合体词语，翻译时应首先弄清它们到底是表示分类对立的概念还是只表示某种范围。本例原文中使用的"大米白面""绫罗绸缎""金银财宝"表示的均是后者，因此，在将它们翻译成英文时，可以淡化成表示泛指意义的概括词，这样，"大米白面"就变成了food，"绫罗绸缎"就变成了clothes，"金银财宝"就变成了money。再如：爷们儿怪罪下来，大不了我一个人拉着家小逃之夭夭，可天津卫还有我的老宅院，还有我的姑姨叔舅，让人家受我连累，我对不起人。（林希《天津闲人》）（Should the locals take umbrage, I can just disappear together with my family. But I have an old house and some relatives in Tianjin. It would be unfair to implicate my **relatives**. I certainly don't want to get them into trouble.）（孙艺风 译，转引自曾剑平，2006：10，有改动）

【例5】

原　文：她咬着嘴唇望着跳动的火苗盘算着下一步该怎么办。

译文一：Gazing at the leaping tongues of flame, she was wondering what to do next with her lips bitten.

译文二：Wondering what to do next, she gazed at the leaping tongues of flame with her lips bitten.

译文三：She, wondering what to do next, bit her lips, gazing at the leaping tongues of flame.（周志培，2003：306）

【点评】原文是一个并行的三项连动，是同一时间的行为，前两个为"咬着嘴唇"

和"望着火苗",都是说明"盘算"的状态。这样的句子在英语中就很少能用三个并列式的谓语动词来翻译。通常的做法是,选取其中一个为凸显的信息以限定动词来翻译,其余两个使用分词、介词短语等进行翻译。译文一是以"盘算"为核心,译成 was wondering;"望着火苗"译成现在动词,表示伴随状况;"咬着嘴唇"用介词短语来翻译,亦表示伴随状况。译文二是以"望着火苗"为凸显的信息,译成限定动词。译文三是以"咬着嘴唇"为凸显的信息,译成限定动词。这三种译文从语法上讲都是正确的,译文一以"盘算"为凸显的信息最为合适,但也不排斥在一定语境中使用译文二和译文三。类似的例子再如:

原文:一只兔子飞也似的跑过来撞在树干上折断了脖子。

译文一:A rabbit dashed over, ran into a tree trunk and broke its neck.

译文二:A rabbit, dashing over, ran into a tree trunk and broke its neck.

译文三:Dashing over, a rabbit ran into a tree trunk, breaking its neck.(周志培,2003:306)

【例6】

原　文:中国是一个历史悠久、人口众多的国家,创造了灿烂的古代文明,对人类作出了重大贡献。

译文一:China is a country with a long history and a big population. She created a bright ancient civilization and made great contribution to human beings.

译文二:As a country with a long history and a big population, China has created a bright ancient civilization and made great contributions to mankind.

译文三:China is a populous country with a time-honored history. It is home of a splendid ancient civilization and a major contributor to human progress.(宋天锡等,2000:23)

译文四:A country with a long history and a huge population, China is the creator of a brilliant ancient civilization and a great contributor to human progress.(李明 译)

【点评】 句子信息的凸显与淡化还与句式的选择密切相关。选择了不同的句式，就会凸显某些信息而相应地淡化另外一些信息。译文一以两个独立的英文句子译出，以 China 作主语，凸显了原文所传达的所有信息，即"中国既是一个历史悠久、人口众多的国家，又创造了灿烂的古代文明，并对人类作出了贡献。"译文二以 As 引导的介词短语翻译"中国是一个历史悠久、人口众多的国家"，这样就淡化了该介词短语所传达的信息，而凸显了后面的"创造了灿烂的古代文明，对人类作出了重大贡献"这一信息。译文三凸显了中国是一个人口众多的大国、灿烂的古代文明的发祥地（home）以及人类进步的主要贡献者。由此可见，选择不同句式可以让译者凸显或淡化原文句子中的某些信息。

【例7】

原　文：在我们满怀豪情、信心百倍地回顾过去几十年所取得的辉煌成就时，也清醒地注意到我们离世界先进水平仍有很大差距。

译　文：Although quite pleased with what we have achieved in the last few decades, we are not blind to the fact that we are still a far cry from the world's advanced levels.（宋天锡等，2000：429）

【点评】 将汉语原文同英译文相对照不难发现，原文中的"满怀豪情、信心百倍地"在英译文中只以 quite pleased with 译出，"所取得的辉煌成就"只以 what we have achieved 译出，英译文对原文进行了"淡化"或"降调"处理。这样处理比较恰当，因为在汉语文化中，使用比较浮夸的手法来描述某些事件或对某些事情进行评述是常见现象，在将这类比较浮夸的字眼翻译成英文时，以"降调"或"淡化"的方式进行处理会使译文显得平实、可信。

【例8】

原　文：但事实上，在法律保护妇女、社会尊重妇女、男女平等的今天，男女不平等的现象依然或多或少地存在着。这是"男尊女卑"、女性依附男性的历史留下的"后遗症"。

译文一：Although in principle women are protected by law, respected in society, and enjoy equal rights with men, instances of gender inequality do exist. This is a legacy of our history where women were considered inferior or subordinate to men.

译文二：But in fact, instances of gender inequality do exist although it is claimed that women are protected by law, enjoy equal rights under the law, and are respected in the society. This is a legacy of our history where women were considered inferior or subordinate to men.

译文三：But although it seems women are protected by law, respected in society, and enjoy equal rights with men, instances of gender inequality do exist. This is a legacy of our history where women were considered inferior or subordinate to men.（李长栓，2004：380-381）

【点评】汉语习惯于将信息重心放在句子的末尾，如本例汉语原文中第一个句子的"男女不平等的现象依然或多或少地存在着"就是句末信息重心，但英语中往往将凸显的信息放在句首表达，尽管也有因修辞需要而采用句末信息重心的情况。从这一点上说，译文二最为符合原文所传达的意义。从英语惯于避免使用头重脚轻的句子结构来说，译文一和译文二也不能算作是非常流畅的英语句子。另外，译文一增加了 in principle，译文二增加了 it is claimed，译文三增加了 it seems，这些都是带有价值观念的表达，在翻译中增加这样的词语不足取，尽管原文中也许隐含了这样的意思。另外，译文中的 **are protected** by law, **respected** in society, and **enjoy** equal rights with men 等类似表达将谓语动词部分的语态表达得非常混乱，再就是用褒义词 legacy 来翻译贬义词"后遗症"是不恰当的。修改译文如下：

But in factuality, there still does exist gender inequality between men and women although presently, women are under the protection of the law, win respect from the society and enjoy equal rights with men. This results from the fact that women used to be considered inferior or subordinate to men in history.

【例9】

原　文：我刚刚打开书卷，正在绞尽脑汁撰写博士论文，我那小侄女却连蹦带跳地跑上楼来，冲进房间，一头钻到我的怀里。

译文一：I had opened my books and was racking my brain for ideas to be used in my dissertation, and my little niece bounced upstairs, rushed into my study and threw herself into my arms.（程永生，2005：137）

译文二：I had hardly opened my books with the greatest efforts to write my dissertation when my little niece bounced upstairs, burst into my study and threw herself into my arms.（李明 译）

【点评】汉语原文并没有特意凸显"刚刚打开书卷，正在绞尽脑汁撰写博士论文"这两个分句中的其中一个分句，但英译文则似乎不得不凸显一个分句而淡化另一个分句。因此，同时凸显原文的两个分句的译文一读起来语感就很差。译文二则只凸显"刚刚打开书卷"而淡化"正在绞尽脑汁撰写博士论文"，再运用英语中的 hardly... when... 这一结构，这样，英译文顷刻间就变得层次分明、通顺畅达了。

【例10】

原　文：我吃饭和休息尽可能简化，每天实际工作十四五个小时。

译　文：I was so fully occupied with my work (14-15 hours a day) that I could only afford such little time for meals and rest as to stay alive.（方梦之 用例）

【点评】对照汉语原文不难发现，英语在表达方面呈凸显的态势，而汉语则采用了淡化的表达方式。比如，汉语中的"简化"就很模糊、很虚，因而，如何处理这个淡化的表达方式就成为翻译该句的难点。英语中采用 could only afford such little time for ... as to stay alive 来翻译，恰到好处地将原文信息充分地呈现在读者眼前。凸显和淡化是每一种语言都具有的特征，只不过它们只有在经过翻译和对比译文语言后才显现出来。因此，可以说，翻译是检验一种语言是采用了凸显还是淡化的试金石。

三、翻译比较与欣赏

【例1】

原　　文：只有这样，才会明了发展问题既是发展中国家自己的责任，也是发达国家的责任。

译文一：Only thus will we recognize that the issue of development is the responsibility of developed countries as well as of developing countries.（韩忠华 用例，有改动）

译文二：Only thus will we recognize that it is the responsibility not just of the developing countries but also of the developed countries.（韩忠华 用例）

【例2】

原　　文：当时我刚满二十，年纪轻轻，心想多干一点跑跑颠颠的工作，倒也无妨。

译文一：At that time I was only twenty and was very young, so I thought that it didn't matter for me to be asked to fetch and carry.

译文二：I was only twenty then, but did that matter when I was asked to fetch and carry?（傅晓玲等，2004：50）

【例3】

原　　文：她往往一连几个钟头一动也不动地躺在那阴沉而神秘的呼啸着的松林之间，从挺直而高大的树干中间向外边看出去，看着由闪烁着的山峰和光秃的崖石组成的阳光灿烂的世界。

译文一：She would lie for hours and remained motionless in the dark, secret, echoing pine forests. She would look out between the straight, tall trunks into the sunlit outer world which was composed of flashing peaks and barren cliffs.

译文二：She would lie for hours motionless in the dark, secret echoing pine forests, looking out between the straight, tall trunks into the sunlit outer world of flashing peaks and barren cliffs.（傅晓玲等，2004：69）

四、翻译练习

句子翻译

1. 中国执行改革开放政策,争取在五十年到七十年内发展起来。
2. 只要你过来,鸡鸭鱼肉,绫罗绸缎,一辈子享受不完。
3. 商店利用名人效应做广告的做法的确有助于推销某种商品,但顾客在购买商品时考虑更多的是与商品直接有关的因素,如款式、做工、品牌等。
4. 中国是个大国,百分之八十的人口从事农业,但耕地只占土地面积的十分之一,其余为山脉、森林、城镇和其他用地。
5. 在许多国家还存在着不应有的贫穷落后的现象,因为这些国家的人民从整体来说还不知道用什么方法能摆脱贫困落后。
6. 这地方周围都是树丛,一股清澈的溪流从旁边流过。
7. 我们认为,国情的不同,正是相互了解、交往和借鉴的动力。
8. 渐渐乘凉的人散了,四周静了下来,雷声又隐隐地响着,青蛙像是吓得不敢多叫,风又吹起来,柳叶沙沙地响。
9. 祝英台幼年随着哥哥们上书房,读了些四书、五经、诗、词、歌、赋。
10. 不知是几分钟过后,我才发现这个房间是如此的白,棚顶是斜坡的棚顶,除了一张床,地下有一张桌子,一圈藤椅。(萧红《商市街》)
11. 南京市旅游资源丰富,人文历史悠久,旅游服务设施完善,基本上形成了吃、住、行、游、购、娱一条龙的旅游生产体系。

语篇翻译

语篇翻译 1

十月的上海,阳光明媚,秋高气爽,来自35个国家和地区的1 300余名比赛选手参加了在沪举行的本世纪最后一届世界中学生运动会。

第九章　汉英翻译中句子信息的凸显与淡化

世界各国青少年在沪逗留的时间虽然短暂，但上海的风貌和中国的传统文化仍然给他们留下了深刻的印象。无论是参观矗立于浦江之畔的东方明珠电视塔，还是游览静卧一隅的城隍庙，他们都能感受到传统与现代的美妙结合。博大精深的中国传统文化让这些外国朋友感受到的是神秘和新奇，这种认知来自短暂的接触，但从此之后，他们不会忘记，有这样一个民族，生活在世界的东方。（上海市高级口译资格证书笔试试题）

语篇翻译 2

我们过了江，进了车站。我买票，他忙着照看行李。行李太多了，得向脚夫行些小费，才可过去。他便又忙着和他们讲价钱。我那时真是聪明过分，总觉他说话不大漂亮，非自己插嘴不可。但他终于讲定了价钱；就送我上车。他给我拣定了靠车门的一张椅子；我将他给我做的紫毛大衣铺好座位。他嘱我路上小心，夜里警醒些，不要受凉。又嘱托茶房好好照应我。我心里暗笑他的迂；他们只认得钱，托他们直是白托！而且我这样大年纪的人，难道还不能料理自己么？唉，我现在想想，那时真是太聪明了！

我说道，"爸爸，你走吧。"他望车外看了看，说，"我买几个橘子去。你就在此地，不要走动。"我看那边月台的栅栏外有几个卖东西的等着顾客。走到那边月台，须穿过铁道，须跳下去又爬上去。父亲是一个胖子，走过去自然要费事些。我本来要去的，他不肯，只好让他去。我看见他戴着黑布小帽，穿着黑布大马褂，深青布棉袍，蹒跚地走到铁道边，慢慢探身下去，尚不大难。可是他穿过铁道，要爬上那边月台，就不容易了。他用两手攀着上面，两脚再向上缩；他肥胖的身子向左微倾，显出努力的样子。这时我看见他的背影，我的泪很快地流下来了。我赶紧拭干了泪，怕他看见，也怕别人看见。我再向外看时，他已抱了朱红的橘子望回走了。过铁道时，他先将橘子散放在地上，自己慢慢爬下，再抱起橘子走。到这边时，我赶紧去搀他。他和我走到车上，将橘子一股脑儿放在我的皮大衣上。于是扑扑衣上的泥土，心里很轻松似的，过一会说，"我走了；到那边来信！"我望着他走出去。他走了几步，回过头看见我，说，"进去吧，里边没人。"等他的背影混入来来往往的人里，再找不着了，我便进来坐下，我的眼泪又来了。（朱自清《背影》）

第十章 汉英翻译中译文的衔接和连贯

> 一篇译文的功能不是取代原文，而只是替代原文。[4]
>
> ——无名氏

一、理论探讨

衔接和连贯是篇章语言学（text linguistics）中的两个重要术语，它们是语篇之所以成为语篇的两个关键性因素。换言之，只有在语义上连贯且在衔接方面符合逻辑的一组语句才能传达内涵完整的信息，才能构成真正意义上的语篇。

那么，什么是衔接？衔接（cohesion）是一个语义概念，它是指"语篇内的意义所具有的各种关系，它规约了语篇的本质所在"。句子与句子之间、句子与段落之间、段落与段落之间，正是因为有了衔接，才合乎逻辑地结合在一起，构成一个完整或相对完整的语义单位，即语篇。

根据韩礼德和哈桑（Halliday & Hasan, 1976）的研究，英语语篇的衔接手段主要有照应（reference）、替代（substitute）、省略（ellipsis）、连词（conjunction）和词汇衔接（lexical cohesion）等五种。相比之下，汉语则体现为更多地使用省略、词汇衔接和指代等三种衔接手段。如：

雨是最寻常的，（它）一下就是三两天。（不过）（你）可别恼，（往外）看，（雨）像细丝，（它）（那么）密密地斜织着，（使）屋顶上全笼罩着一片烟雾。（朱自清《春》）

---

4 英文原文为：Not to be something instead of the original, but to be something in place of it, is the function of a translation.

从上面一段文字可以看出,汉语中连词使用较少,如果将上面一段文字中的省略成分补充出来,"不过"和"那么"是连词;"它""你"是代词,属于照应;"往外""雨"以及"使"均是词汇衔接,但这些置于括号中的成分全部可以省略,可见,省略是汉语中非常重要的衔接手段之一。

关于英语中的衔接手段,先看下面这段文字:

After ending his seafaring career, Melville's concern over his sporadic education inspired him to read voraciously. In 1847, he married Elizabeth Shaw and moved first to New York and then the Berkshires. There he lived near the reclusive writer Hawthorne, who was to become a close friend and confidant. Intoxicated by metaphysics, Melville penned *Mardi and a Voyage Thither*, a philosophical allegory. The book failed, and though ( ) discouraged, Melville dashed off Redburn, a comedy.

从以上这段文字不难看出,英语中使用的手段有:1)词汇衔接,如After等;2)照应,如his、his、him、he、then、here、he、who等;3)连词,如and、and、though等;4)替代,如The book;5)省略,如( ) discouraged中括号内所省略的成分等。

可见,不管是汉语还是英语,衔接在构筑语篇方面都起着非常重要的作用;衔接主要是通过词汇或语法手段等显性形式使得语篇内各句子之间获得形式上的联系,它是一种语篇现象,是指发话者所使用的能够标识语篇的经验连贯和人际连贯(the experiential and interpersonal coherence of the text)的语言手段(Thompson, 2000)。但衔接只是产生语篇的必要的却不是充分的条件,产生语篇的必要的、充分的条件是连贯。

什么是连贯?连贯是词语、小句、句群等在概念上、逻辑上合理而恰当地联结在一起,从而使得语篇具有文本性(textuality)。我们也可以将连贯定义为信息接收者根据语境信息和背景知识,通过逻辑推理和判断来掌握信息发出者交际意图的无形线索。任何具有连贯性的语篇,均有一个内在的逻辑结构从头到尾贯穿语篇的始终。连贯性将语篇中的所有概念有机地串结在一起,从而达到时空顺序明晰、逻辑推进层次分明的效果,有力地保证了交际取得成功。

但众所周知,具有衔接的"语篇"不一定就意味着具有连贯性。例如,下面这段文字尽管具有充分的衔接,但却不是语篇,因为它不具有连贯性:

I bought a Ford. A car in which P. Wilson rode down the Champs Elysees was black. Black English has been widely discussed. The discussion between the presidents ended last week. A week has seven days. Everyday I feed my cat. Cats have four legs. The cat is on the mat. Mat has three letters.

而下面这个对话尽管没有衔接，但却是连贯的，因而是一个完整的语篇：

A: That's the telephone.

B: I'm in the bath.

A: OK.

在将一种语言翻译成另一种语言时，由于信息的发出者（源语语篇的作者）和信息的接收者（目的语语篇的读者）所使用的是具有不同行文方式的语言以及具有不同逻辑推进层次（即语篇结构）的语篇，这就要求译者既需遵循源语语篇作者的意图以及源语语篇中的逻辑推进层次来建构目的语语篇，同时还需根据目的语语篇中惯常的逻辑推进层次来行文。这是译文在衔接和连贯两方面得到根本保证的前提。

就英语和汉语而言，英语各语句之间主要采取形合的手段过渡，尤其是那些比较正式的文体，句子之间或句群之间往往使用过渡词语如连词等来衔接。而汉语各语句之间主要采用意合的手段过渡，句子之间或句群之间使用表示逻辑关系的过渡词语的情况很少。因此，在汉译英时，应根据汉语句子之间的逻辑关系，在英译文中适当增加一些衔接成分过渡。比如：

自从在海边第一次看见这个美丽的少女，<u>他</u>就像着了迷似的爱上了她。<u>他</u>是一个小心谨慎、处事稳健的人，<u>他</u>知道过早地表露是一种危险。因此，<u>他</u>一直按捺着自己的感情，只是根据道静的情形适可而止地谈着各种使她中意的话。（杨沫《青春之歌》）

英译文：<u>He</u> had fallen in love with this beautiful girl when <u>he</u> met her at the seaside. **However**, <u>he</u> was **such** a sophisticated and cautious man **that** <u>he</u> knew that revealing his love too eagerly might spoil their friendship, so <u>he</u> had held back his feelings and talked only of subjects likely to please Tao-ching.

源语语篇中，无论是句子内部还是句子之间，基本上没有使用什么衔接手段，而是主要采用了意合的手法过渡，表示过渡关系的词语只有"因此"一个。而英译文则无论是在句子内部还是在句子之间,都使用了较多的关联成分,如 however、such、that、so 等,这些关联词语将原文的时间、转折、递进、因果关系等都很好地体现了出来。

源语语篇叙述的是"他"的所思所想,这一主线构成了语篇的连贯和逻辑结构,从而使得该段文字成为一个合乎逻辑的语篇。英译文也以对应的方式行文,使得目的语语篇具有连贯性。

因此,翻译犹如写作,必须注意语篇的衔接与连贯。

二、译例举隅及翻译点评

【例1】

原　文：山谷顶端,残留着一座道教建筑,名叫"黄龙古寺"。寺前有一溶洞,深邃莫测。寺后有一石碑,除碑檐外,几乎被碳酸钙沉积淹没,碑文已不可辨认。

译文一：On the hill top stands the Yellow Dragon Monastery, a Taoist retreat built in the Ming Dynasty (1368-1644). A karst cave lies before it, and a stone tablet was erected behind. All but the top of the tablet has been eroded by calcium carbonate, and the inscriptions have become unreadable.

译文二：On top of the hill stands the Yellow Dragon Monastery, a Ming Dynasty (1368-1644) structure for a Taoist retreat. In front of the monastery is a karst cave of infinite depth, and behind it stands a stone tablet, all but the top having been eroded by calcium carbonate and the inscriptions on the tablet hardly distinguishable.

【点评】汉英翻译中,弄清原文脉络,保证行文连贯是保证英译文通达、顺畅的前提条件。为了使英译文通达顺畅,翻译时常常需要改变句式,或前后颠倒,或更换主语。但在调整句子语序和表达结构时,不要忽略上下文的语义联系;在表达时需注意译文行文的衔接和连贯,务必保证逻辑清楚、层次分明、前后一致、文气贯通。

原文通过"山谷顶端"→"古寺""寺前"→"溶洞""寺后"→"石碑"→"碑檐""碑文"等一系列的"主题—说明"结构,将古寺的方位及其周围的事物交代得一清二楚,空间关系十分明确。译文一虽然把原文的每一事物均作了详细交代,但由于断句不当且频频更换主语,使得译文空间关系比较凌乱。因此,在翻译时,译文的表达不仅要注意句子内部成分的意义是否忠实无误,还要特别重视各成分之间的语义关系是否也正确无误,只有这样才能够取得较好的连贯性。而要做好这一点就要依靠词序安排及对句子主语的选择等。译文二则不仅较好地传达了原文的意义和主旨,也再现了原文的风格,由此可见译文的衔接和连贯对语篇的重要性。

【例2】

原　文:正在热闹哄哄的时节,只见那后台里,又出来一位姑娘,年纪约十八九岁,装束与前一个毫无分别,瓜子脸儿,白净面皮,相貌不过中人之姿,只觉得秀而不媚,清而不寒。(刘鹗《老残游记》)

译　文:Amidst the feverish bustling, there appeared on the stage a girl about eighteen or nineteen years old, dressed up just like the former. Her face was shaped like melon-seed. Her beauty was above the average woman—charming but not coquettish, with a clarity of complexion but not coldness.

【点评】汉语句子为语义型或意合型,英语句子为语法型或形合型。换言之,汉语句子的根据在语义,英语句子的根据在语法。语义型句子重内在的逻辑关系,语法型句子重外在的形式连接,因此,在英语句子中,连接词(connective word)的使用远远多于汉语,其作用在于构成语篇的衔接。另外,属于语法型句子的英语必须具备一致关系的"主—谓"结构。只有具备了这种主谓结构的句子,才给人一种语法的完整感。否则,即便表达了明确的意思,也不能算作句子,不能加句点。属于语义型或意合型的汉语句子则多采用流水句,其句内的内在逻辑关系由读者自己"悟"出来。这里的汉语原文是一个流水句,英语译文则使用三个句子分别译出。

第十章 汉英翻译中译文的衔接和连贯

【例3】

原　文：世界经济联系日益紧密，商业往来日益频繁，**这**主要归因于现代通讯系统和运输系统的飞速发展使经济一体化成为可能。

译　文：The increasingly close contact of the world economy and frequent exchange of business activities are mainly attributable to the rapid development of modern communication and transport systems, which have made the integration of the world economy possible.

【点评】"这"在语篇的衔接和连贯方面起着很重要的作用，对它的翻译一定要考虑上下文及其所指。原文中，"这"是指前面所提到的"世界经济联系日益紧密，商业往来日益频繁"这两种情况，英译文将这两种情况以名词短语的形式译出：The increasingly close contact of the world economy and frequent exchange of business activites，它们本身就替代了"这"，因此在翻译时，"这"就不必译出。省略（omission）也是语篇中非常重要的衔接方式之一。

【例4】

原　文：教室太吵，宿舍太闷，校园里的树林中，小河边，假山旁，芳草上全是同学知己，一个个手捧书本，口中念念有词。

译　文：**As** the classroom was too noisy **and** the dorm too stuffy, I went outdoors, **only to** find my fellow students everywhere——in the woods, by the brooks, beside the rockery, **and** on the lawn, all with books in their hand **and** reading the texts aloud.（蔡基刚 用例）

【点评】汉语可以一句接着一句、不使用任何连词地进行铺陈，但英语则需要通过增加连词来行文。这里的英译文之所以通顺流畅，是因为英译文中根据衔接和连贯的需要使用了合适的连词。与此同时，英译文中的 I went outdoors 在汉语原文中只是隐含信息，而在英译文中却非常恰当地将该信息凸显出来，以便将"教室太吵，宿舍太闷"同后面的"校园里的树林中，小河边，假山旁……"关联起来，使之具有连贯性。这充分体现了汉语重意合，英语重形合的语言特点。

【例5】

原　　文：对于这种现象，在过去很长的时间里，连科学家们都感到惊奇，人们把它称为"魔镜"。今天我们已经可仿制出售（　　），作为旅游纪念品，很受外国游客的欢迎。

译　　文：For a long time in the past, even scientists were so puzzled at the phenomenon that it was called a "magic mirror". Today, reproductions of **this mirror** are being made and sold as souvenirs and they appeal very much to foreign tourists.（方梦之、毛忠明，2005：118）

【点评】汉语原文中有两个句子。第二个句子同第一个句子之间在语意上的衔接靠的是"仿制出售"这个短语之后宾语的省略。汉语中，衔接不仅可以靠主语的省略来进行，也可以靠省略宾语来进行。比如朱自清的《荷塘月色》开头是这样写的："这几天心里颇不宁静，今晚（我）在院子里坐着乘凉，（我）忽然想起日日走过的荷塘，在这满月的光里，（荷塘）总该另有一番样子吧。"这里是通过省略主语取得行文的衔接的（见括号中补出的词语）。汉语中省略宾语的情况也比比皆是，如：那件衣服色彩很好，我很喜欢（它）。但在将这类省略主语或宾语的句子翻译成英语的时候，往往需要补充出所省略的主语或宾语才能使句意变得清楚，所补充出来的成分在英语当中变成了显性成分，并成为句与句或者分句与分句之间连接的纽带。本例中his mirror 的补充就取得了这种效果。

【例6】

原　　文：一面想，一面又恨认不得这个是谁。再留神细看，只见这女孩子眉蹙春山，眼颦秋水，面薄腰纤，袅袅婷婷，大有林黛玉之态。（曹雪芹《红楼梦》）

译文一：**With** these reflections, he felt put out at not being able to identify the girl **and** he studied her more closely. **With** her finely arched eyebrows **and** limpid eyes, her delicate features, slender waist **and** graceful movements, she bore a striking resemblance to Daiyu.（杨宪益、戴乃迭 译）

译文二：His efforts to identify the girl made him study her more closely. **It was curious that** he should have thought her an imitator of Dai-yu, **for** she had much of Dai-yu's ethereal grace in her looks: the same delicate face **and** frail, slender body.（David Hawkes 译）

译文三：**While** thinking along these lines, he became sorry **that** he could not tell **who** this young girl was. He looked more closely **and**, to his surprise, the girl had a natural frown **that** knitted her brows **and** saddened her eyes, **with** a delicate skin and a pretty waist, carrying herself in a graceful poise.（刘士聪 译）

【点评】这里的汉语原文中,除"一面……一面……"属于连接词,起衔接作用之外,其余各处均无连接词。相比之下,三种译文则不可避免地使用了英语中的连接词,包括并列连词、从属连词、介词、关系代词等。此外,英语中的形容词性的人称代词也起衔接作用,比如,汉语原文"这女孩子眉蹙春山,眼颦秋水,面薄腰纤,裊裊婷婷"这一部分中一个人称代词也没有使用,但其英译文之一是 With **her** finely arched eyebrows and limpid eyes, **her** delicate features, slender waist and graceful movements,有两处使用了形容词性的人称代词 her,起衔接作用。由此可见汉英翻译过程中衔接的重要性。

【例7】

原　文：一定的文化（当作观念形态的文化）是一定社会政治和经济的反映,又给予一定社会的政治和经济以巨大的作用和影响。

译　文：Any given culture (as an ideological form) is a reflection of the politics and economics of a given society, and the former at the same time exerts a tremendous effect and influence upon the latter.（宋天锡等,2000：64,有改动）

【点评】衔接词除具有连接上下文的作用和体现句子内部各分句之间以及句子与句子之间的逻辑关系的作用之外,还具有简化行文的作用。本例的汉语原文为两个分句,共一个主语,即"一定的文化",同时还陈述了该主语同另一个因素即"一定的社会政治和经济"的关系。尽管原文的第二个

分句之前没有出现主语，但意思清楚明了。但在将该句翻译成英文时，第二个分句之前省略主语会造成意义表达不清楚，而重复该主语又会使行文啰嗦。在英文中，如果句子涉及前后两个因素，当第二次指代它们时，可以使用the former... the latter的结构。该结构一方面起衔接作用，另一方面又可以使英文行文简洁明了。

【例8】

原　文：我常常说，我不佩服那些在艰苦的条件下还能保持奋斗的人。苦难当然能逼迫人去奋斗，这是一种强大的动力。而有些人在优裕的生活中能不去玩乐，不去享受，而能够苦苦地写作，在我觉得他们的毅力简直不可思议。

译　文：I often say I have no admiration for those **who** exert themselves in difficult circumstances, **but** I admire those **who** continue to work hard **after** they have become well off. Adversity drives people to work hard, **for** it is a great motive force in itself. Those **who** live in comfort choose not to enjoy themselves **but** rather to labor over creating writing—to me their resolve is almost incomprehensible.（孙少山，1999：64-65）

【点评】通过对比这里的汉语原文和英译文不难发现，汉语原文只使用了两次"而"这个连接词，就使逻辑关系一目了然。但英译文却使用了诸多连词，这些连词要么是因英语的句法需要而使用，如引导几个定语从句而使用的who，要么是因逻辑需要而使用，如为体现各分句之间关系而使用的but、for、but。因此，汉英翻译时，一定要认真揣摩汉语原文中各分句之间的句法关系和逻辑关系，在英译文中根据需要补上因英语的句法关系和逻辑关系而需要使用的连词，从而保证译文的衔接和连贯。

【例9】

原　文：一定要争辩说你的办法胜我的一筹是没有意义的，因为解决一个问题，办法是多种多样的，孰优孰劣，只有用实践来检验，现在就下结论未免有些武断。

译文一：It is meaningless to argue that your methods are superior to mine, because there are many possible solutions to one problem. The superiority of one solution to another awaits verification. It would be arbitrary to draw a conclusion at this moment.

译文二：The meaninglessness of the argument about the superiority of your approach to mine lies in the possibility of different solutions to one problem and in the testability of the superiority of one solution to another, not in the arbitrary conclusion at such an early stage.

译文三：The argument about the superiority of your approach over mine without any proof is meaningless and arbitrary since there does exist the possibility of different solutions to a single problem.

译文四：The meaninglessness of the argument about and the early conclusion of the superiority of your approach to mine lies in the possibility of different solutions to one problem and the subjugation of the superiority to test.（程永生，2005：138-139）

【点评】汉语是以意合为主要特征的语言，句与句之间的衔接既可通过使用诸如"因为""所以"之类的连词，也可借助汉语的意合特点而不使用连词。英语是以形合为主要特征的语言，句与句之间的衔接既可通过使用连词的方式进行，又可通过使用名词化现象以意合的方式再现句子各成分之间的内在关系。英语中的名词化是指将动词或形容词转换成名词的现象，如将 argue 和 conclude 分别转换成 argument 和 conclusion，将 meaningless 和 possible 分别转换成 meaningfulness 和 possibility 等。上面的译文中，译文一通过使用诸如 because 等连词以及替代（如使用 superiority 替代 superior）等形合方式来衔接不同层次的信息，译文二至译文四则通过使用名词化的意合方式将汉语原文中包含几个信息层次的长句用一个英文句子再现了出来。因此，可以说，在英语中，运用名词化的方式也能够取得意合的效果。

【例 10】

原　文：(1) 自从在海边第一次看见这个美丽的少女，(2) 他就像着了迷似地爱上了她。(3) 他是个小心谨慎，处世稳健的人，(4) 他知道过早地表露是一种危险，(5) 因此，他一直按捺着自己的感情，(6) 只是根据道静的情形适可而止地谈着各种使她中意的话。

译　文：(1) He had fallen in love with this beautiful girl when he met her at the seaside. (2) However, he was such a sophisticated and cautious man that he knew that revealing his love too eagerly might spoil their friendship, (3) so he had held back his feelings and talked only of subjects likely to please Tao-ching.

【点评】 英语句子之间常采用形合法过渡，尤其是那些比较正式的文章中，句子之间或句群之间往往使用一些过渡词汇来衔接。而汉语中的语句采用意合法过渡，表示逻辑关系的过渡词汇用得少，因此汉译英时，应该根据汉语句子之间的逻辑关系，适当增加一些关联成分。从本例汉语原文不难看出，(1) 是 (2) 的时间状语，而 (3) 同前面相比是一种转折关系，(4) 是 (5) 的递进，又表示 (5) 的原因。这些关系在译文中通过使用衔接手段均很好地体现了出来。再如：

原文：我常见许多青年的朋友，聪明用功，成绩优异，而语文程度不足以达意，甚至写一封信亦难得通顺，问其故则曰其兴趣不在语文方面。

译文一：I have come across a great many bright diligent young friends who have done exceedingly well in their studies, but are rather weak in Chinese. They cannot even write a letter in correct Chinese. When I asked them why, they said they were not interested in the Chinese language.（张培基 译）

译文二：I know many young friends who are both smart and diligent with outstanding academic performance in school. Their Chinese, however, is hardly ever satisfactory and they even cannot write a letter in smooth Chinese. When asked why that happens, they say that their interest does not reside in Chinese.（李明 译）

选择主语时，要注意前言后语的衔接和连贯。如：

原文：这个女孩十分紧张，当那个男人吻她时，她不知道如何办才好，她又激动又害怕。

译文一：The nervous girl didn't know how to do with herself when the man kissed her; she was so excited and fearful.

译文二：The girl was very nervous and when she was kissed by the man, she was at a loss what to do, feeling both excited and frightened.（李明 译）

三、翻译比较与欣赏

【例1】

原　文：对科学而言，验证不仅在方法论上是十分必要的，而且，如果仅仅将验证视为方法论上的程序，那么，科学的结论就可能成为一种因人而异的权宜之计。

译文一：For science, verification is not only methodologically necessary, but, if it is only regarded as a methodological procedure, a scientific conclusion may become an expediency, which will change because of different scientists.

译文二：Verification is not simply a methodological necessity for science. If it were, a scientific conclusion might have become an expediency, which changes from scientist to scientist who chooses it.（傅晓玲等，2004：51）

【例2】

原　文：我们力求使这本刊物充满着浪漫的人文精神、深邃的哲学思想和妙趣横生的智慧，同时我们也希望它高而不孤、博而不杂、温柔敦厚、真率可喜，在你我之间联结温馨的友情。

译文一：In trying to fill the journal with romantic humanism, profound philosophical thought and sparkling wit, we hope that it will be your refined—yet not aloof, erudite—yet not confusing, tender, honest, frank and pleasant friend.（贾文波，2004：32）

译文二：By striving to make the journal filled with romantic humanism, profound philosophical thought and sparkling wits, we hope that it will serve as a link of our friendship which is lofty but not aloof, profound but not diversified, tender and honest, and sincere and heartening.（李明 译）

【例3】

原　文：骨折，打了石膏夹板，坐不了车子，只好在村里养着，我去看他，聊天儿，把别的知青偷的鸡送他吃——老知青经常偷老乡的鸡，打老乡的狗，做好了送一些给我。（张辛欣《北京人》）

译文一：The bone was broken and he had it in plaster, therefore, he couldn't even take the bus, he just had to sit in the village waiting for it to get better. I used to go to see him for a chat. Sometimes I would take him some chicken or some dog meat which they stole from the peasants and cooked for themselves.（周志培，2003：177）

译文二：As he had a bone fracture and was in a plaster, he couldn't take the bus and had to stay in the village for recovery. I went to see him and to chat with him. Sometimes I brought him some chicken which was stolen by some other educated youths from the farmers—they also stole dogs from the farmers and gave me some when they were cooked.（李明 译）

四、翻 译 练 习

句子翻译

1. 不少经济学家认为，像中国香港、新加坡这样土地稀少的地区，其经济的快速发展应该主要归功于教育程度的提高。在此基础上，经济学家们得出了结论：知识是这些国家或地区经济发展的重要因素。

2. 他们正在为实现一个理想而努力，这个理想是每个中国人所珍爱的，在过去，许多中国人曾为了这个理想而牺牲了自己的生命。

3. 五岳归来不看山，黄山归来不看岳。

4. 在新的一年到来的时候，每个国家、每个民族都按照自己的风俗习惯，举行各种热烈而隆重的送旧迎新的活动。

5. 不论童年生活是快乐还是悲哀，人们总觉得都是生命中最深刻的一段；有许多印象，许多习惯，深深地刻画在他的人格及气质上，而影响他的一生。

6. 高层建筑虽然被看成是城市化的不可避免的结果，也看成是现代文明的象征，但已引起了社会上的关注，因为它们带来一系列的环境方面和交通方面的问题，也带来受地震或火灾毁坏的潜在危险。

7. 因为旅游是一项集观光、娱乐、健身为一体的愉快而美好的活动，所以旅游的人数在逐年增多，旅游的经济地位也在显著提高，旅游活动已日益成为人们进行文化交流、增加了解、扩大交往的重要渠道，对人们的生活和社会进步产生了越来越广泛的影响。

8. 幽默本身是轻松的，获得幽默却需要繁重的劳动；幽默本身是愉快的，具有幽默的素养却需要艰苦的努力。

9. 学院致力培养新一代的跨媒体专才，他们不但掌握各种数码媒体的技术，同时也善于利用各种媒体去表达创意与构思。

10. 她很妒忌双胞胎的妹妹，既比自己聪明漂亮，又得父母老师的疼爱。

11. 汽车拐进草坪，离车库还有三四米，车库门就像认识主人似的自动掀启。（萧干《枣核》）

语篇翻译

语篇翻译 1

那是一个周日的下午，我和我的同伴登上了一辆有轨电车，我们此行没有预定的目标，只想边坐边看，哪儿有意思就从哪儿下车，一位衣着华丽的老太太向我们走来，极为热情地向我们介绍着什么，我的同伴懂英语，便和老太太聊起天来，老太太说一

眼看去就知道我们是中国人。她要告诉我们一个非常有趣的游览点，坐这趟车就能到，每个到维也纳的人都应该去那儿才不枉此行。我们被她说得心动了，赶紧拿出随身携带的地图请老太太指点，可惜老人看不懂地图，只是不停地做着各种手势给我们比划那个地方的方位。我们俩似懂非懂只能一个劲儿地点头，直到把老太太送下车。我们继续坐车前行，突然，眼前掠过一个奇特的拱门，飞禽走兽上面都有，我赶紧拉着伙伴下车，入门一看，一派皇家风范，果真是个绝妙的去处，这就是维也纳市中心最著名的皇宫——白乐官，我们来得全不费功夫。正当我们兴致勃勃地游览白乐官时，我们又和车上这位老太太邂逅了，此时她的身边又多了一位老太太。只见她像遇见老熟人似的向我们迎过来，热情地和我们握手。她说她要带我们来的就是这个白乐官，因为这儿的雕塑举世闻名，这儿的环境高洁雅致。她介绍说和她结伴的这位老太太是她的亲侄女，每个周日的下午他们都要相约来白乐官散步。这个习惯已经持续好多年了。我又和另一位同样已是老太太的侄女握手，我发现此时对方竟然有一种羞怯的表情，就好像真的被长辈介绍给外人的小辈一样。我不禁又为之心动了一下。一个已入晚境的人居然还会有一种少女情味，这真是一件很美丽的事。

=== 语篇翻译 2 ===

　　现代社会已经接受了这样一个观点，即：政府必须在经济中发挥更大的作用，必须追求诸如收入再分配和收入维持之类的目标。时光不可能倒流，事实上，它也不应该倒流。对于大多数公民而言，现在的世界比起一个世纪以前肯定是一个更好客的地方。然而，我们认为，一个比今天通常的公共支出水平低得多的公共支出水平就足以实现大多数重要的社会效益和经济效益了。也许，为了实现大多数政府有理由进行干预的重要的社会目标和经济目标，公共支出水平并不需要比，比方说，GDP 的 30% 高出多少。要达到这一支出水平，就需要政府进行激进的改革，需要一个运作良好的私人市场以及高效的管理职能。

第十一章 汉语被动意义句的翻译

好的翻译读起来根本就不像翻译。

——Eugene Nida

一、理 论 探 讨

汉语中，主动和被动的句法界定非常模糊，像英语中那样有标记性的句法被动句相对较少使用。原因之一是汉语属主题显著的语言，多使用"主题—述题"结构，将句中宾语部分提前作为说话的主题来交代，因而多在动词上暗示被动语气。原因之二与中国人主体思维习惯有关。汉语文化主张"天人合一"，强调"悟性"，重视"事在人为"和个人感受。故在语言使用上，多采用主动语态、人称表达法、无主句、主语省略句及无标记性被动意义句。原因之三是汉语无曲折的动词形态变化体系，其语态范畴更多地使用词汇手段来表示，如"被""受""由""挨""遭""奉""叫""让""给""加以""予以""为……所""被……所""是……的""系……的""在……中"等。

因此，汉语中多出现"被动意义句"，之所以叫做"被动意义句"，主要是从句子的意义层面来考虑的，因为汉语中有很多句子在形式上是主动句，但在意义上却是被动的，或者说，在英语中却必须用被动句式才能表达其意义。

汉语的被动意义句，从结构上讲，大体可分为两类：一类是有标记性（marked）被动意义句；另一类则是无标记性被动意义句。

在平时所使用的语言中，较为多见的是无标记性被动意义句。无标记性被动意义句是指汉语中的那些由"受事主语 + 谓语"构成的句子，其形式是主动的，但意义却是被动的。在将这类句子译成英语时必须使用英语中的句法被动句，即由"助动词 be + 动词的过去分词"构成的句子。例如：1) 碗打破了。The bowl is broken.

2) 那项工作已经完成了。The task has already been finished.

无标记性被动意义句还包括以下几类：

一是以泛指人称代词如"人们""有人""大家"等充当主语的汉语句子。这类句子所强调的成分实际上是受事者而非泛指人称代词。在将这类句子译成英语时，需采用被动句式。如：在记者招待会上，人们问了他许多问题。(He was asked a lot of questions at the press conference.)

二是含有"据"字的惯用句式，如"据说、据传、据悉、据查、据报导、据推测、据了解"等。在将这类句子译成英语时，需要译成以 it 充当形式主语的被动句。如：据了解，该地区有丰富的自然资源。(It is known that there are plenty of natural resources in that area. — That area is known to be rich in natural resources.)

第三，汉语中有很多不含主语的动宾结构句式，这类句子也可归为无标记性被动意义句，因为它们的施事主语是省略了的或者是隐含的，英译时把宾语译成主语，动词用被动形式。如：已经达成了一项协议。(An agreement has been reached.)

第四，汉语以"时间"和"地点"作主语，谓语为及物动词的句子在英译时也可翻译成被动句。此时往往需要将"地点"和"时间"译成状语置于句末。如：1) 明年将出版更多的书籍。A greater number of new books will be published next year. 2) 河上又架起了一座桥。Another bridge has been built across the river.

有标记性被动意义句是指句子中含有词汇标记的句子，如"被""受""由""挨""遭""奉""叫""让""给""加以""予以""为……所""被……所""是……的""系……的""在……中"等。由于英语中使用被动句的程度同汉语相比非常之高，而且其被动句均是在句法上体现出来，因此，在将汉语中的有标记性被动意义句翻译成英语时，需要投英语之所好而将其翻译成英美人喜欢使用的句法被动句。

汉英翻译时之所以需要使用句法被动句，是因为在英语中需基于以下一种或多种考虑：

1. 强调被动的动作，如：这个问题必须在适当的时候以适当的方式予以处理。(The problem must be dealt with by appropriate means at an appropriate time.)

2. 突出动作承受者（人或事物）的重要性，如：一群人把他围住了，向他提出一个又一个的问题。(Very soon he was surrounded by a crowd and was snowed under with questions.)

3. 不知道或无须说出动作的执行者,如:这座桥将在今年年底建成。(The construction of the bridge will be completed by the end of this year.)

4. 便于上下文的连贯与衔接,如:他出现在台上,观众给予热烈鼓掌。(He appeared on the stage and was warmly applauded by the audience.)

5. 为了使措词得当,语气婉转,如:请全系老师于星期三下午二时在会议室集合,听报告。(All teachers of the Department are requested to meet in the conference room at 2:00 p.m. on Wednesday to hear a speech.)

英语中使用被动意义句的理据可资我们在汉译英时借鉴。但与此同时,由于汉英两种语言的差异,在汉英翻译过程中之所以使用被动句,还考虑到:

6. 汉语的话题句便于向英语的主谓句转换,如:这笔钱,在收据没有签字之前你们绝对不能付。(The money absolutely must not be paid before the receipt has been signed.)

7. 汉语的无主句便于向英语的主谓句转换,如:然而,找不到任何迹象表明这些结构之间所存在的关系。(Nowhere, however, are any indications found of those relationships holding between the constructions.)

二、译例举隅及翻译点评

【例1】

原　文:此次国画展览向我们展示了这种被很多人视为基本固定的艺术形式能够包容丰富多变的风格。

译文一:As indicated by the exhibition of traditional Chinese painting, a variety of styles can be contained in an artistic form **regarded by** many as basically fixed.

译文二：The exhibition of traditional Chinese painting displays the enormous diversity of styles possible within what is widely **regarded** as a basically rigid form of art.

【点评】 汉语中较少使用被动语态，尽管汉语中有比英语中多得多的表达方式可以被看作是被动句的形式标志，如"被""叫""受""让""给""由""把""遭""挨""予以""为……所""是……的"等。而汉语中的这些表达方式不是在任何情况下都可以通用的，汉语中使用被动语态时，往往表示受动的对象（即主语）遭受了某种不快或不幸。同英语相比，汉语中被动语态的使用频率之所以很低，是因为汉语属主题显著的语言，多用"主题—述题"结构，很多时候习惯于将句中的宾语部分提前，作为说话的主题来交代，被动语态是通过使用动词来暗示而非明示出来的，或者是通过使用词汇手段来表示被动的含义。另外，由于中国人秉承了强调"悟性"，重视"事在人为"和个人感受的主体思维习惯，体现在语言的使用上则多采用主动语态、人称表达法、无主句、主语省略句以及无形式标记的被动句（隋荣谊，2004b：205）。

既然汉语中不经常使用被动语态，而英语中却较多地使用被动语态，在通常情况下，一旦汉语中使用了被动语态，英译时往往要用被动语态与之对译。这从本译例中便可见一斑。再如：

(1) 鼎湖山整个地区为热带、亚热带森林所覆盖，气候独特。

The Dinghu Mountain is covered by tropical and subtropical forests and enjoys a unique climate.

(2) 一切科技成就是建立在理性思维的基础上的，没有理性思维就不可能有科学。

All scientific and technological achievements are founded on rational thinking, without which there would have been no science.

【例2】

原　文：人类已经跨入了新世纪，**世界城市化的进程将进一步加快**。

译　文：With the advent of the new century, **urbanization will be further accelerated**

worldwide.

【点评】汉语是话题突出的语言，一个句子的话题只要同其后紧跟的述题放在一起，能够将意思表达清楚即可。这类句子往往有主语，却无动作的执行者，动作的执行者往往可以根据常识判断出来但又没有必要清楚地说出来。英语则是主语突出的语言，主语同谓语必须有合乎逻辑的搭配才能够成句。这样，汉语中的很多这类"话题—述题"句就需要转换成英语的被动语态。再如：

(1) 家家房顶上都装了供沐浴用的太阳能热水器。

A solar heater **is installed** on the roof of every house, providing warm water for the shower.

(2) 许多事无法表达只能感受，许多感受只能一人扛着而无须与人分享。

Many things are **not to be expressed** but to be felt, and many feelings **are not to be shared** but to **be kept to oneself**.

(3) 全国到处都在兴建新的工厂、学校和医院。

New factories, schools and hospitals **are being built** everywhere in the country.

【例3】

原　文：月光被针似的松叶遮住，只洒了一些明亮的斑点，他们走到林中最浓密的一段，简直分辨不出路来。（巴金《家》）

译　文：Little of the moonlight filtered through the dense pine needles, and in the deepest part of the grove the path seemed to vanish completely.（Sidney Shapiro 译）

【点评】原文为被动语态，英译文为主动语态。这样译，使得汉英两种语言中不一样的视角充分体现了出来：汉语使用被动句，强调了松叶的浓密，为下文"他们走到林中最浓密的一段"做好铺垫；英译文则强调月光的穿透力，将 the dense pine needles 置于前一个并列句末尾，与后一个并列句

开头的介词短语 in the deepest part of the grove 形成照应,因而也文从字顺。汉英翻译中,汉语的被动语态翻译成英语的主动语态的现象比比皆是。这样做的目的有时是因语言表达或叙述视角的差异所致,有时是因为上下文修辞的需要所致。再如:

(1) 年满十八岁的公民,都有选举权和被选举权。

All citizens who have reached the age of eighteen have the right to vote and **to stand for election**.

(2) 当你想在黑暗中走动时,可能会被椅子绊倒,或者撞在墙上。

You will probably **fall over a chair** or walk into the wall when you try to move about in the dark.

(3) 老太太也被风吹病了。

The old woman **fell ill because of exposure to the wind**.

【例4】

原　文:无论对于一个国家还是整个世界,以损害环境为代价来维持经济快速发展决非长久之计。

译　文:Whether in the case of a country or the whole world, **fast economic growth** cannot **be sustained/maintained** in the long run at the expense of the environment.

【点评】"维持经济快速发展"是动宾结构,在原文中充当主语,但英译时不能够按照原文的语序进行翻译,必须调整结构。英译文将原文中的谓语部分"决非长久之计"调整为 cannot... in the long run 的结构,由于这种结构不能充当英译文的谓语,因此,就必须将"维持经济快速发展"作为一个无主句来处理。对于无主句的翻译,可以采用被动语态来进行。这里,将"经济快速发展"(fast economic growth)调整为主语之后,谓语动词自然就需要使用被动语态了。原文并不是表示被动意义的句子,只是因为语言表达需要而在英译文中采用了被动句式。类似的例子还有很多,如:利用发电机,可以将机械能再转变成电能。(The mechanical energy can be changed back into electrical energy by a generator.）

【例5】

原　文：这些中国的珍贵文物如何**被**大英博物馆**收藏**，说起来恐怕不是一段光彩的历史。

译　文：How these precious cultural relics from China **came into the possession of** the British Museum would not make a palatable story.

【点评】原文中，"被……收藏"所表示的显然是被动意义，但英译文却采用了came into the possession of 这一结构来翻译，表面上看，英译文是主动语态，但实际上这种主动语态所表示的是被动的意义。英语中有一些短语表面上看好像是主动语态，但实际上它们所表示的是被动意义，如：in the possession of... 为……所拥有、in the control of 受……控制（如：The store was in the control of Jim. 这家商店由吉姆管理。）、in the charge of 由……来照料（如：The girl was in the charge of the nurse. 这个女孩由护士来照料。）。除此之外，汉语中使用被动语态，但在英语中不使用被动语态的例子还有：航空公司在最后一刻取消了航班，旅行团被迫改变行程。（As the airline canceled the flight at the last minute, the travel group **had no choice but** to change its itinerary. / The last-minute cancellation of the flight by the airline compelled the travel group to change its itinerary.）

【例6】

原　文：上海国际汽车城的**总体定位**是成为亚洲最大的汽车贸易中心、博览中心、物流中心、研发中心、信息中心和服务中心。这一**定位**的**基础**是认为未来20年全球汽车消费主要在亚洲。而亚洲的市场主要在中国，中国最先发展家庭轿车的地区将是沿海地区与长江三角洲地区。

译　文：The international auto city in Shanghai **is planned** to emerge as the largest center for auto trade, fair, logistics, research and development, information and service in Asia. This planning **is based on** the belief that Asia, and China in particular, will become the leading auto market of the world in the next 20 years and that in China the coastal and Changjiang River Delta areas will be the first to develop consumption in private cars.（孙万彪 用例）

【点评】 汉语原文中"……的总体定位是……"和"……的基础是……"分别被翻译成英语中的被动语态 …is planned… 和 …is based on…。这是因为汉英两种语言使用习惯不同或表达存在差异而导致所采用的语态不同。汉英翻译中经常碰到这样的情况，汉语原文看上去根本没有被动的含义，而在英译文中却必须使用被动语态才能够准确传达原文之意。本例中两处英译文使用被动语态的情况充分说明了这一点。再如：

(1) 他们之间的关系有这样一个特点，那就是以礼相待。

Their relationship is characterized by formality.

(2) 这幢大楼的特点是外观雄伟，内部装饰典雅。

This building is characterized by magnificent appearance and elegant interior decoration.

【例7】

原　文：来宾请出示入场券。

译　文：Visitors **are requested** to show the tickets.

【点评】 这里的原文是书面告示语，尽管使用了"请"，但对受话人所应履行的义务和所应达到的要求则是不言自明的。尽管英语口语中可以使用 Please show your tickets 或 Show your tickets, please，但在正式的书面告示语中则需要使用被动语态，以示庄重、严肃和正式。汉语中除书面告示语在翻译成英语时往往要使用被动语态之外，书面通知、请帖、提醒等都往往要使用被动语态。再如：

(1) **请参观者不要用手摸展览品。**

Visitors **are requested** not to touch the exhibits.

(2) **禁止随地吐痰。**

Spitting **is prohibited**.

【例8】

原　文：他去看他的姐姐，他姐姐狠狠地训了**他一顿**。

译　文：He went to see his sister and **was** severely **criticized**.

【点评】这里汉语原文前后两句都使用主动语态，尽管前后两句的主语不一致，但读起来却文从字顺，这充分说明了汉语是一种话题突出的语言，而要将此句翻译成英语，则必须考虑句子前后分句的主语保持一致，以保持上下文的连贯。由于原文第一个分句中的"他"是动作的发出者，而在第二个分句中则是动作的对象，因此，在英译第二个分句时使用被动语态就非常符合英语的行文需要和逻辑修辞需要。在汉英翻译时以这种方式使用被动语态的情况很常见，再如：1) 他爱我们，我们**也爱他**。He loves us and is **loved** in return. 2) 他出现在台上，观众**给予热烈鼓掌**。He appeared on the stage and **was warmly applauded** by the audience. 3) 他顾忌太多，脸皮厚的人知道了**一定要笑掉牙齿**。He was so scrupulous that he **would have doubtless been laughed at** by those who are brazen-faced had they known it. 4) 他看女子，眼珠好像压路石滚子，滚来滚去，要把**人家脸碾碎**，他才称心似的。When looking at a girl, his eyeballs seemed to be a pair of stone rollers which rolled everywhere over the face until **it was flattened** completely. 5) 还有一位，他的两眼**就是两根大钉**，见了女子就**钉进人家肉里**。There is still another whose eyes might well **be compared to two nails** trying **to be driven into anyone** who looked lovable.

【例9】

原　文：就在昨天晚上，当我走过教学大楼时，那个**据说**已去了国外的史密斯先生，身穿白衣服，头戴白帽子，走进了实验室，被我撞见了。

译　文：It was when I passed by the classroom building yesterday evening that Mr. Smith, dressed in white and wearing a white hat, who **was said** to have gone

abroad, was seen by me to enter the laboratory. (宋天锡等,2000:311)

【点评】 汉语中的"据说"直译成英文就是 according to what other people have said,但这样表示很啰嗦,英文中有一个简洁的翻译办法,那就是使用以 it 充当主语的被动语态,即 it is/was said...。以此类推,汉语中的"据报道""据推测""据报告"等都可以使用这种结构。本例中,英译文 it was said 被融入由 who 引导的定语从句中,这种现象也是很常见的。再比如,翻译"据说她已去了国外"这句话时,可以有两种英译文:

译文一:It was said that she had gone abroad.

译文二:She was said to have gone abroad.

选择译文一还是译文二取决于所翻译句子的语境以及行文便当与否。

【例10】

原　文:我认为我们正在见证信息技术进入所有转化型技术都会经历的一个重要阶段,即它们不再只为少数专业人员所掌握,而转变到为大众所接受,并无处不在。

译　文:I think we're seeing information technology reach the point that all transformational technologies reach when they are no longer controlled by just a small group of skilled professionals, and they cross over to mass **acceptance** and ubiquity. (孔令翠、蒙兴灿,2002:105)

【点评】 原文的被动语态"为大众所接受"在英译文中被翻译成了名词短语 mass acceptance。对于汉语中有标记性被动语态的英译,一般翻译教科书都认为在英语中需要采用"be + 动词的过去分词"这一形式予以再现。本例汉语原文中的"为……所接受"被翻译成 acceptance 这一英语名词,充分体现出英语中由及物动词转化成的名词既可表示主动意义,又可表示被动意义的特点,所以 mass acceptance 实际上就等于 accepted by the mass。所以,对于被动语态的英译,不一定总是使用"be + 动词的过去分词"来翻译。

三、翻译比较与欣赏

【例1】

原　文：自上了轿，进了城，从纱窗中瞧瞧，其街市之繁华，人烟之阜盛，自非别处可比。

译文一：She got into her chair. They carried her through the city wall. She peeped through the gauze panel which served as a window. Streets and buildings could be seen. She noticed that they were richer and more elegant. And throngs of people were soon seen who were more lively and numerous than she had ever seen in her life before.

译文二：She got into her chair and was soon carried through the city wall. Peeping through the gauze panel which served as a window, she could see streets and buildings more rich and elegant and throngs of people more lively and numerous than she had ever seen in her life before.（宋天锡等，2000：79）

【例2】

原　文：新的繁荣可能表现为长期持续的旺盛需求，充足的就业机会，以及生活标准的提高。

译文一：The new prosperity may represent a long, sustained period of brisk demand, enough opportunities of employment and the raising of living level.（宋天锡等，2000：322）

译文二：The new prosperity may be manifested by a long, sustained period of brisk demand, ample opportunities of employment and the raising of living standards.（李明 译）

【例3】

原　文：他那饱经风霜的脸，明显地刻着与海洋有着不解之缘的痕迹，蕴含着种种不平凡的经历。

译文一：His weather-beaten face, markedly engraved with his indissoluble bond with the sea, implies various unordinary experiences.

译文二：Various unordinary experiences can be seen on his weather-beaten face markedly engraved with his indissoluble bond with the sea.

译文三：His weather-beaten face was markedly engraved with his indissoluble bond with the sea latent with an extraordinary past.（宋天锡等，2000：368）

四、翻译练习

句子翻译

1. 在过去三年内，浦东新区**完成**了总投资额在150亿元以上的10项重大基础设施的建设。
2. 由于**中日双方**尚难以达到互信，因此会特别关注对方的力量发展和如何使用这种力量的意图。
3. 只有**不断**推进和平与发展的事业，各国人民安居乐业，集中精力发展经济，创新科技，才能创造巨大的市场需求和促进经济繁荣。
4. 2010年上海世博会的主题确定为"城市，让生活更美好"。这个主题**突出**了三方面的**特点**：时代性、独创性和普遍性。
5. 光以此速度一直传播出去，除非中途被什么东西挡住。
6. 你的手一定曾经被烧热的炉子或其他热的金属烫过。
7. **请你**给我们表演一个节目。
8. 今天**邀请大家**来开座谈会，目的是要和大家交换意见。
9. 我第一次听她在晚会上唱歌，她的歌声深深地打动了我。
10. 口试时，问了十个问题，她全答对了。
11. 企业领导部门必须加强科学管理，才能充分发挥生产潜力，提高生产效率，提前**完成生产指标**。

12. 传统的早婚早育、多子多福和重男轻女等观念逐渐**被**晚婚晚育、少生优生、生男生女都一样等科学、文明、进步的观念**所取代**。
13. **正在建设中的**香港—珠海—澳门大桥，可以把香港到澳门和珠海之间的距离，从目前的 60 公里缩短到 30 公里，并且把路上时间减少到不超过半个小时。
14. 当警察赶到瓦斯爆炸现场时，只看到墙壁**被炸**了一个大洞，屋内是一片混乱。

语篇翻译

语篇翻译 1

艺术的高度与裙子的长度

艺术与裙子本来是风马牛不相及的事，但有时两者的距离又是如此之近，以至于简单到以裙子的长度来量化艺术的高度。不是吗？我们不妨先来看看时装，时装无疑是一门艺术，裙子的长度原则在这门艺术中得到最为原始的诠释。春夏时装成为薄透露的天下自不待言，模特在台上穿着透得不能再透薄得不能再薄的时装，台上台下俨然正上演一台《皇帝的新衣》，谁也不敢吱声，否则就是浅薄。不知何时起冬装也不例外，料子是冬装的料子，但是款式甚至比夏装还露，不该遮的全遮了，该遮的却一点也没有照顾到。至于说什么内衣时装、泳衣时装，那更成了某些一本正经的男人以艺术之名行淫邪之实的幌子，说到底那少得可怜的布并没有吸引住男人们的眼光。

语篇翻译 2

环滁皆山也。其西南诸峰，林壑尤美，望之蔚然而深秀者，琅琊也。山行六七里，渐闻水声潺潺而泻出于两峰之间者，酿泉也。峰回路转，有亭翼然临于泉上者，醉翁亭也。作亭者谁？山之僧智仙也。名之者谁？太守自谓也。太守与客来饮于此，饮少辄醉，而年又最高，故自号曰醉翁也。醉翁之意不在酒，在乎山水之间也。山水之乐，得之心而寓之酒也。（欧阳修《醉翁亭记》）

第十二章 汉英翻译中专有名词的处理

> 选词准确与几乎准确之间的差异就如同闪电同萤火虫之间的差异。
>
> ——Mark Twain

一、理 论 探 讨

在汉英翻译中，专有名词的翻译至关重要。汉语的地名和人名的翻译，除因历史原因已经约定俗成的情况之外，用汉语拼音字母来拼写，这不仅是中国统一的标准，也是国际统一的标准。下面简要谈谈汉语专有名词的英译。

1. "单音节专有名词 + 单音节普通名词"构成的专有名词的英译法

在"太湖"这个专有名词中，"太"是单音节专有名词，"湖"是单音节普通名词，它们一起构成专有名词。在翻译这类专有名词时，应将普通名词视作专有名词的组成部分，先音译并与专有名词连写，后再重复意译，将普通名词与专有名词一起译为大写的地理或行政区划的名词，同时在整个专有名词之前加上定冠词。例如：太湖→ the Taihu Lake；恒山→ the Hengshan Mountain；淮河→ the Huaihe River；渤海→ the Bohai Sea；韩江→ the Hanjiang River；长江→ the Changjiang River 等。

2. "双音节专有名词 + 单音节普通名词"构成的专有名词的英译法

这类专有名词较为容易翻译，如"广东省"翻译成 Guangdong Province 就可以了。再如：嘉陵江→ Jialing River；永定河→ Yongding River 等。

3. 通名专名化的英译法

通名专名化主要指单音节的普通名词（简称通名），如山、河、江、湖、海、港、峡、关、岛等，按专有名词（专名）处理，与专名连写，构成专名整体。例如：都**江堰**市→ **Duj**iangyan City；绥芬河市→ Suifenhe City；白水江自然保护区→ Baishui**jiang** Nature Reserve；青铜峡水利枢纽→ Qingtong**xia** Water Control Project；武夷山自然保护区→ Wuyi**shan** Nature Reserve 等。

4. 通名为同一个汉字，却有多种英译法

通名是单音节的同一个汉字，根据其意义有多种不同的英译法，这些英译词通常不能互相替换。例如：

山

峨眉山→ Mount Emei；五台山→ Wutai Mountain；象鼻山→ the Elephant Hill；大屿山→ Lantau Island（香港）；念青唐古拉山→ the Nyainqentanglha Range（西藏）；太平山→ Victoria Peak（香港）；狮子山 Lion Rock（香港）等。

海

东海→ the East China Sea；邛海 Qionghai Lake；大滩海→ Long Harbor（香港）；牛尾海→ Port Shelter（香港）；蜀南竹海→ the Bamboo Forest in Southern Sichuan（四川长岭）等。

在某些情况下，根据通名的意义，不同的汉字也可英译为同一个单词。例如："江、河、川、水、溪"都可英译为 river，如：嘉陵江→ Jialing River；永定河→ Yongding River；螳螂川→ Tanglang River（云南）；汉水→ Hanshui River；古田溪→ Gutian River（福建）等。

5. 专有名词的翻译与约定俗成

人名的翻译一般按照汉语拼音来拼写，例如：王大伟→ Wang Dawei 等。双姓的人名要将双姓的两个拼音连在一起，例如：司马相如→ Sima Xiangru；诸葛亮→ Zhuge Liang；欧阳修→ Ouyang Xiu 等。也有约定俗成的人名，例如：孙中山→ Sun Yat-sen；宋庆龄→ Soong Ching Ling；胡适→ Hu Shih；孔子→ Confucius 等。

机构名和品牌名有约定俗成的，如：清华大学→ Tsinghua University；北京大学→ Peking University；青岛啤酒→ Tsingtao Beer 等。但诸如"北京"和"青岛"在其他场合要分别使用汉语拼音的 Beijing 和 Qingdao。

二、译例举隅及翻译点评

【例1】

原　文：他在国内旅游过的地方，除了井冈山以外，都是我没有到过的。如丝绸之路上的阿克苏，青藏公路上的唐古拉、昆仑等，这又使我十分羡慕。（冰心《旧梦重温》）

译　文：In China, he has been to many places which I have never visited, with the exception of **the Jinggang Mountains**. His trips to **Aksu** on **the Silk Road**, **the Tanggula Mountains** and **the Kunlun Mountains** on **the Qinghai-Tibet Highway** and many other places all aroused my envy.

【点评】本例汉语原文中有多个专有名词，其中"井冈山""唐古拉""昆仑"属于一类，因为"唐古拉"和"昆仑"也可分别称为"唐古拉山"和"昆仑山"。汉语中的"山"字有多种译法，而且既可使用单数，也可使用复数。这里，它们三者均使用复数形式，且首字母须大写。"丝绸之路"历史闻名，译为 the Silk Road。"青藏公路"为"青海—西藏公路"的简称，故必须将"青海"和"西藏"全部译出，再如"京杭大运河"要翻译成 the Grand Beijing-Hangzhou Canal。

【例2】

原　文：避暑山庄和北京的故宫、山东曲阜的孔庙一样，是中国保存最完好的古代建筑群，也是中国现存规模最大的古典皇家园林。

译　文：**The Summer Resort of Chengde** is one of the three best preserved magnificent ancient architectural complexes in China, the other two being **the Imperial Palace** in **Beijing** and **the Confucian Temple** in **Qufu** of **Shandong Province**.（陈宏薇 用例，有改动）

【点评】汉语中的"北京"有两种英译法，即 Peking 和 Beijing，前者现在通常只用于"北京大学"（Peking University）和"北京烤鸭"（Peking Roast Duck）的翻译中，因为"北京大学"和"北京烤鸭"均已闻名于世，并已被国外广泛认可和熟知，如果采用当前流行的汉语拼音来翻译，其译文就分别是 Beijing University 和 Beijing Roast Duck，这样译会给外国人带来迷惑，因为他们会认为这两者分别有别于 Peking University 和 Peking Roast Duck。因此，已经约定俗成的专有名词在翻译时不要轻易改变。

【例 3】

原　文：基于**丝绸之路**带来的灵感，我们的火炬接力将开辟一条新的途径，从奥林匹克山出发，经过人类古老的文明发源地——**希腊、罗马、埃及、拜占庭、美索不达米亚、波斯、阿拉伯、印度**最后到达中国。

译　文：With a concept inspired by the famed Silk Road, our Torch Relay will break new ground, traveling from Olympia through some of the oldest civilizations known to man—**Greek, Roman, Egyptian, Byzantine, Mesopotamian, Persian, Arabian, Indian** and Chinese.（张春柏 用例）

【点评】本例中的"希腊、罗马、埃及、拜占庭、美索不达米亚、波斯、阿拉伯、印度、中国"均是专有名词，对于这些专有名词的翻译，一般使用它们的名词形式而非形容词形式，即将"希腊"翻译成 Greece，将"罗马"翻译成 Rome 等，但根据上下文，这里所有的专有名词均是指不同类型的古老文明，如"希腊"是指"希腊文明"，"罗马"是指"罗马文明"等，故须将所有这些专有名词翻译为它们的形容词形式。因此，对于专有名词的翻译，不能望文生义，要根据上下文来准确地进行翻译。

【例 4】

原　文：京杭大运河北起北京**通县**，南至浙江杭州，它流经北京、天津、河北、山东、江苏和浙江 6 个省市，连接了**海河、黄河、淮河、钱塘江和长江**五大河流。

译　文：The Grand Canal, or the Beijing-Hangzhou Canal, goes from **Tongxian County**, Beijing in the north to Hangzhou, Zhejiang Province in the south. It flows past such cities and provinces as Beijing, Tianjin, Hebei, Shandong, Jiangsu and Zhejiang, and connects five large rivers—**the Haihe River, the**

Huanghe River, the Huaihe River, the Qiantang River and **the Changjiang River**.（孔令翠、蒙兴灿，2002：195，有改动）

【点评】这里所涉及的"单音节专有名词 + 单音节普通名词"构成的专有名词的英译问题，在本章的"理论探讨"部分已有讲解。在翻译"海河""黄河""淮河""长江""通县"时，需要首先分别将它们翻译成 Haihe、Huanghe、Huaihe、Changjiang、Tongxian，然后再分别将表示地理或行政区划概念的名词如"河""江"和"县"翻译成大写的 River 和 County，同时在整个英译的专有名词之前加上定冠词就可以了。对于"钱塘江"的翻译也很简单，将双音节词的"钱塘"用汉语拼音翻译成 Qiantang，再将"江"翻译成 River 就可以了。

【例5】

原　文：汉代司马迁青壮年时，东游会稽、禹穴、姑苏、泰山；南临江淮、庐山、沅湘、九嶷；西抵崆峒、巴蜀、昆明；北至龙门、长城内外。

译　文：In the youth and prime of his life, Sima Qian of the Han Dynasty traveled to Huiji, Yuxue, Gusu, and Mount Tai in the east, Jianghuai, the Lushan Mountain, Yuanxiang and Jiuyi in the south, Kongdong, Bashu and Kunming in the west, and Longmen and both sides of the Great Wall in the north.（黄为之、黄锡之，2000：334）

【点评】专有名词的翻译，往往需要直译或者是意译，也可以是直译和意译相结合。将汉语中的专有名词翻译成英语时，如果直译，就直接使用汉语拼音而不需要增加其他表示地理或行政区划概念的词语，如将"昆明"翻译成 Kunming，而无需将其翻译成 Kunming City，这里的 City 就是表示行政区划概念的词语。而本例中的"泰山""庐山"中的"山"均是表示地理概念的名词，这里分别翻译成了 Mount Tai 和 the Lushan Mountain，因为这是约定俗成的翻译。

第十二章　汉英翻译中专有名词的处理

【例6】

原　文：中国的自然景观，美不胜收。驰名中外的旅游胜地就有杭州的西湖，无锡的太湖，岳阳的洞庭湖；山东的泰山，安徽的黄山，江西的庐山，四川的峨眉山；桂林山水，三峡风光，西双版纳的雨林，西藏高原的雪峰，西北的浩瀚沙漠，东北的无垠草原，等等。

译　文：China's natural landscape has more beauty than one can take in. Tourist resorts that are world-famous include the West Lake in Hangzhou, the Taihu Lake in Wuxi, the Dongting Lake in Yueyang, Mount Tai in Shandong, the Huangshan Mountain in Anhui, the Lushan Mountain in Jiangxi, the Emei Mountain in Sichuan, mountains and rivers in Guilin, the Three Gorges, the rain forest in Xishuangbanna, the snow peaks in Tibet, the vast expanse of desert in the Northwest, and the boundless prairie in the Northeast, etc.（黄为之、黄锡之，2000：341）

【点评】对于诸如"西湖""东湖""太湖"和"洞庭湖"的英译，能够借用英语词汇进行意译就尽量意译，如将"西湖""东湖"分别翻译成the West Lake 和 the East Lake，这样翻译意境也很美。但对于"太湖"和"洞庭湖"的翻译就只能采用"音译+意译"的方式进行了。将"太湖"首先用汉语拼音翻译成Taihu 属于音译，再将"湖"重新翻译一次为Lake 就是意译了。对"洞庭湖"的翻译亦如此。

【例7】

原　文：中国的人文景观，举世无双。雄伟的长城，辉煌的故宫，瑰丽的敦煌石窟，是我们中华民族的象征与骄傲。她们不仅展示着华夏祖先的伟大智慧与才华，而且讲述着我们中华民族几千年的文明与历史。

译　文：China's man-made landscape is matchless in the world. The magnificent Great Wall, the splendid Palace Museum, and the beautiful stone caves at Dunhuang are the pride of the Chinese people, not only exhibiting the great talent and wisdom of the ancestors of the Chinese nation, but also narrating Chinese history and civilization for the past several thousand years.（黄为之、黄锡之，

2000：341）

【点评】 北京的名胜古迹很多，对它们的英译主要是遵循约定俗成的原则。如将"长城"翻译成 the Great Wall，将"故宫"翻译成 the Palace Museum，将"天坛"翻译成 the Temple of Heaven，将"颐和园"翻译成 the Summer Palace，等等。对于这些名胜古迹的翻译，需要查阅相关文献或搜索网上资源以确定它们的英译文。

【例8】

原　文：昔日蒋介石大元帅的官邸"云岫楼"，蒋介石夫人宋美龄的居所"松厅"，孙夫人宋庆龄的"松籁阁"，美国总统特使马歇尔将军的"草亭"，以及美军俱乐部的"青莲阁"等，至今犹存。

译　文：Still intact today are the "Yunxiu Building", former official residence of Generalissimo Chiang Kai-shek; the "Pine Hall" residence of Soong Mei-ling, the first lady; the "Whistling Pine Pavilion" of Soong Ching-ling, widow of Sun Yat-sen; the "Thatched Pavilion" of General George Marshall, special envoy of the U.S. president; and the "Green Lotus Pavilion", the U.S. army club.（郭颐顿、张颖，1995：221，有改动）

【点评】 对于人名这类专有名词的翻译，也有约定俗成的情况。如"孔夫子"需要根据约定俗成的规则翻译成 Confucius，"蒋介石"需要翻译成 Chiang Kai-shek，"宋美龄"需要翻译成 Soong Mei-ling，"孙中山"需要翻译成 Sun Yat-sen，"宋庆龄"需要翻译成 Soong Ching-ling 等。这些人物都是中国历史上的名人，在国外已经有他们各自的英文拼写方式，不可按照现在的汉语拼音进行翻译。

【例9】

原　文：杭州市属3市2县境内，北有超山，西有天目山，溯钱塘江而上，有富阳鹳山，桐庐瑶琳仙境、桐君山和严子陵钓台，建德灵栖三洞，新安江"千岛湖"等名胜，形成一个以西湖为中心的广阔旅游区。

译　文：The scenic spots in the vicinity of Hangzhou form a vast area for tourists, with the West Lake as its center. To the north of Hangzhou stands the Chaoshan Hill, and to the west Mount Tianmu. Going up the Qiantang River one finds oneself at Stork Hill near the Terrace where Yan Ziling, a hermit of the Eastern Han Dynasty (25-220), loved to go angling by the Fuchun River in Fuyang City. Nearby are the Yaolin Wonderland in Tonglu County, Tongjun Hill and the three Lingqi Caves in Jiande County, and finally the Thousand-Islet Lake which is at the source of the Xin'anjiang River.（郭建中，2006：21）

【点评】有时，汉语地名中没有标识出其地理概念或行政区划概念，但在英译时必须凸显出其地理概念或行政区划概念的信息才能让英语读者弄清原文所传递的意义。本例中的"富阳"乃"富阳市"之简称，"桐庐"乃"桐庐县"之简称，"建德"乃"建德县"之简称。英译这些专有名词时，需补充出其所指称的信息，因此，这三者分别被翻译成 Fuyang City、Tonglu County 和 Jiande County。译者在翻译这些专有名词时需查阅相关文献，以确定它们所代表的地理概念或行政区划概念，然后再着手翻译。

【例 10】

原　文：上海是美食家的乐园，全市数以千计的餐馆汇集了全国各大名菜，如鲁菜、川菜、粤菜、扬州菜、闽菜等，各种风味，一应俱全。

译　文：Shanghai is a cherished paradise for gourmets, who may find themselves frequenting the many thousands of restaurants that serve a complete list of China's major well-known cuisines, such as those of Shandong, Sichuan, Guangdong, Yangzhou, Fujian, to name just a few.（谭卫国、蔡龙权，2005：461-462）

【点评】汉语中的地名可以使用简称，如"豫"是"河南"的简称，"鄂"是"湖北"的简称，"湘"是"湖南"的简称，"沪"是"上海"的简称等。在英译时，不能直接使用这些简称的汉语拼音来指代其所指地理方位，而要将他们还原成各自所指代的地理方位之后再翻译成英文，如要将"沪"先还原

成"上海",再将"上海"进行英译。因此,本例中的"鲁""川""粤""闽"就分别被英译成 Shandong、Sichuan、Guangdong 和 Fujian 了。

三、翻译比较与欣赏

【例1】

原　文：龙门石窟位于古都洛阳城南伊水两岸的东西山崖壁上，始凿于公元五世纪末，历经北魏、东魏、西魏、北齐、隋、唐、北宋断续400余年的开凿，现存标志窟龛2 300余个，佛像十万余尊，碑刻题记2 800余品，石刻佛塔80余座。龙门石窟是一座大型石刻艺术博物馆，被列入《世界遗产名录》。

译文一：Longmen Grottoes is situated on the mountainsides of the west and east hills along the both banks of the Yi River south of Luoyang. The carving work began in the late 5th century AD. The construction had been carrying on during Eastern Wei, Western Wei, Northern Qi, Sui, Tang and Northern Song Dynasties during over 400 years. At present, there are more than 2,300 caves and niches, over one hundred thousand Buddhist images, more than 2,800 pieces of inscription and about 80 Buddhist pagodas. Longmen Grottoes is considered as a large scaled stone-carved art museum. It is also an excellent cultural heritage of human being.（河南洛阳龙门石窟门票英译文）

译文二：Longmen Grottoes (The Dragon's Gate Grottoes) is located on the cliffs of the west and east hills on both banks of the Yishui River, south of Luoyang, one of the ancient capital cities in China. The carving work began in the late fifth century AD and continued in such dynasties as the North Wei, the East Wei, the West Wei, the North Qi, the Sui, the Tang, and the North Song dynasties for over 400 years. There are now left more than 2,300 caves, over 100 thousand figures of Buddha, more than 2,800 pieces of inscriptions and 80 Buddhist pagodas. Longmen Grottoes is a huge art museum of stone carvings and is placed on the list of *The Heritage of World Civilizations*. (李明 译)

【例2】

原　文：作为一座国际大都市，上海的国际航班可直达曼谷、新加坡、香港、首尔、东京、大阪、名古屋、长崎、广岛、布鲁塞尔、法兰克福、纽约、洛杉矶、旧金山、芝加哥、多伦多、温哥华、悉尼等20多座城市。

译　文：As an international metropolis, Shanghai provides direct flights to over 20 cities in the world, such as Bangkok, Singapore, Hong Kong, Seoul, Tokyo, Osaka, Nagasaki, Hiroshima, Brussels, Frankfurt, New York, Los Angeles, San Francisco, Chicago, Toronto, Vancouver and Sydney. (谭卫国、蔡龙权，2005：461)

【例3】

原　文：上海是旅游者的天地，有众多的休闲度假胜地，如佘山国家旅游度假区、淀山湖风景区、太阳岛度假区、环球乐园、梦幻世界以及野生动物园等。

译　文：Shanghai is also a tourist destination that boasts quite a few tourist attractions and holiday resorts, including the Sheshan State Holiday Resort, the Dianshan Lake Scenic Area, the Sun Island Holiday Resort, the World Garden, the Dreamland and the Wildlife Zoo. (谭卫国、蔡龙权，2005：462)

四、翻 译 练 习

句子翻译

1. **厦门**，真是个风景优美的所在，四周被海怀抱，街道是那么广阔，清洁；对岸是**鼓浪屿**，西边是**南普陀**，只要你的身体健康，你可以一天换一个地方游览。(谢冰莹《海恋》)

2. 南国之秋，当然是也有它的特异的地方的，比如二十四桥的明月，钱塘江的秋潮，

普陀山的凉雾，**荔**枝湾的残荷，等等，可是色彩不浓，回味不永。（郁达夫《故都的秋》）

3. 当风和日丽时，举目远望，佘山、金山、崇明岛隐隐可见，具有"登泰山而小天下"之感。

4. 徐霞客22岁开始出游，至终年，历时33年，足迹所至，北上齐、鲁、燕、冀，南下云、贵、两广，东起吴、越、浙、闽，西极华山、峨眉，踏遍了祖国东西南北，备尝艰难险阻。

5. 近几年新开发的自然景观，如海南岛的三亚，湖南的张家界，四川的九寨沟，也吸引了越来越多的中外游客。

6. 上海每年都要举办多姿多彩的旅游节，其中包括除夕夜的龙华迎新撞钟活动，春天的龙华庙会、南汇桃花节和国际茶文化节，金秋时节的上海黄浦旅游节和上海桂花节。

7. 论历史，上海在宋代成镇，元代设县，明代筑城，在中国灿若群星的名城古都中，并不耀眼夺目，远不能比西安、开封、洛阳，近不能比南京、苏州、杭州。

8. 泰山被誉为我国五岳之首，这五岳为东岳的泰山、南岳的衡山、西岳的华山、北岳的恒山和中岳的嵩山。

9. 学校设有26个本科专业（英语、俄语、德语、法语、西班牙语、阿拉伯语、日语、波斯语、朝鲜语、泰语、葡萄牙语、希腊语、意大利语、对外汉语、国际经济与贸易、金融学、法学、国际政治、教育技术学、新闻学、广播电视新闻学、广告学、信息管理与信息系统、工商管理、会计学、汉语言），19个硕士点（英语语言文学、俄语语言文学、法语语言文学、德语语言文学、日语语言文学、西班牙语语言文学、阿拉伯语语言文学、外国语言学及应用语言学、比较文学与世界文学、国际关系、国际贸易学、企业管理、教育技术学、新闻学、欧洲语言文学、语言学及应用语言学、中国现当代文学、外交学、翻译学），9个二级学科博士点（英语语言文学、俄语语言文学、法语语言文学、德语语言文学、日语语言文学、阿拉伯语语言文学、翻译学、国际关系、外国语言学及应用语言学），1个一级学科博士点（外国语言文学），1个博士后流动站（外国语言文学），1个国家级人文社科研究基地（中东研究所），1个国家级非通用语种本科人才培养基地（西欧语种群：意大利语、葡萄牙语、希腊语），2个全国重点学科（英语、俄语），3个上海市重点学科（英语、俄语、阿拉伯语）。

10. 亚洲是最大的洲，在地理上变化最多，其地貌包括巨大的、由沙漠覆盖着的高原，也包括像喜马拉雅山这样的高山，而喜马拉雅山上的珠穆朗玛峰是世界上最高的山峰。

语篇翻译

语篇翻译1

南京，她有层出不穷的风流人物和彪炳千秋的不朽业绩。大都会特有的凝聚力，吸引了无数风云人物，仁人志士在这里角逐斗雄，一呈豪彦。从孙权、谢安到洪秀全、孙中山，从祖冲之、葛洪到李时珍、郑和，从刘勰、萧统到曹雪芹、吴敬梓，从王羲之、顾恺之到徐悲鸿、傅抱石，还有陶行知、杨廷宝等等，中国历史上一批杰出的政治家、军事家、科学家、艺术家、教育家、建筑家等荟萃于此，在这块钟灵毓秀的土地上一圆他们的辉煌之梦。他们是中华民族的优秀儿女。巍巍钟山、滚滚长江养育了他们，为他们提供了施展抱负的舞台，他们也以自己的雄才大略、聪明智慧为中华民族的灿烂文明增添了流光溢彩的新语篇。

南京，她自新中国建立以来发生的巨大而深刻的变化更加令人欢欣鼓舞。"虎踞龙盘今胜昔，天翻地覆慨而慷"。从1949年4月23日开始，人民真正成为这座古城的主人。金陵回春，古城新生，昔日饱尝的屈辱和灾难，至此如同梦魇终被摆脱。人民在自己的土地上辛勤劳作，把古城南京装扮得面貌一新。特别是近十几年来，改革开放又给这座美丽的名城注入了新的活力，崭新的工业、通达的运输、如画的城市建设、兴盛的第三产业、多彩的文化生活，都使这个具有故都特色的显达都市焕发出勃勃英姿。孙中山先生所预言的："南京将来之发达未可限量也"，正在逐步成为现实。

南京，这座古老而又年轻的历史文化名城，是多么可爱！（《可爱的南京》）

语篇翻译2

说起清华人，我怀念我的老师们。大学一年级，俞平伯、余冠英两先生教我国文，一位教读本,一位教作文,都亲切而严格,有一次余先生指出我把爬山虎写成紫荆的错误,但又要我多写几篇给他看。二年级,贺麟老师教我西洋哲学史,见了我长达百页的英文读书报告不仅不皱眉,反而在班上表扬我;正是在他的指导之下,我读了不少古希腊哲学家著作的英译,真有发现新星球似的喜悦。温德老师在工字厅讲意大利文艺复兴时期艺术,打开许多画册让我们传阅,幽默地然而严格地区分画的优劣。同样难忘的事还很多,那时候日本军队已在华北城市大街上演习,而清华的师生则在学术上特别争气,不久又在政治上发动了公然反日的"一二九运动"。

  我们这一级(1935—1939)还有一段特殊经历,即抗日战争的锻炼。我们两年在清华园度过,两年在长沙、南岳、蒙自、昆明度过。有的同学进入解放区打游击,大多数在大后方直接或间接地参加过战争工作。但是学术上并未放松。昆明西南联大集北大、清华、南开三校的精华,师生在最简陋的条件下做出了当时第一流的研究成绩,青年人的成长分外迅猛。走遍半个中国给了我们以接触内地实际的宝贵经验,这是在清华园小范围内埋头读书所无法得到的。所以这次大转移又是我们知识和感情上的一次大扩充。(王佐良《想起清华种种》)

第十三章 汉英翻译中词语意义的再现

> 语言中真正有意义的成分要么是词语,或词语的有机构成部分,要么是词语的组合。[5]
>
> ——Edward Sapir

一、理 论 探 讨

  词语的选择至关重要。在 *The Right Word at the Right Time* 一书的"序言"中编者对词语选择的重要性以隐喻的形式作了生动的说明:"Using the right word at the right time is rather like wearing appropriate clothing for the occasion: it is a courtesy to others, and a favor to yourself—a matter of presenting yourself well in the eyes of the world."(恰当的时候使用恰当的词语犹如专为这个场合而身着得体的服装:于他人是一种礼貌,于自己则赏心悦目——即以优雅的姿态将自己展现在世人面前。)但在翻译过程中要做到选词恰当却有相当的难度,尽管我们无法做到我国古人写文章时所追求的那种"语不惊人死不休"的程度,但"一名之立,旬月踟蹰"则是翻译中屡见不鲜的现象。

  作为译者,具备翻译过程中所涉及的两种语言的语言能力(linguistic competence)是基本要求。也就是说,译者的脑子里需要有一个涉及两种语言的丰富的词库,并对词库中的各个词语有相当的熟悉程度,不仅对它们的指示意义(denotation)有深刻的理解,而且对它们的内涵意义(connotation)有正确的把握。这是作为译者能够选择好词语的主观条件。从客观条件上讲,我们有各种类型的词典和参考书,只要我们平

---

5 英语原文为:The true, significant elements of language are ... either words, significant parts of words, or word groupings.

时勤于翻译,翻译之后勤于琢磨,勤于思考,勤于比较,我们在选词方面就会越来越娴熟,从而使得翻译水平不断提高。

有人说,文学翻译是选择的艺术,此话千真万确。在翻译时,我们每时每刻都在进行选择,看哪个词、哪种句子更能完美地传达原文的内容和风格。我们选择的结果有可能过左,有可能过右,也有可能适"度"。但我们总是在朝着适"度"的方向上努力。在词语的选择上,什么叫做适"度"呢?对此有三项标准,即准确、鲜明、生动。

词语选择的准确性体现在所选词语切合使用的场合,正如英语俗语所说的:"Do not write so that your words may be understood, but write so that your words must be understood."(所选词语有可能被人理解时不要动笔,所选词语一定会被人理解时才动笔。)对于词语选择的准确性,美国作家马克·吐温曾有言:The difference between the right word and the almost-right word is as great as that between lightning and the lightning bug.(选词准确与几乎准确之间的差异就如同闪电同萤火虫之间的差异。)为了选词准确,必须熟悉词语的多义性(polysemy)和词语所使用的专业领域。很多词语因语境不同或者专业领域(domain-specialized)的不同而具有不同的意义。如 depression 一词对心理学家、经济学家和地质学家来说,有不同的含义:1) He is in a state of deep depression as a result of his setback latest experiment. 2) His depression first hit almost all the small and medium-sized enterprises. 3) Transportation was at a standstill caused by the depressions in the highways after the earthquake in that area. 要做到选词准确,对词语的指示意义和内涵意义必须把握准确。词语的指示意义是指词语本身所代表的观念,即词语本身的客观固有含义。词语的内涵意义是指词语在大脑中所引起的情感联想意义,这种意义是由于词语同其相邻词语进行搭配或由于上下文而体现出的使用者的主观态度或感情色彩意义。

比较下面的三个句子:

(1) There are over 2,000 **vagrants** in the city.

(2) There are over 2,000 **people with no fixed address** in the city.

(3) There are over 2,000 **homeless** in the city.

这三句话所指代的完全是同一群人,即它们具有相同的指示意义,但它们在读者心目中所引起的联想却不一样。第一句话中的 vagrant 是"游民""流浪者"之意。在公众场合看到这种人人们自然会厌恶。第三句中的 homeless 是"无家可归者"之意,看到这个词,一种怜惜、同情之心便油然而生。由此可见,第一句话中因使用了 vagrant 而使得该句具有了否定的内涵意义(negative connotation),第三句话中因使用了 homeless 而使得该句具有了肯定的内涵意义(positive connotation)。第二句话中使用了一个不偏不倚的表达方式,即 people with no fixed address,不带任何感情色彩,因此,该句具有中性的内涵意义(neutral connotation),这种表达方式常用于法律文献中,以避免所使用词语有可能引起的肯定的或否定的内涵意义,以示法律的客观公正。这也是为什么英语的法律文献中经常使用古拉丁词语或法语术语的原因所在,因为这些古拉丁词语或法语术语在日常生活中少有使用,因而相对来说不具有强烈的情感联想。也就是说,法律文献中的用词是尽量避免使用具有较强内涵意义的词语的。

所选择词语的鲜明度是以所选择词语的准确性为基础和前提的。但鲜明与简练密切相关。莎士比亚曾有言:Brevity is the soul of wit.(言贵简洁。)要达到"简洁"的目标,可从以下两方面着手:一是在可以运用较简短的常见词语表达意思时避免使用复杂而不常见的词语,如用 do something for 而不用 perform 或 accomplish,用 end/finish a letter 而不用 terminate/conclude a letter;二是避免使用多余的或转弯抹角的词语有利于简洁明了地表达思想,因而下列短语中加括号的部分应省去:相互援助 mutual aid (to each other), (mutual) aid to each other,完全的信心 (an entirely) complete confidence,重复那个问题 repeat the question (again),从国外归来 return (back) from abroad 等。

所选词语的生动感也叫优美感(gracefulness),它是建立在准确性和鲜明度的基础之上的,否则,如果单纯追求生动或优雅,就会出现辞藻华丽(flowery)而内容空洞的文风,这都应该避免。

二、译例举隅及翻译点评

【例1】
原　文:我们对这件事当然有发言权。

译　文：Of course we have a say in this **matter**.

【点评】汉语原文中的"事"一词是一个非常常用的汉语词语，它的意义非常笼统和宽泛，因此，并非在任何时候都能翻译成 matter，而是需要根据具体的上下文来确定其意义。此时，是语境决定意义。再如：1) 真是**想不到的事**。What a **surprise**! 2) 这本新书的出版是今年文化界的**大事**。The new book was the cultural **event** of the year. 3) 各族人民的代表共聚一堂，商讨国家**大事**。Representatives from different nationalities gather in the same hall to discuss **affairs** of the state. 4) 这绝不是**轻而易举的事**。It's by no means an **easy job**. 5) 从政治思想上关心学生是教师份内的事。It's the teacher's **duty** to be concerned about the students' ideology. 6) 我已把事情讲清楚了。I've already put **the case** clear. 7) 我可以举出好几件事来证明。I can cite quite **a few instances** to illustrate it. 8) 这不是开玩笑的事儿。This is no **joke**. 9) 那是件普通小事。This is an ordinary **incident**.

【例2】

原　文：雄伟壮观的长城是中华民族创造的最宏伟的工程奇迹，她像一条巨龙，**飞舞于**广袤的平原，**绵亘于**群山峻岭，显示着中华民族的智慧和力量。

译　文：The grand and spectacular Great Wall is the most magnificent construction miracle created by the Chinese people. It **winds** its way like a huge dragon through the vast plains and the undulating mountains, showing the wisdom and strength of the Chinese people.（张春柏 用例）

【点评】同英语相比，汉语非常重具象，即喜欢使用具体的表达法。这一特点在本例中体现得非常充分。原文分别使用了"飞舞于"和"绵亘于"这两个生动具体的动词，但英译文却以一个非常笼统的词语 wind 来表示原文两个生动具体的动词之意，体现了汉英两种语言在体现此类意义时表达方面的差异。将汉语中生动具体的词语翻译成英文中比较笼统的词语是汉英翻译中常见的现象。

【例3】

原　文：贾母因笑道："外客未见，就脱了衣裳，还不去见你妹妹！"(《红楼梦》)

译　文：With a smile at Pao-yu, the Lady Dowager scolded: "Fancy changing your clothes before greeting our visitor. Hurry up now and pay your respects to your cousin."（杨宪益、戴乃迭 译）

【点评】原文的意思不一定通过具体的词汇表达，也有可能体现在上下文的逻辑关系中或者整句话的语气上。这时，要善于从整体上把握这种弥漫于原文句子中的意义，并用适当的方式在译文中表达出来。本例中所说的"脱了衣裳"显然是指脱下外套、礼服之类的衣服，如果照字面译成 take off one's clothes 则不符合此情此景，也不符合逻辑关系。英译文将之译为 changing your clothes 是恰当的。

【例4】

原　文：新经济理论的发展给统计学提出了许多课题，例如，高就学率并不意味着经济的高增长率，如果教育质量很差，或受过教育的人们在一个扭曲的劳动力市场上不能人尽其用的话。

译　文：The development of new economic theories has raised many subjects to statistics. For example, high rates of school enrollment may not **translate into** high rates of economic growth if the quality of education is poor, or if educated people are not employed at their potential because of distortion in the labor market.（罗汉，2002：6-7）

【点评】翻译中最难把握的是搭配。搭配有主语同谓语动词之间的搭配，有动词同其后的宾语之间（即动宾词组）的搭配。这里汉语原文中的"意味着"与其主语"高就学率"以及后面的"经济的高增长率"读来顺畅，搭配协调，但如果将这里的"意味着"按照其通常的意义翻译成动词 mean，则不能充分再现原文的主语同宾语之间的因果关系。这里的英译文选择 translate into 则体现了这种关系，同时也是很地道的英语表达法。在汉英翻译中，除在英语中换一种表达法之外，有时还需要变换语态或词性。如下面的第

(1) 句就变换了语态，第 (2) 句在翻译"实现"这个词时，不仅在英语中选取了一个符合搭配和意义的词语，还变换了词性。

(1) 像这一类的问题有不少，如果处理不当，就很容易**动摇**我们的方针，影响改革的全局。

There are many problems like this one, and if we don't handle them properly, our policies could easily **be undermined** and overall reform affected.

(2) 但天然林停伐与退耕还林具有长远的生态效益、经济效益和社会效益，现在**实现**这两大工程条件已成熟。

Nevertheless, the campaign of deforestation prohibition and restoration of the reclaimed land to forest will **bring about** far-reaching ecological, economic and social benefits and now the regions are well-prepared for **its implementation**.（官忠明 译）

【例5】

原　文：二十岁的时候，有书店**必逛**，有书**必买**。三十岁之后，对书店视而不见，直接去了隔壁的美容院。

译文一：At the age of twenty, I **frequented** the bookstores and **bought** whatever I found there. After thirty, I ignored them and went ahead into the nearby beauty parlor.（毛荣贵 用例）

译文二：At the age of twenty, the bookstore was **a must for me**, and I was **a great book buyer**. While after thirty, paying no attention to the bookstore, I breeze into the beauty parlor next door.（毛荣贵 用例）

【点评】这是毛荣贵在给邵志洪先生的著作《翻译理论、实践与评析》的序言中所用的一个例子。在该序言中，毛荣贵对以上译文作了如下评论：假如，只见到译文一，也许我们很满意地称赞：此译甚"信"。但是，当译文一和译文二放在一处时，令我们进入"初极狭，才通人，复行数十步，豁然开朗"的境界，翻译"苦旅"，曲径通幽，简直是柳暗花明又一村。

毛荣贵所言极是。但译文二为何能够取得令人"豁然开朗"，让人有

"柳暗花明又一村"的感觉？对比原文不难发现，译文一将原文中的"逛"翻译成英文中的 frequent，将原文中的"买"翻译成 buy，此译可谓忠实原文到极至，但却没有观照到汉英两种语言在表达方式上的差异。我们知道，汉语倾向于多用动词，叙述多呈动态；而英语则趋向于多用名词，叙述多呈静态。另外，汉语比较注重主体思维，在叙述客观事物时多倾向于从自我出发，因而多用人称表达法；英语则比较注重客观思维，在叙述客观事物时多用物称表达法，少用人称进行叙述，从而让所叙述的客观事物以客观的口气呈现出来。译文二正是非常恰当地观照到了汉英两种语言的这种差异，将原文的意义融会贯通，并以英美人习惯的表达方式进行表达，因而译文精彩绝伦。因此，在汉英翻译中，如何将原文词语的意义独到而地道地在英译文中再现出来是决定英译文质量的重要因素。

【例6】

原　文：这里那里，螺号**阵阵**，渔歌**声声**，**近近远远**，红旗**飘飘**，白帆**点点**，好一派动人的渔乐图啊！

译　文：What an exciting scene of jubilance, with the fishermen's conches trumpeting and their songs ringing here and there, and red flags fluttering and white sails dotting the sea far and near!（张蓓，2001：13）

【点评】在汉语的描写性文字中，重叠词的使用是常见现象，而英语中则少有重叠词的使用。在绝大多数情况下，在将汉语中的重叠词翻译成英语时，几乎没有可能将汉语中的重叠词翻译成相对应的英语单词后进行重叠。一般需要打破语言形式的束缚，采用省略的翻译方法进行"低调"处理（张蓓，2001：13）。再如：夜幕**垂垂**地下来时，大小船上都点起灯火。从两种玻璃里映出那辐射着的**黄黄**的散光，反晕出一片朦胧的烟霭；透过这烟霭，在**黯黯**的水波里，又逗起**缕缕**的明漪。（朱自清《桨声灯影里的秦淮河》）（When night **falls** and the lanterns on all the boats are lit, the soft, **yellow** light piercing two layers of glass sheds a vast halo of haze and casts

shimmering stripes on the dim, rippling water.)（胡士光 译）

【例7】

原　　文：世上或许没有别的东西有书籍那样的力量，它能使穷人摆脱贫困，使不幸者脱离苦难，使负重者忘掉负担，使病人忘掉痛苦，使伤心者忘掉忧愁，使受压迫者忘掉屈辱。

译　　文：Perhaps no other thing has such power as books to lift the poor out of his poverty and the wretched out of his misery, and to make the burden-bearer forget his burden, the sick his suffering, the grieved his sorrow and the downtrodden his degradation.

【点评】本例原文中最难翻译的词语莫过于"使……摆脱……"了。对于"使"字的翻译，中国学生通常使用 make；对于"摆脱"的翻译，中国学生通常使用 cast off、get rid of 或 break away from 等。如果选择这些表达中的任何一个，将会导致逻辑不通或表达啰嗦。译者在这里将"能使穷人摆脱贫困，使不幸者脱离苦难"翻译成 … to lift the poor out of his poverty and the wretched out of his misery 真是非常简洁和非常地道地再现了原文词语所传达的意义。

【例8】

原　　文：孔子对后代最伟大的贡献是对中国古代文化的**传承开启**，这又是另一种形式的"兼济天下"。

译　　文：The greatest contributions Confucius made to the later generations are his **achievements in inheriting and developing** the ancient Chinese culture, which, in fact, are "to give consideration to the benefit of the whole world" in another form.

【点评】"对中国古代文化的传承开启"是比较难以翻译的短语，但译者在这里深深地理解到原文所传达的意思，将其翻译成 his achievements in inheriting and developing the ancient Chinese culture，这里所增加的 achievements 一词真是画龙点睛之笔，不仅再现了原文所蕴含的意思，而且能够同上文中的 great contributions 协调起来，可谓是恰到好处。

【例9】

原　文：登上骊山，举目北望，渭水如带，阡陌纵横；俯视山麓，林木葱郁，殿宇辉煌，亭台楼阁，池水桥廊交相辉映。犹如一幅美丽的织锦彩绣展现在你面前。

译　文：When climbing to the top of the Lishan Mountain and looking north from the mountain top, you can see that the Weishui River is just like **a belt** crisscrossing the vast expanse of **fields**. When looking down at the foot of the mountain, you can see luxuriantly green trees and splendid **temples** conditioned by **pavilions**, **terraces**, **pagodas**, **pools**, **bridges** and **corridors**, just like a beautiful embroidered brocade unfolded before you. （李明 译）

【点评】 在英文中，名词可分为五种类型：普通名词、集合名词、专有名词、物质名词和抽象名词。在这五类名词中，前两类为可数名词，其余三类为不可数名词。可数名词有两种形式：单数形式和复数形式，表示一个人（或物）或许多人（或物）。英语中的可数名词有形态标志，如单数可数名词之前需要加上 a 或 an，复数可数名词则在其后加上 -s 或 -es。但汉语中的普通名词或集合名词及其代名词都需要凭借它所处上下文来判断其单数和复数。在汉英翻译中，译者必须对此有所把握，因为英语中名词的单复数不仅与其后谓语动词的人称和数密切相关，还同它所表达的整体意义密切相关；而汉语中由于谓语动词没有形态标志，再加上汉语是意合的语言，因此，在名词是单数还是复数这一点上就可以非常模糊。本例汉语原文中，"带""阡陌""林木""殿宇""亭台楼阁""池水桥廊"都没有明示它们到底是单数还是复数，但在英译文中，分别将它们译为 a belt、fields、trees、temples、pavilions, terraces, pagodas, pools, bridges and corridors，单复数显而易见。这是汉英翻译中必须非常注意的问题。再如：1) 赏花须结豪友，观妓须结淡友，登山须结逸友，泛舟须结旷友,对月须结冷友,待雪须结艳友,捉酒须结韵友。(陈继儒《小窗幽记》) One should enjoy **flowers** with chivalrous **friends**, visit **brothels** with temperate **friends**, acend high **mountains** with romantic **friends**, go boating with open-minded **friends**, appreciate the moon with cool **friends**, wait for snowfall with beautiful **friends**, and drink with charming **friends**. 2) 花不可以无蝶,山不可以无泉,石不可以无苔,水不可以无藻,乔木不可以无藤萝,人不可以无癖。(张潮《幽梦影》) It is absolutely necessary that **flowers** should have **butterflies**, **hills** should have **springs**, **rocks** should have **moss**, **water** should have **water-cress**, **tall trees** should have **entwining creepers**, and **human beings** should have **hobbies**. (林语堂 译)

【例10】

原　文:考试方法有所改变的消息,引起许多准备参加今年研究生考试的学生的担心。

译　文:The news of the changes in terms of the examination pattern **triggered** worry among many students who are now engaged in preparation for this year's postgraduate entrance examination.

【点评】"引起"这个词语在英语中的对等语有 arouse、be at the bottom of、bring、beget 等。如果分别将它们放到句子中充当谓语,势必难以组词成句。这里将"考试方法有所改变的消息"翻译成英语中的名词短语 The news of the changes in terms of the examination pattern 就大大便利了下面的行文,而将"引起担心"翻译成 triggered worry 则是精当的选择、地道的表达。

三、翻译比较与欣赏

【例1】

原　文:一个作家通过作品表现自己的内心感受。

译文一：An artist **reveals** his innermost feelings through his works.
译文二：An artist uses his works to **convey** his inner feelings.
译文三：An artist uses his works as a vehicle for **the expression of** his sentiments.

【例 2】

原　文："他只说没有没有，我说你自己当面说去，他还要说，我说……"邹七嫂气喘吁吁的走着说。(鲁迅《阿 Q 正传》)

译文一："He kept **saying** he has nothing left," **panted** Mrs. Zou as she came in. "When I **told** him to come and tell you so himself he **kept talking back**. I told him …"（杨宪益、戴乃迭 译）

译文二："He keeps on **saying** he hasn't anything left," Mrs Zou **reported**, rather out of breath. "I **said** he should **tell** you in person, but he still **kept on**, so I **said** ..." (Lovell, 2009: 105-106)

译文三："He kept **telling** me ... he didn't have anything left, but I **told** ... I **told** him to come and **tell** you that to your face. He even **said** ... even **said** ..." Still trying to catch her breath, Seventh Sister Zou **wheezed** heavily. (Lyell, 1990: 144)

【例 3】

原　文：她最近的独唱专辑使她在流行乐坛声名大噪。

译文一：Her latest solo album **has gained her a great reputation** in the world of pop music.

译文二：She **has become very famous** in the world of pop music since the release of her latest solo album.

译文三：Thanks to her latest solo album, she is now **an important name** in the world of pop music.

译文四：She **has gained a great reputation for herself** in the world of pop music with her latest solo album.（孙海晨 用例）

四、翻译练习

句子翻译

1. 他一有机会就表现自己。
2. 他三年前创办的小商店已发展为在全国有20家连锁店的大公司了。
3. 对知识密集型的部门来说，来源于研究与开发的、应用在革新产品和工艺上的知识是至关重要的因素。
4. 他最近一次画展使他赢得国画大师的名声。
5. 美国快餐业是世界一流的，它给中国带来的好处绝不仅限于向消费者提供更多选择。
6. 开发区应按照上海市经济发展战略和城市总体规划的要求，以吸收外资发展新兴技术和新兴产业，举办先进技术企业和产品出口企业为主。
7. 这里春天桃花盛开，夏天满目青翠，秋天红叶遍野，冬天雾凇皑皑，更有天然奇石，令人遐想无限。
8. 像美国这样拥有高技术劳工和肥沃耕地的国家，它的相对优势就表现在制造计算机、飞机和科技设备等高科技含量的产品及种植小麦、玉米和大豆等土地密集型农产品上。
9. 瑞云集团的成功实践，为政府增加了税收，为农民增加了收入，为企业增加了效益，也为民营企业开发农业提供了借鉴。
10. 地方政府科技创新的职能应该是：提供制度安排，建立公共政策体系和优化服务环境。
11. 我们初上船时，天色还未断黑，那漾漾的柔波是这样的恬静，委婉，使我们一面有海阔天空之想，一面又憧憬着纸醉金迷之境了。（朱自清《桨声灯影里的秦淮河》）
12. 他们正在培养一种新品种的杏树，这种杏树晚春时节开花，有较强的抗寒能力。
13. 艺花可以邀蝶，累石可以邀云，栽松可以邀风，贮水可以邀萍，筑台可以邀月，种蕉可以邀雨，植柳可以邀蝉。（张潮《幽梦影》）

语篇翻译

语篇翻译 1

黄浦江纵横南北，把上海分为两部分。浦东因位于黄浦江以东而得名。二十世纪二三十年代，随着以外滩为核心的金融、商贸区的建立，外商和我国民族资本家开始把经济活动伸向浦东地区。但黄浦江的阻隔，极大地影响了浦东的经济发展。浦江两岸形成了一边是万商云集的十里洋场，一边是以自然农作物为主的大片农田的鲜明对照。

自 1990 年中央宣布开放浦东以来，浦东新区的建设日新月异，突飞猛进。高楼大厦如雨后春笋，拔地而起，田园风光和现代建筑交相辉映，浦东正以崭新的面貌跨入新世纪。

语篇翻译 2

楚有祠者，赐其舍人卮酒。舍人相谓曰："数人饮之不足，一人饮之有余，请画地为蛇，先成者饮酒。"一人蛇先成，引酒且饮之，乃左手持卮，右手画蛇曰："吾能为之足。"未成，一人之蛇成，夺其卮曰："蛇固无足，子安能为之足？"遂饮其酒。为蛇足者，终亡其酒。(《画蛇添足》，出自《战国策·齐策二》)

第十四章 否定的翻译

> 翻译中意义的协商最终总是偏向于具有优势的语言，意义的协商不是在绝对平等的条件下进行。[6]
>
> ——Bassnett and Lefevere

一、理 论 探 讨

每种语言在表达形式上都有肯定形式与否定形式之分，汉语和英语也不例外。本节专门就汉译英时否定的翻译进行探讨。

作为一种逻辑思维概念，中国人和英美等西方人有相似的否定思维。因此，汉译英时通常可以把汉语的否定形式译成英语的否定形式。但汉英两种语言在表达否定概念时所使用的词汇手段、语法手段、甚至语言逻辑等方面都有差异，如若任何时候都把汉语的否定形式译成英语的否定形式，有时译文就会不通顺，或者不符合英语表达习惯，严重时还会导致错误。因此，在英译汉语的否定句时，必须先弄清楚英语在表达同样的否定意义时是否与汉语的表达形式相同，然后再动笔翻译。

汉语和英语中的否定都可分为完全否定、部分否定和双重否定三种。对不同的否定形式应采取不同的译法，使原文和译文意义相符、功能相似。

汉语中表示完全否定的词语通常有"不、决不、绝对不会、非、未、无、没有、不是、毫无、根本没有、根本不、完全不"等；表示部分否定的词语有"并非所有的都、几乎没有、不是每个都、不是两个都、不总是、几乎不、不怎么"等；表示双重否定的词语有"非……不、非……莫、不……没有"等。

英语中表示否定可用两种办法，一是借助词汇，二是借助结构和表达方式。在借

---

6 英文原文为：Negotiation in translation is, in the end, always slanted towards the privileged language, and does not take place on absolutely equal terms.

助词汇方面，英语在表示完全否定时除了使用 not、no、nor、neither 等副词之外，还可借助其他词类，例如：

1. 借助诸如 fail、deny、defy、miss、lack、ignore、refuse、neglect、overlook、exclude、withhold、refrain (from)、prevent (from) 等含有否定意义的动词或动词短语；

2. 借助诸如 absence、omission、failure、refusal、lack、ignorance、neglect、exclusion、denial、scarcity 等含有否定意义的名词；

3. 借助诸如 missing、ignorant、free from、far from、safe from、short of、blind to、deaf to、dead to 等含有否定意义的形容词或形容词短语；

4. 借助诸如 otherwise、no longer 等含有否定意义的副词或副词短语；

5. 借助诸如 unless、before、until (rather) than、or 等含有否定意义的连词；

6. 借助诸如 but、without、above、except、beyond、instead of、in place of、out of、anything but 等含有否定意义的介词或介词短语；

7. 借助带有诸如 no-、dis-、nor-、un-、in-、-less 等前缀或后缀的词语；

8. 在表示部分否定时往往借助 few、little、seldom、hardly、barely、scarcely、rarely、narrowly、almost no/not 等词语或短语；

9. 在表示双重否定时往往借助 no doubt、no wonder、nothing but、nothing more than、no/not... without、not... beyond 等搭配。

在借助结构和表达方式方面，英语中常用比较结构、迂回说法和赌咒、感叹的方式来表示否定意义。

常见的可用于表示否定意义的比较结构有 more (...) than... can、more... than...、...other than...、...rather than...、would rather... than...、know better than + to do sth. 等。这类比较结构是使用形容词、副词的比较级及其他形式，通过 than 把需要否定的部分引出。（源可乐，1995）。另外，all... not...、both... not、not... because... 也常用于表示否定的含义。

采取迂回的说法表示否定是指不直接道出"不"字，而是通过种种方式暗示出否定的含义。采取这种办法表示否定的方式有：1) 通过使用 the last、the least、the limit 等含有极限意义的词；2) 通过使用 above、beneath、beyond 等含有超越某种界限意义

213

的介词与名词或代词搭配；3) 通过使用 too... to... 或 too... for... 结构来表示"太……而不……"这样否定的意义。

采取赌咒和感叹的方式来表示否定往往语气非常强烈。英语中用这种方式表示否定的办法有：1) 用 if 引出条件句表示"要是……，我就……"的意义；2) 用 devil、the hell 等短语来加强语气，表示否定。

从以上论述可以看出，英语表示否定意义的方式比汉语丰富得多。另外，由于汉、英两个民族在心理文化和思维模式上存在着差异，在表达方式上有时也不尽相同，比如：有时在汉语中从反面表达的意思在英语中却要从正面表达，在汉语中从正面表达的意思在英语中却要从反面表达。因此在将汉语的否定句译成英语时，就要充分考虑译语的习惯，利用译语的特色，尽量使译文准确、地道、易懂。以下是常见的几种译法：

1. 将汉语的否定形式译成英语的否定形式；
2. 将汉语的否定形式译成英语的肯定形式；
3. 将汉语的肯定形式译成英语的否定形式；
4. 将汉语的部分否定译成英语的部分否定；
5. 将汉语的双重否定译成英语的双重否定；
6. 将汉语的否定部分进行成分转译，从而达到句意的否定。

二、译例举隅及翻译点评

【例1】

原　文：现在装一台电视机并不难。

译　文：Nowadays it is **not difficult** to assemble a TV set.

【点评】　汉英翻译中，在大多数情况下，汉语的否定形式可以直接翻译成英语的否定形式。再如：1) 她一辈子没有迈出家门一步，到头来却没了自己的家。She never travelled out of her hometown in her life and ended up with no home of her own. 2) 二氧化碳不能燃烧，也不能助燃。Carbon dioxide does not burn, nor does it support burning. 3) 如果这种物质**不传电**，它也就**不会传热**。If this substance can not conduct electricity, neither will it conduct heat. / it will not conduct heat either.

【例2】

原　文：她抱怨名单上没有她的名字。

译　文：She complained about the **omission** of her name from the list.

【点评】英语中表示否定并不一定都要使用否定词来否定谓语，往往可以借助其他含有否定意义的词来否定句子的某个成分，这样，谓语部分就以肯定形式出现。这里的原文中，否定意义"没有"在译文中是通过 omission 一词来体现的。再如：1) 他尽力克服技术资料的不足。He tries his best to overcome the lack of technical data. 2) 说什么我也不去。I'll be damned if I go. 3) 干这件事情我力不胜任。To do this is beyond my ability. 4) 他决不会说出这样的话。He was the last man to say such things.

【例3】

原　文：这些细菌要在温度达到一百摄氏度时才会死亡。

译　文：These bacteria will **not** die **until** the temperature reaches 100℃.

【点评】将汉语的肯定形式译成英语的否定形式这一技巧有人称之为汉、英的正、反表达。汉、英两种语言正、反表达方式的不同是由于心理文化的差异和思维方式的不同所致。因此，汉语的肯定形式常译为英语的否定形式是不足为奇的。这里的汉语原文中的"要……才……"在译文中用 not... until... 译出既符合英语的表达习惯，又非常贴近原义。再如：1) 他们工作时总是互相帮助。They **never** work **without** helping each other. 2) 所有机器在运转时都要损失能量。There is no machine but will lose energy when in motion.

【例4】

原　　文：**不是所有的**金属**都**具有同样好的导电性能。

译　　文：**All** metals **do not** conduct electricity equally well.

【点评】汉语中的部分否定可以对应地翻译成英语的部分否定。本例的原文中，"不是所有的……都……"是部分否定，英译文用 all... not... 结构来表示这种部分否定。现在，越来越多的人用 not all 来表示这种部分否定，因此原文也可英译成 Not all metals conduct electricity equally well。再如：1) 这两台仪器并不都是精密的。Both the instruments are not precision ones. 2) 他太自私，几乎没有人喜欢他。He is so selfish that hardly anybody likes him.

【例5】

原　　文：**没有**足够的加速度，地球卫星是**不能**进入太空的。

译　　文：The earth satellite would **not** get into space **without** enough acceleration.

【点评】汉语中的双重否定可以翻译成英语中的双重否定。双重否定就是在一个句子中同时使用两个否定词，或者使用一个否定词和一个含有否定意义的词或短语。两次运用否定词语实际上起到了相互抵消否定意义的作用，但同时整句话变成了强势的肯定。双重否定的语言现象在汉语和英语中都存在。这种表达方式意在加强整个句子的语气（语用意义），同一般的肯定句相比，加重了肯定色彩，更富有感染力。既然汉、英两种语言中都存在双重否定现象，汉语原文中的双重否定就可以直接译为英语里的双重否定。1) 凡是从前线回来的人，提起白求恩的名字，**没有一个不**佩服，**没有一个不**为他的精神所感动。晋察冀边区军民，凡亲身受过白求恩医生治疗或亲眼看过白求恩医生工作的，**无不**为之感动。No one who returned from the front failed to express admiration for Doctor Bethune whenever his name was mentioned and none remained unmoved by his spirit. In Shanxi-Chahar-Hebei area, no soldier or civilian was unmoved who had been treated by Dr. Bethune, or had seen how he worked. 2) **没有**科学技术知识要建设社会主义是**不可能的**。Without knowledge of science and technology it is impossible to build socialism.

【例6】

原　　文：物质必须运动，否则就**没有**做功。

译　　文：Matter must move, or **no** work is done.

【点评】汉译英时，将汉语的否定部分进行否定成分的转译往往要考虑到英语语言习惯的需要。本例中，汉语原文否定的是谓语，英译时可以将主语予以否定。再如：1) 如果没有太阳，什么也不能生存。Without the sun, **nothing** could live. 2) 在这些电路中，**没有**发现任何缺陷。**No** defects have been found in these circuits. 3) 这里周围，无论是苍蝇还是蚊子，**一只也找不到**。**Not** a fly **nor** a mosquito was found around here.

【例7】

原　　文：两个月过去了，但她烧伤的手臂仍**不见复原的迹象**。

译　　文：Two months had passed, but her burnt arm showed **no sign of healing**.

【点评】这里的原文是否定谓语，译文却否定了宾语。如果译文也采取否定谓语的句式，语气就不如原文那么强。试比较：Two months had passed, but her burnt arm did not show any sign of healing。再如：1) 我们**全然不了解这件事**。We know **nothing** about the matter. 2) **在任何情况下，中国都不会第一个使用核武器**。**Under no circumstances** should China be the first to use nuclear weapons.

【例8】

原　　文：我相信他们是**不会反对你的建议的**。

译　　文：**I don't** believe that they will oppose your proposal.

【点评】汉语原文中，有可能否定分句中的谓语或兼语式中的第二个谓语，英译时可以否定主句的谓语而不否定从句的谓语。再如：1) 我们认为她不可能按时到达。We **don't** think (that) she can arrive in time. 2) 她觉得她**再也不能**忍受她丈夫的侮辱。She **doesn't** feel that she can stand her husband's insult any longer.

　　以上这类否定的转换都有必备条件，即必须有由 that 引导的（或省略了 that 的）宾语从句，而且主句谓语通常由 think、believe、expect、feel、consider、imagine 等动词来充当。

【例9】

原　文：一般来说，对于那些并不能直接教会怎样在迅速紧缩的就业市场受到雇主青睐的课程，家长们和学生们是不屑一顾的。

译　文：Parents and students **tend to scorn** courses of study that do not teach people how to become attractive to employees in a rapidly tightening job market.（常立，2006：28）

【点评】"不屑一顾"是反说，但在英语中却要使用 tend to scorn 这种正说的方式来表达才符合英语语言的表达习惯。在汉语中有很多这样的情况，比如说"不辜负他人的希望"在英语中要说 live up to one's expectations 等。

【例10】

原　文：那女人摆出一副冷冰冰的面孔，我们都觉得这顿饭难以下咽，**更不用说**吃出味道来了。

译　文：The woman presented such a cold face that we found it difficult to finish our meal, much less enjoy it.（史企曾，2006：14）

【点评】汉语的"更不用说"在英语中有以下表达方法：一是使用 much less / still less 这两个短语引导的词组或从句，表示一种追加的否定，less 是 little 的比较级，所以这两个词组只能用于否定句中，可译为"更不用说，更不必说"。二是使用 to say nothing of / not to speak of / not to mention / let alone，这四个词组也表示"更不用说"之意，也是一种追补的说法，但它们与 much less 和 still less 有所不同。这些词组可以随前一句的意思而定，即如果前一句是肯定，所追加的也是肯定意义；如果前一句是否定，所追加的也是否定意义。如：1) I could not agree to, much less participate in such proceedings. 我连同意都没有同意，更谈不上参加这些行动了。2) He knows little of mathematics, and still less of chemistry. 他几乎不懂数学，更不用说化学了。3) In old China, there was hardly any machine-building industry, to say nothing of an electronic industry. 在旧中国，几乎没有什么机器制造工业，更不用说电子工业了。4) At that time they could not afford the ordinary comforts of life, not to speak of luxuries. 那时，他连普通生活都过不上，更不要说奢侈了。5) I don't know algebra or geometry, not to mention calculus. 我连代数、几何都不懂，更不必说微积分了。6) I can't add two and two, let alone do fractions. 我连 2 加 2 都不会，更不要说做分数题了。

三、翻译比较与欣赏

【例1】

原　　文：当时我刚满二十，年纪轻轻，心想多干一点跑跑颠颠的工作，倒也无妨。

译文一：At that time I was only twenty and was very young, so I thought that it didn't matter for me to be asked to fetch and carry.

译文二：I was only twenty then; but what did that matter when I was asked to fetch and carry.（刘宓庆，1999：307-308）

【例2】

原　　文：天下没有不散的宴席。

译文一：All parties must come to an end.

译文二：No dinner party will last forever.

译文三：There is an end to every banquet.

译文四：There are no feasts in the world which do not break up at last.

译文五：There has never been an unending feast.

【例3】

原　文：为了避免二手烟的伤害，世界上很多国家立法规定公共场所禁止吸烟。

译文一：Given the dangers of second-hand smoke, many countries legislate against smoking in public places.

译文二：To avoid the dangers of second-hand smoke, many countries have outlawed smoking in public places.

译文三：Given the dangers of second-hand smoke, many countries ban smoking in public places.（陈世琪，1999：20-21）

四、翻译练习

句子翻译

1. 从小看大，他现在不好好学习，将来也不会有什么出息。
2. 起初，A队配合得不是很好并且连丢6分，只是教练换上了6号球员以后才扭转了局势。
3. 常常有这样的情形：由于研究的角度不同，掌握资料的差异，认识方法的不同，就会出现"横看成岭侧成峰，远近高低各不同"的情况，以至引起学术上的争论。
4. 据说在公元八百年的时候，女皇武则天因百花中唯有牡丹未按她的旨意在雪天开放，因而龙颜大怒，将其逐出京城长安，流放到洛阳。
5. 你在家乡平常总坐人力车，电车，或是汽车，但在我的故乡那里这些都没有，除了在城内或山上是用轿子以外，普通代步都是用船。

6. 如你的新智能身份证是由他人代领，须亲自前往入境事务处的自助服务站，使用智能身份证阅读机，以确定新证内的芯片功能良好及储存在芯片内的个人资料正确无误。

7. 签发给身在海外的香港居民的香港永久性居民身份证，及因申领香港特别行政区护照而签发给11岁以下儿童的香港永久性居民身份证，无须进行这项确定程序。

8. 做人处事有时为了息事宁人，万不得已，非妥协不可。

9. 人们常常因为语言不通引起误会而发生冲突。

10. 为了减少垃圾和保护大自然环境，美国各地商店及超市都不再使用塑料袋而改用纸袋。

11. 祝夫人为人慈祥温和，平日喜欢清闲安逸，一切家务都不大过问，只特别关心女儿，溺爱女儿。

语篇翻译

语篇翻译 1

快乐在人生里，好比引诱小孩子吃药的方糖，更像跑狗场里引诱狗赛跑的电兔子。几分钟或者几天的快乐赚我们活了一世，忍受着许多痛苦。我们希望它来，希望它留，希望它再来——这三句话概括了整个人类努力的历史。在我们追求和等候的时候，生命又不知不觉地偷度过去。也许我们只是时间消费的筹码，活了一世不过是为那一世的岁月充当殉葬品，根本不会享到快乐。但是我们到死也不明白是上了当，我们还理想死后有个天堂，在那里——谢上帝，也有这一天！我们终于享受到永远的快乐。你看，快乐的引诱，不仅像电兔子和方糖，使我们忍受了人生，而且仿佛钓钩上的鱼饵，竟使我们甘心去死。这样说来，人生虽痛苦，却并不悲观，因为它终抱着快乐的希望；现在的账，我们预支了将来去付。为了快活，我们甚至于愿意慢死。（钱钟书《论快乐》）

语篇翻译 2

(1)[7]翻译就像一座桥,桥两端,气候悬殊,风光迥异。两端之间,原隔着险峻的山谷,湍急的溪流。两旁的人,各忙各的,世代相传,分别发展出一套不同的习俗风尚以及语言文化来。

(2) 有一天,这不同文化习俗的人,忽然想起要跟对岸打个招呼。怎么办?要渡过峡谷,不得不起一座桥,谁来起桥?

(3) 终于来了,一群傻里傻气的志愿者。

(4) 问他们:"你们可知道,干这份工作,必须吃得起苦,干劲十足?"

(5) 他们点点头,充满信心地说:"我们有的是干劲,我们也不怕吃苦。"

(6) 再问道:"这份差事,待遇并不好,赶起工来,日以继夜。说老实话,你们可知道付出的劳力与报酬并不相符?"

(7) 答道:"我们不是想发财。"

(8) 再追问:"难道不知道从来没有人是干这一行而发达的吗?做这一行必须默默耕耘,若想抱着沽名钓誉的心,还是趁早别干。桥造好了,人在桥上踏,没有谁会为你们立纪念碑的。"

(9) 又答道:"我们不是想出名。"

(10) 最后只有叹道:"好吧!既不为名也不为利,可别怪大家没提醒你们,这工作可得小心经营,起桥最要紧的是两端根基扎得实,起石桥得一块块石头砌;起木桥得一块块木头搭;哪怕是做绳桥也马虎不得,须一根根绳子打结,不然人一上桥就摔下深涧,怎么还到得了对岸?"

(11) 桥还是建了,一座座、一条条。知识在传递,文化在交流。可是有谁想起建桥人?
(金圣华《一座长桥》)

---

[7] 为评析的方便,本例的汉语原文各段均标上了序号。

第十五章 特殊句型"是"字句的翻译

> 翻译理论贯穿于翻译实践之中,其贯穿方式不是给出简单易行的翻译办法,而是提高译者在处理纷繁复杂问题时的意识,提供处理实际翻译中的一系列路径。[8]
>
> ——Margherita Ulrych

一、理论探讨

"是"是汉语中比较特殊的动词,它不表示动作或行为,而表示判断和肯定。由该词构成的"是"字句在汉语中占有非常重要的位置,在汉语语法中,它常被称为"判断词",通常情况下可以用英语中相应形态、时态、人称和数的变化的连系动词 be 与之对应,但汉语中的"是"字句并非总是表示判断和肯定,它是一个含义极其丰富、表达力极强的句式,因而成为汉语中的特殊句式。

从语法特点来看,动词"是"同一般动词既有相同之处,又有不同之处。(刘月华、潘文娱、故韡,1983:425-432)

相同之处是:1)能受副词修饰;2)可用在能愿动词之后;3)能用肯定、否定相重叠的形式提问;4)能单独用来回答问题。

不同之处是:1)其后不能跟"了""着""过"等动态助词以及各种补语;2)不能用"没有""没""未"来否定,其否定形式为"不是";3)不能重叠使用(口语中的"是是"只是连用,不属重叠)。

---

[8] 英文原文为:Theory informs practice and it does so not by providing easy solutions but rather by raising awareness in the complex issues that translating involves and offering a series of pathways for dealing with the matter in hand.

"是"字句的主语和宾语比一般动词的主语和宾语要广泛得多,可以说一切实词(如名词、代词、数词、动词、形容词、表示处所的词、表示时间的词)和一切短语(名词短语、动词短语、形容词短语、数量词短语、表示处所的短语、表示时间的短语、主谓短语)都可以充当"是"字句的主语和宾语。如:

原文:**院子里是冬天,屋子里是春天**。(主语是表示处所的短语,宾语是名词)

译文:It was winter outdoors, but spring indoors.

原文:**他那样做是为了快点儿完成任务**。(主语是主谓短语,宾语是动词短语)

译文:He did so for the purpose of fulfilling the task as quickly as possible.

原文:**他来晚的原因是家里来客人了**。(主语是名词短语,宾语是主谓短语)

译文:He came late because he had to attend a guest at home.

由于"是"字的特殊性及其极强的表达力,在使用时便呈现出多种句子类型:

1. 表示"等同"和"归类",即表示两种事物同一,或者后者说明前者。如:

原文:他是广东外语外贸大学的英语教授。

译文:He is a professor of English in Guangdong University of Foreign Studies.

2. "是"字之后的宾语从某个方面对主语加以说明,此时的主语与宾语不相应。具体的类型有:

(1) 说明人的性格和特征。如:

原文:**他这人是个慢性子**,干什么事也不着急。

译文:He is really a slowpoke, never hurrying in doing anything.

(2) 说明时间。如:

原文:明天从学校出发是早上六点半。

译文:The time for departure from the school tomorrow will be six thirty.

(3) 说明处所。如:

原文:我们都住在长江边上,**他是上游**,我是**下游**。

译文:Both of us live along the Changjiang River. He lives in the upper reaches of it and I the lower reaches of it.

(4) 说明扮演的角色。如：

原文：这次排练，小王是**东郭先生**，小张是**狼**。

译文：At the rehearsal, Xiao Wang plays the part of Mr. Dongguo and Xiao Zhang that of the wolf.

(5) 表示所具有的物品。如：

原文：我们的电视机不一样，他是**黑白电视机**，我是**彩色电视机**。

译文：Our TV sets are different. His is a black and white one while mine a color one.

(6) 表示衣着。如：

原文：别人都是**长袍马褂**，就他是**西装革履**。

译文：While others were wearing long gowns with mandarin jackets, only he was wearing Western dresses and leather shoes.

(7) 用于比喻。如：

原文：你们是祖国的花朵，祖国的未来。

译文：You are the flowers as well as the future of our nation.

(8) 表示工具、手段。如：

原文：我们是小米加步枪，敌人是飞机加大炮。

译文：We went to the war with millet plus rifles while our enemies went to the war combated us with planes plus cannons.

3. "是"字句可用于对某种情况说明原因、作出解释、进行申辩等，此时，其后的宾语由动词（短语）、形容词（短语）、介词短语等来充当。

(1) 说明原因。如：

原文：他学习好是**由于他有明确的学习目的**。

译文：He does well in his study just because he has a clear objective in his mind.

(2) 作出解释。如：

原文：他是来检查工作，我是来学习。

译文：He came to check up on work while I came to study.

(3) 进行申辩。如：

原文：这种办法是快，不是慢。

译文：This way of doing things will quicken the process instead of slowing it down.

原文：我不是不想买，是买不起。

译文：It's not because I didn't want to buy it but because I couldn't afford it.

(4) 表示解释的"是"字句还可以是无主句。如：

原文：是我没说清楚，不是你没听清楚。

译文：It's because I didn't make myself understood, not because you didn't hear me clearly.

4. "是"字句表示"存在"。如：

原文：宿舍前是绿茵茵的草坪。

译文：There is a verdant lawn in front of the dormitory.

原文：他满身是汗。

译文：He is sweating all over.

5. "是"字前后使用相同的词语，可以表达以下几种意思：

(1) 强调主语肯定就是宾语所代表的那一类，而不是别的。此时，"是"字之前常用"就""总""到底"等副词。如：

原文：对的就是对的，不对的就是不对的。

译文：When something is correct, it is correct and when something is incorrect, it is incorrect.

(2) 表示界限分明，所说的两件或几件事情互不相干。如：

原文：咱们应该公是公，私是私，清清楚楚。

译文：We should very clearly distinguish between public affairs and private affairs.

(3) 表示让步，含"虽然"之意，但语气比使用"虽然"本身要委婉。如：

原文：诗是好诗，就是长了点儿。

译文：It is a good poem all right, but it's a bit too long.

6. "是"字表示"凡是"之意，此时"是"需重读。如：

原文：**是**重活，他都抢着干。

译文：Whenever there's a tough job, he always rushes to do it.

原文：**是**草有根，**是**话有因。

译文：Every blade of grass has its roots and behind every word is a thought.

7. "是"用在名词前表"适合"之意。如：

原文：这些工具放的**不是**地方。

译文：The tools are not put in the right place.

原文：这场雨下的**是**时候。

译文：This rain has come at just the right time.

8. "是"字用在句首以加重语气。如：

原文：**是**他第一个明白过来。

译文：It was he who first came to reason.

二、译例举隅及翻译点评

【例1】

原　文：武汉**是**湖北省的省会，**是**华中地区工业、金融、商业、科学、文化教育的中心。

译　文：Wuhan is the capital of Hubei Province. It is also the centre of industry, finance, trade, science, culture and education in the central area of the country.

【点评】原文用了两个"是"，均表示"等同"。由于主语为单数形式，且表示一般的状况，故译文均选用 be 的单数第三人称一般现在时形式 is 作两句译文的连系动词。

"等同"就是"等于","等于"在数学里面用"="表示,即"是"字句前后的成分可以换位。在翻译表示"等同"含义的"是"字句时,要根据主语的人称和数的情况以及原文中所陈述的时间来决定连系动词 be 的单、复数形式以及合适的时态,再用英语的系表结构译出。再如:1)杜甫的祖父是杜审言。Du Fu's grandfather was Du Shenyan. 2)武汉是长江中游地区的特大城市,是湖北省的政治、经济、文化、科技中心。Wuhan, a metropolis situated in the middle reaches of the Changjiang River, is the political, economic, cultural, scientific and technological centre of Hubei Province.

【例2】

原　文:我是广东人。

译　文:**I am from** Guangdong.

【点评】这里的汉语原文不可倒置,即只可以说"我是广东人",但不能说"广东人是我"。译文用 am 译出原文的"是",是由于主语为第一人称单数的缘故,原文的类属关系用 from 一词表示出来。此外,这里用一般现在时是因为原文表示现在的情况。

汉语中的很多"是"字句往往用以说明一种类属关系,也就是说,主语的所指属于谓语所指的一部分。这种句子往往要用英语的系表结构译出。再如:1)武汉是中国的六大城市之一。Wuhan is one of the six largest cities in China. 2)这是他过去常对人说起的观点。This was a viewpoint he would often talk about.

【例3】

原　文:春秋战国时期,楚国是疆域最辽阔的诸侯国,加上历时八百多年,楚国文化成为中华民族文化的重要组成部分。

译　文:During the Spring and Autumn and the Warring States Period, Chu **occupied** a vast territory and lasted hundreds of years so that Chu Culture became an important component part of the Chinese Culture.

【点评】原文中的"是"在英译文中以 occupied 译出，相应地，"楚国是疆域最辽阔的诸侯国"被译成 Chu occupied a vast territory，正确地传达了原文的指称意义。这是因为，其一，楚国在春秋战国时期所占地域最为辽阔；其二，"诸侯国"在原文中作述语，其指称意义在英语中空缺，译文采取了音译的办法，凭借 states 一词，读者会明白 Chu 是春秋战国时期的一个国家。再如：农业、冶炼、丝织、漆器和天文，是楚人在当时同一领域世界领先的物质文化。（Chu's agriculture, metallurgy, silk-knitting, lacquer-work and astronomy took the lead in the then world and represented the highly developed Chu civilization.）

【例4】

原　文：汉正街原来是破旧、窄小的一条旧街。

译　文：The Hanzhen Street **was** originally a narrow, shabby street.

【点评】汉语中绝大多数"是"字句都表示特征。英语中由 be 作连系动词的系表结构绝大多数也表示特征，因而可以直译。再如：十亿多人口的中国是个巨大的市场，与各国的经济合作有着广阔的前景。（With a population of over 1.1 billion, China itself is a huge market that holds great potential for countries looking for economic cooperation.）

【例5】

原　文：我不是不懂，是不想说。

译　文：It's not **that** I didn't understand, but **that** I didn't want to say anything.

【点评】汉语中的"是"字可以用在动词或形容词之前表示有所肯定或有所否定，以加强句子的语意，英译时要根据"是"字所处的位置和上下文，增添不同的词以表示"是"字所加强的语意。这里的原文中，"不是"用来加强"不懂"的语意；后面的"是"用来加强"不想说"的语意。"不是"

在此意为"的确并非","是"意为"而是",均含强调之意。译文用强势语结构 not that... but that 译出,意义相符、功能相似。再如:1) 这孩子是可爱。The child is lovely indeed. 2) 今天天气是好。It is certainly fine today. 3) 我是想给你一个机会。I do want to give you a chance.

【例6】

原　文:入夜,广场上已是人山人海,节日的烟花映照着天空。

译　文:When night fell, there were already large crowds of people in the square as the sky was brightly lit up with fireworks, bringing a merry atmosphere to the festival.(田鹏森、季建芬,2005:86)

【点评】"是"字句可以表示"存在"。在汉语中存在句的主语之后,常出现这类"是"字句,这时的"是"字可以翻译成英语中的 there be 结构,如本例中的英译文。再如:前面是一大片稻田。(There is a big stretch of rice fields ahead.)但在多数场合,则需要根据"是"字所出现的上下文进行灵活处理。例如:1) 满屋都是烟,连他衣服上都是烟味。Smoke filled the room—even his clothes smelled of smoke. 2) 一千五百米跑下来,他满身是汗。After a thousand-and-five-hundred-metre run, he was sweating all over.

【例7】

原　文:现在中国市场有两个显著的特点:一方面是农产品比较丰富、充裕;另一方面是农产品价格上涨幅度大。

译　文:At present, there are two conspicuous characteristics of the market of China. On the one hand, there are quite abundant agricultural products available. On the other hand, the prices of the agricultural products are rising at an extremely high speed.

【点评】这里的"是"所表示的是一种直观的表象或结果。汉语中的这种"是"字句用法非常奇特,在口语中出现较多,谓语通常是说话者的某种直观判断或者描写,但在语义上却不合逻辑。在翻译这类句子时,要根据整句通盘考虑或根据上下文来确定适当的谓语，因而"是"字在这类句子中无固定的译法。再如：1) 那年月，有钱人是天天过年。In those years, the rich people's extravagance was such that everyday was a Spring Festival. 2) 我爸爸直来直去，但他是一片好心。My father is rather blunt but he's always well-intentioned.

【例8】

原　文：这些电子计算机是新华公司制造的。

译　文：These computers were made in Xinhua Company.

【点评】"是"字与"的"字配合起来，不仅可以用在谓语为形容词的句子里，如"那是危险的"，也可以用在谓语的主要成分为动词的句子里，例如："你是知道的""我是不去的"。"是……的"句式可以用来表示两个方面的含义：一是表示被动，二是表示加重语气以示强调。再如：1) 我写的信是给她的。/ 我是给她写信的。/ 我是给她写的信。It was to her that I wrote a letter. 2) 我去年是在北京碰见王大夫的。It was in Beijing that I met Doctor Wang last year.

【例9】

原　文：是小李把插销拔了的。

译　文：It's Xiao Li who pulled out the plug.

【点评】原文是一个"是字打头句"。在这类句子中，"是"字前面的主语既不是省略，也不是隐含，而是根本没有，即人们所说的"零位"。零位主语的"是"字句是典型的汉语表达法。在英译这类句子时，往往要用 it 作形式主语，"是"字本身往往根据句中动作所发生的时间选用 be 的不同时态。该句中 it's 应是 it was 的缩略式。另外，若这类"是"字句用在谓语为形容词的句子里，英译时用系表结构译出即可。再如：1) 是烂了的。They are the rotten ones. 2) 是厂长同意了的。It's the head of our factory who has given us the green light.

【例 10】

原　文：那里**才**是事故发生的地方。

译文一：It was there that the accident took place.

译文二：There was where the accident took place.

译文三：That was the very place in which the accident took place.

【点评】当"是"字前面用了"才""就""竟""的"等字眼时，"是"字句所陈述的语气得到了强调，英译这类句子时，可以运用英语的各种强调手段进行翻译。本例中，原文若不用"才"，整个句子即使是强调句，强调的意味也不浓。英语中强调的方式有很多，因此该句可以用多种方式英译。第一种译法是以 It is/was... that... 这种强调结构；第二种译法是以 There 开头来表示强调；第三种译法是用 very 一词表示强调。再如：1) 我正在干的**就**是给他上一堂课。What I am doing now is teaching him a lesson. 2) 去年在北京碰见王大夫**的**是我。It was I who met Doctor Wang in Beijing last year. 3) 他搞到那个职务**竟**是通过裙带关系！He got the post by the apron-strings!

【例 11】

原　文：这件羊毛衫好是好，**可就是**太贵。

译　文：The sweater is of good quality indeed, but it is too expensive.

【点评】当"是"字句先表示承认，然后转入正意时，就变成让步句。英语中可以通过词汇手段或句法手段来表示让步。因此英译表让步关系的"是"字句时，常常可以通过词汇手段或句法手段达到目的。本例原文中的"是"字句表示让步，译文通过副词 indeed 和表示转折关系的连词 but 来再现让步关系。再如：这个故事好是好，**就是**长了点。(It is a good story all right, but it's a bit too long.)

【例 12】

原　文：你应该清楚这一点：小孩就是小孩，别充大人。

译　文：You should be aware of this: children are children; don't pretend to be grown-ups.

【点评】汉语中的"是"字句，其前后用词可以相同，以表示区别。这类"是"字句看起来似乎是意义重复，实际上它表示不同的人或物不能混为一谈。英译时，可将这类句子译成系表结构。再如：敌是敌，友是友，必须分清敌我界限。（A friend is a friend, a foe is a foe; one must be clearly distinguished from the other.）

【例 13】

原　文：是重活，他都抢着干。

译　文：Whenever there's a tough job, he is always the first to do it.

【点评】本例中汉语原文的"是"字句所表示的是"凡是"之意，这里的英译文是通过使用 whenever 一词来表达此义的。再如：是人就会犯错误。（To err is human. / Every one is liable to error. / No human being can be free from mistakes.）

三、翻译比较与欣赏

【例 1】

原　文："以和为贵"就是说国家之间、民族之间、人与人之间要以团结互助、友好相处为最高境界。

译文一："Harmony is most precious". This means that mutual help and friendly co-existence between states, nations and people should be our ultimate pursuit.

译文二：That "harmony is greatly treasured" means that the pursuit of mutual help and friendly co-existence between states, between nations and between people should be our ultimate goal.（李明 译）

译文三：That "harmony is greatly treasured" means that we should set as our ultimate

goal the pursuit of mutual help and friendly co-existence between states, between nations and between people. （李明 译）

【例2】

原　文：一个和谐的国家是法治的国家，稳定的国家，和平的国家，繁荣的国家。一个和谐的世界是民主的世界，和睦的世界，公正的世界，包容的世界。

译文一：A harmonious country should be one of laws and stability, peace and prosperity. A harmonious world should be one of democracy, peace, justice and tolerance.

译文二：A harmonious country should be the one governed by law and characterized by stability, peace and prosperity. A harmonious world should be the one guided by democracy and characterized by peace, justice and tolerance. （李明 译）

【例3】

原　文：他想成为科学家的愿望是由早年对大自然的热爱发展起来的。

译文一：The desire that he wanted to be a scientist grew out of his early interest in nature.

译文二：The desire to be a scientist grew out of his early interest in nature.

四、翻译练习

句子翻译

1. 客厅里静得很，只有小风扇的单调的荷荷的声响。间或飞来了外边马路上汽车的喇叭叫，但也是像要睡去似的没有一丝儿劲。几个男当差像棍子似的站着。（茅盾《子夜》）
2. 任何东西都是有价的，都能失而复得，只有智慧才是人生无价的财富。

3. 他们受过专门训练，能把废话说得娓娓动听，似乎胸中颇有经纬，实则多半**是**绣花枕头草肚皮。
4. 他们有一种奇怪的感觉，似乎这**不仅仅是**天色的黑暗，**还更是**社会的黑暗与政治的黑暗。
5. 重温仓促来去的日子，那成熟之前的天真幼稚印象最深：爱、被爱、错失、落叶般瑟缩的痛苦以及繁硕如花枝招展的欢乐，样样都**是**第一次，都曾在空白的履历上留下无可涂改的痕迹，也都具备着他物难以替代的价值。（洪烛《必要的青涩》）
6. 他毕业于北京外国语大学，**是**首位获得联合国训练研究所奖学金的华人，并因此有机会到国际法院、海牙国际法学院、联合国法律事务处、世界银行法律部学习考察。
7. 起初他还挺硬，可是当警察出示经他篡改的文件并问他是怎么一回事的时候，他却无言以对了。
8. 虽然很多人都已经富裕起来了，**可是**仍有些人吃了上顿没下顿。
9. 有些青年人认为超前消费才显得豪华气派，这种想法**是**错误的，**是**不适合我国的国情的。
10. 认为经济发展了，就难保持收支平衡的观点**是**没有根据的。
11. 有的人认为吃喝玩乐才**是**人生的最大乐趣，其实，这**是**对人生的误解。

语篇翻译

语篇翻译 1

失败的下一站是"痛苦"，但却不是终点站，而是岔道口。这岔道口岔出两条路：一条是心灰意冷、一蹶不振的路，这路是通向彻底的失败，这时的失败是真正的失败；另一条是汲取教训、奋起拼搏的路，这路是通向再失败或失败的反面——成功，但只有踏上这条路，才有成功的希望。因此，一个人遭到了失败，并不意味着这就是结束，问题在于，站在"痛苦"这个岔道口的时候，自己选择哪一条路。（《失败是个未知数》）

语篇翻译 2

人如商品要包装，但切忌过分包装。夸张包装，要能展示人物的独特个性，在随意与自然中表现个性美，重要的是认识自己。包装的高手在于不留痕迹，外在的一切应与自身浑然一体，这时你不再是商品，而是活生生的人。

青年有着充盈的生命底气，她亮丽诱人，这是上帝赐予的神采，任何涂抹都是多余的败笔，青春是个打个盹就过去的东西。

中年的包装主要是修复岁月的磨损。如果中年的生命依然丰满而有开拓与自信，便会化解成独特的气质，你会依然风姿逸秀。

老年人，如果你生命的河流正常地流过，流过了平原高山和丛林，那么你是美的。你的美充满了安详与淡泊，因为你真正地生活过。老年人不要去染发。老人的白发像高山的积雪，有种神仙之美。人该年轻时就年轻，该年老时就年老，与自然同步，这就是和谐。和谐就是美，反之就是丑。和老年人在一起就像读一本厚厚的精装书，魅力无穷，令人爱不释手。人只要真正找到了自己，就找到了品牌，就找到了恰当的包装。

第十六章 特殊句型"把"字句的翻译

> 只要有足够的决心,即使是大傻瓜也能学会一门语言,但只有聪明人才能成为翻译家,从根本上说,翻译家的作品就是其智力的体现。[9]
>
> ——Peter Newmark

一、理论探讨

"把"字句是指谓语部分带有介词"把"构成的介词结构作状语的动词谓语句(刘月华等,1983:465;樊平,1988:263)。

"把"字句是汉语中既特殊又极为常用的一种动词谓语句。在大多数"把"字句里,介词"把"的宾语与全句的谓语动词之间存在着意念上的动宾关系。

1. "把"字句的使用有以下几个条件:

(1) 只用于主动式;

(2) "把"字的作用是将宾语提前突出宾语,宾语之后的主要动词必须是及物动词,而且必须与宾语搭配得当;

(3) 既然宾语已经提前,主要动词不能再另外带有宾语(能带双宾语的动词除外,如:"请把这件事情告诉他""把大门上了闩""把他免了职"。这里的动词"告诉""上"和"免"均可带双宾语。);

(4) 不能单独使用"把"字而没有别的动词与它接应。比如"把信寄出去"具备

---

[9] 英文原文为:Any old fool can learn a language, if he has enough determination to do so, but it takes an intelligent person to become a translator, and basically his work is the measure of his intelligence.

三个条件：其一，"信"是可以"寄"的；其二，所"寄"的物品是"信"，"信"是唯一的宾语；其三，"寄"与"把"相互配合，共同实施所描述的动作。换言之，没有动词"寄"，这句话就不能成立；没有介词"把"，"信寄出去"也不成为一句话。

2. "把"字句的语法特点（樊平，1988：263-268）：

(1) 其基本意义表示"处置"或"影响"（某人或某事）以及"处置"或"影响"（某人或某事而产生）的结果。如：

原文：他把那把椅子搬到屋子外边去了。

译文：He moved that chair out of the room.

这句话中的"搬到屋子外边去了"是"他"处置"那把椅子"而产生的结果。英语中没有类似汉语"把"字句的结构，翻译时将"把"字同其后面与之相呼应的动词翻译成英语中的及物动词即可。

(2) "把"字句中"把"字的作用在于指明其所"处置"或"影响"的人或事物，即宾语，因此，该宾语一般是特指的或者已知的。如：

原文：他们把病人送到医院去没有？

译文：Did they send the sick person to the hospital?

(3) 由于"把"字句可表示"处置"或"影响"（某人或某事而产生）的结果，因此，在与"把"字相呼应的动词之后还需要加上宾语、状语、补语或动态助词"了""着"等成分，使之意义完整。如：

原文：入夏前她把皮大衣收藏起来了。

译文：She stored away her fur coats for the summer.

(4) "把"字句中若有能愿动词、否定副词、时间状语等，能愿动词、否定副词和时间状语一般放在"把"字之前。如：

原文：他想把生的希望让给别人，把死的危险留给自己。

译文：He intended to run a risk of death upon himself and to leave the hope of survival to others.

原文：他没有把那项任务很好地给我们完成。

译文：He didn't fulfill the task to our satisfaction.

3. 使用"把"字句的场合：

(1) 叙述某一事物受某种动作"处置"或"影响"，或者询问某一事物受何种"处置"和"影响"时；

(2) 使用动词"忙、累、急、气"等加上表示结果的补语，且整个句式含有"致使"之意时；

(3) 动词含有"成""为""作"，或者以"成""为""作"作为结果补语，同时又带有两个宾语时；

(4) 动词之后有结果补语"在""到""上""入"，后边还带有表示处所的宾语说明受处置的人或事物通过动作而处于某地时；

(5) 动词之后有结果补语"给"，后边还带宾语，说明处置之事物的归属时；

(6) 某些动词带有双宾语，且直接宾语又是特指或已知，而需要将直接宾语提前时。

英译"把"字句时，应按照其不同的意义、作用和结构，选择不同的译法。请看下面的"译例举隅及翻译点评"。

二、译例举隅及翻译点评

【例1】

原　文：你最好在月底之前把这台机器修好。

译　文：You had better **have this machine repaired** by the end of this month.

【点评】原文"把"字结构中的"把"字含有"处置"之意，"修好"在原文中是动补关系。英语中也有一种结构可以表示"处置"的含义，这便是 to have sth./sb. done，done 在这里作宾语补语，因此用英文的 have sth. done 的结构翻译，做到了意义相符，功能相似。再如：1) 他每天把自己关在房子里看书。He **has himself confined in the room** every day, reading books.

2) 我们已经把计划做好了。We **have already got the plan ready**.

【例2】

原　文：由于武汉的地理位置优越，它把周围地区紧密地联系起来了。

译　文：Because of its favorable geographical position, Wuhan connects itself closely with its surrounding areas.

【点评】原文是个"把"字句，译文以"动词＋宾语＋介词短语"的结构译出，传达了原文的含义。再如：为了实现武汉长远发展战略目标，武汉市政府把科技放在首要位置，以提高科技水平，加强经济力量。（To fulfill the long-range strategic goal in the development of Wuhan, the municipal government puts science and technology in the first place in order to raise the scientific level and strengthen the economic power.）

【例3】

原　文：这天气把人热得坐不住。

译　文：The heat of weather makes one unable to sit still.（刘宓庆 用例）

【点评】当"把"后面的动词是"忙""累""急""气""吓""热"等表示结果的补语时，整个句子就有"致使"的意思。在英译这类句子时，常常可以利用英语中含有"致使"意义的动词。本例中，英译文采用了to make 这个含有"致使"意义的动词，使译文与原文意义相符。再如：1) 那一趟可把我累坏了。That trip tired me out. 2) 他把那小女孩吓得哭了起来。He scared the little girl to tears.

【例4】

原　文：韩梅梅把头一昂，走了。

译文一：Han Meimei tossed her head and went away.

译文二：Tossing her head, Han Meimei went way.

【点评】 本例中,"把头一昂"或"把头往后一仰"在英语中有意义完全相符的短语,即 to toss one's head 来表示。再如:那年轻人把腰板一挺,不服输。(The young man straightened himself up and refused to admit defeat. / Refusing to take the defeat lying down, the young man straightened himself up.)

【例 5】

原　文:我是把那件事当作自己的事情来做的。

译　文:**I considered** the matter as my own business.

【点评】 汉语中,"把……当作/作为/说成/看成……"是常用句型,这一句型可以使用英语中的"动词 + 宾语 + as/for"这一结构来翻译。再如:1) 他们把我们当作贵宾来款待。They treated us as distinguished guests. 2) 他把王先生错当成他爸爸。He mistook Mr. Wang for his father.

【例 6】

原　文:真把我饿死了!

译　文:I'm nearly starved to death!

【点评】 汉语中的"真把……"这种句式通常用于表示程度的强烈和说话人的无可奈何,具有表情功能,译文通过 nearly 和感叹号"!"的配合使用来表达这层含义和功能。再如:真把他没办法。(He's really a tough person to cope with.)

【例 7】

原　文:把电源插头插入 220 伏交流电源插座,将电源开关按下,接收器就打开了。

译　文:Connect the main plug to 220V AC power socket and push power switch to turn on the receiver.

【点评】 零位主语"把"字句通常用作祈使句,对于这类句子,英译时常用"及物动词 + 宾语"的结构翻译。这里,原文中的"把"字句在译文中被

转换成由及物动词 to connect 构成的祈使句。再如：把耳机插头插入耳机插孔后就能切断机内喇叭，供个人收听，不致干扰别人。（Insert the earphone plug into the socket, the built-in loudspeaker would be automatically switched off for a single person to listen without bothering others.）

【例8】

原　　文：她把她的自行车借给了我。

译文一：She **lent me her bike**.

译文二：She **lent her bike to me**.

【点评】 汉语中的动词如"交给""借给""递给""告诉""扔给"等可以带双宾语（例如：请交给他这本书。请借给我你的自行车。），但这种句子往往借助于"把"字将直接宾语提到动词之前，将间接宾语放在动词之后（例如：请把这本书交给他。请把你的自行车借给我。）。在翻译这类带双宾语的"把"字句时，往往用英语中能够带直接宾语和间接宾语的动词译出。

在本例中，原文中的直接宾语"自行车"置于介词"把"之后，动词"借给"之前，间接宾语"我"置于动词"借给"之后，英文可以用两种方式译出：其一是将两个宾语都置于动词之后，其中间接宾语放在前面，直接宾语放在后面；其二是将直接宾语紧接着放在动词之后，将间接宾语以介词短语的方式译出，放在直接宾语之后。再如：请把盐递给我。（Please pass me **the salt**. / Please pass **the salt** to me.）

但有时由于间接宾语有修饰成分（比如有定语），则必须将原文中的间接宾语换成英语中的介词短语，并置于直接宾语之后。例如：他们把消息告诉了他们所遇到的每一个人。（They **told the news to everybody they met**.）

【例9】

原　　文：在这个场景中，成功的人物造型和声、光、电效果的巧妙配合，把武则天得意忘形的心理状态表现得淋漓尽致，众花神无奈遭贬也描写得惟妙惟肖。

译　文：This scene is a successful combination of animation and sound effects, plus lighting, and portrays most vividly what makes Wu Zetian dizzy with success. Even the scene of demoting the Flower Goddesses is remarkably true to life.

【点评】"把"字句是汉语的一个特殊句式，英语中没有与之相对应的句式，也没有一个词与"把"字完全对等，因此在翻译"把"字句时，大多数时候是按照英语动词的习惯用法来选择合适的句型，在译文中往往看不到"把"字的痕迹。本例中的"把……表现"就由一个英语动词 portray 来体现。

【例 10】

原　文：因此，经济专家指出，中国今年有可能把通货膨胀率控制在确定的目标（指 15%——编者注）之内，但不可能没有通货膨胀。把通货膨胀控制住，是非一日之功可以做到的。

译　文：Because of this, as many economists are pointing out, while China may be able to keep inflation within the 15 percent target, inflation is unavoidable. It will take much effort to bring it under control.

【点评】原文中有两个"把"字句，译文根据不同的情况分别将"把通货膨胀率控制在确定的目标之内"和"把通货膨胀控制住"两个短语译作 to keep inflation within the 15 percent target 和 to bring it under control。可见，原文中"把"字的含义也是通过译文的字里行间体现出来的。

【例 11】

原　文：简单地说，市政府计划强化这一地区的综合功能，弱化居住功能。把这里建成一个现代化大都会。

译　文：In short, the district is going to be built into a modern, metropolitan downtown focused on urban functions rather than residence.

【点评】 这里,译文将原文的"把"字句译成了被动句是因为译文要突出主语"地区(district)"。类似的例子如:1) 他所做的一切把我感动得流下了眼泪。I was moved to tears by what he had done. 2) 把这些物资尽快送到地震灾区是非常紧急的任务。It is a matter of great urgency that the supplies should be dispatched to the earthquake-stricken area as soon as possible.

三、翻译比较与欣赏

【例1】

原　文:昨天把我累得都站不起来了,可她还是无动于衷。

译　文:Yesterday I was so tired that I couldn't even stand up, but she was still unconcerned.

【例2】

原　文:如果把老师叫做教书的,把厨师叫做做饭的,那就太不客气了。

译文一:If we call a teacher one who does teaching, and a chef one who does cooking, it is too impolite.

译文一:It is too impolite to call a teacher one who does the teaching, and a chef one who does the cooking.

【例3】

原　文:道义体现于人日常的一切言行之中,"千里之行,始于足下",先哲们以这一生动的比喻把远大的志向置于知行合一的哲学基础之上。

译　文:Righteousness embodies itself in day-to-day words and deeds. "A thousand-mile journey is started by taking the first step." The great thinkers of the past based this high aspiration upon the theory of unity between knowing and doing.

四、翻 译 练 习

句子翻译

1. 这些民歌,刻画生动,形式活泼,把革命的现实主义同革命的浪漫主义巧妙地结合起来。
2. 住在这白色的小屋,好像把我住在帷幔中一般。(萧红《商市街》)
3. 那个人把刀在围裙上,在那块脏布上抹了一下,熟练地挥动着刀在切肉。(萧红《商市街》)
4. 血液把这种快乐传遍内脏,最后在脸颊上留下心满意足的红润。(王鼎均《一方阳光》)
5. 我没有采茶的经验,常把一根一根的枝弄断了,嫂嫂急得跳起来说:"妹妹,你还是去捉你的蝴蝶吧,不要弄坏了茶树,母亲知道了,又会骂你的。"(谢冰莹《采茶女》)
6. 祥子的心一动,忽然的他会思想了,好像迷了路的人忽然找到一个熟识的标记,把一切都极快地想了起来。(老舍《骆驼祥子》)
7. 祥子把那件新的无领无钮的单衣斜搭在身上,把两条袖子在胸前结成个结子,像背包袱那样。(老舍《骆驼祥子》)
8. 我把自己关在我所选定的小世界里,我自私地活着,把年轻的生命消耗在白纸上,整天唠唠叨叨地对人讲说那些悲惨的故事。(巴金《憩园》)
9. 他讲了几句话,就说要走了,我不敢留他,不过我要他把他的住处告诉我,让我好去找他。(巴金《憩园》)
10. 我凭着记忆把他的面貌详细地描绘了一番,他听得很仔细,好像要把我的每句话都记在心里似的。(巴金《憩园》)

语篇翻译

语篇翻译 1

在那一方阳光里,我的工作是持一本《三国演义》或《精忠说岳》,念给母亲听。如果我念了别字,她会纠正,如果出现生字,——母亲说,一个生字是一只拦路虎,她会停下针线,帮我把老虎打死。渐渐地,我发现,母亲的兴趣并不在于重温那些早已熟知的故事情节,而是使我多陪伴她。每逢故事告一段落,我替母亲把绣线穿进若有若无的针孔,让她的眼睛休息一下。有时候,大概是暖流作怪,母亲嚷着:"我的头皮好痒!"我就攀着她的肩膀,向她的发根里找蚤子,找白头发。(王鼎均《一方阳光》)

语篇翻译 2

他饮他的花酒,我喝我的清茶。人生需要一种境界:自我安定。

面对别人的成功与荣耀,我喝我的清茶,我明白那掌声已有所属,匆匆忙忙赶过去,不会有成功等待着你,还是自己再创业绩吧,跟着别人永远只能摸着成功的尾巴。

凡事不逃避,我喝我的清茶。荷花居淤泥而不染,若为怕水污而种在旱地上,它早就枯死了。人生也一样,避恶、避丑、避邪,只能说明自己心灵脆弱。一个自我安定的人是不怕环境污染自己的,而有力量影响他人。古代孟母三迁是为了怕孩子受坏影响,要为自己就没必要逃避了,后来孟子长大成人后也没听说孟母再搬家。

自我安定可不是找一个安宁的所在,而恰恰是在紊乱的环境中保持安定的心境。"定"是一种境界,是居于多变之中的不动摇。只有达到这一境界才能掌握自己的方向,才能做到"他饮他的花酒,我喝我的清茶。"(王书春《我喝我的清茶》)

第十七章 长句的翻译

> 汉语句子的结构像"竹竿",是一节接一节的;而英语句子则像"葡萄",主干很短,而"挂"在上面的附加成分则很多。可以说,汉译英的过程,是一个由"竹竿"向"葡萄"转换的过程。首先要确定"一节接一节"的汉语句子,选其中的哪一节作为英语句子的"(葡萄)主干"。
>
> ——无名氏

一、理论探讨

汉语的长句是指字数较多、结构繁复、语义呈现多层次、多梯级的句子。汉语的长句从内部结构来看,可分为两种:一种长句实际上是简单句,但其中的句子成分较多,而且有的成分内部结构较为复杂,其所描述的内容比较丰富,陈述比较细致;另一种长句是复句或多重复句。由两个或两个以上意思上有联系的单句构成的句子叫复句,构成复句的单句叫分句。复句又分为以下两类:

1. 联合复句,包括并列复句(含平列关系、对比关系、分合关系等三种)、承接复句、递进复句、选择复句等四类;

2. 偏正复句,包括因果复句(含说明因果句和推断因果句)、转折复句、条件复句、假设复句、让步复句、取舍复句、目的复句、时间复句、连锁复句等九类。

但有些复句中的分句本身又是一个复句,即分句中还包含着分句,这类复句叫做多重复句。

构成汉语长句的原因有两个:

其一,当一个句子包含有很多转折或附加成分时,句子信息量就会不断扩大,结果就形成了一个在语义和结构上较为复杂的句子。

其二，当一个句子要表达多层次的意思时，往往以平行、并列等结构将词组、分句线性地组合在一起，这样就构成了长句。

汉语和英语中都有长句，但在句子的结构上差异很大。汉语是一种重意合、主题显著的语言，句子中的主谓成分较难确认，尤其在长句中更是如此。尽管汉语中的连词也有很多，如"和、同、以及、跟、或、不但、而且、很多、然而"等，但不管是长句还是短句，汉语中连词的使用频率远远没有英语中连词使用的频率高，表达形式也没有英语连词那样丰富多样。此外，尽管汉语句子结构松散（比如汉语句子的主句与主句之间，分句与分句之间常常缺乏应有的形式将其相连），但汉语的构句非常注重意义的连贯，所呈现出的叙事特点是平铺直叙，起、承、转、合一般是隐含在字里行间的。"逻辑顺序"是汉语构句所遵循的规律，在时间上重视"先后顺序"，在逻辑上重视"前因后果关系"。

英语的长句则是由基础搭架"主语+谓语"扩展开来的，其扩展方式可以是增加句子的修饰语，也可以是增加并列成分或并列句，或者是利用短语或从句充当句子成分。另外，英语重形合，除句子的主语和谓语之外的其他成分往往是通过各种连接手段（如使用介词、连词、关系代词和关系副词等）同主谓成分挂钩建句。英语句子内部的语义成分既有"顺序排列"，也有"逆序排列"，还有"插入式排列"等，比如英语句子中的定语既有前置也有后置，状语性短语或分句的位置也非常灵活等就是例证。

了解汉语与英语构句的不同特点，有助于正确理解原文长句的意义和关系，恰当地选择译文的表达方式。具体说来，将汉语的长句翻译成英语需要遵循以下步骤（罗磊，2004：120）：

第一步：分析汉语的句子结构，选择正确的英语句型；

第二步：确定正确的英语时态；

第三步：确定正确的英语语态；

第四步：着手进行汉英翻译。

汉语长句的英译主要有以下几种方法：

1. 原序翻译；

2. 分译；

3. 变序翻译。

原序翻译是指在汉译英时，按照汉语原来的句子顺序将原文译成英文，而且原文是一个长句，译文也保持长句的形式。原序翻译的基础，一是中国人和英美等西方人在思维方式上存在着共通性；二是汉英两种语言共享了五种基本句型，即：1) S + V（主语 + 谓语）; 2) S + V + P（主语 + 谓语 + 表语）; 3) S + V + O（主语 + 谓语 + 宾语）; 4) S + V + O + O（主语 + 谓语 + 间接宾语 + 直接宾语）; 5) S + V + O + C（主语 + 谓语 + 宾语 + 宾语补足语）。

下面结合一个例子来谈谈原序翻译如何下笔。

原文：众多中医出国人员急需用英语表达中医内涵，以便更快地与国外同行及患者建立良好的关系。（罗磊，2004：121-122）

第一步：把句子缩小到只剩下主要成分，但句子仍然通顺：

"人员需表达中医内涵。"

"Practitioners need to express the connotation of Chinese medicine."

第二步：增加修饰成分，拓展句子：

"**众多中**医人员**急需**表达中医内涵。"

"**Numerous Chinese medicinal** practitioners need **urgently** to express the connotation of Chinese medicine."

第三步：进一步拓展句子：

"众多中医**出国**人员急需用**英语**表达中医内涵。"

"Numerous Chinese medicinal practitioners **who have been abroad** need urgently to express the connotation of Chinese medicine **in the English language**."

第四步：将句子拓展到整句，完成翻译：

译文：Numerous Chinese medicinal practitioners who have been abroad need urgently to express the connotation of Chinese medicine in the English language **so as to establish a good relationship with the alien colleagues and patients as soon as possible**.

分译也叫拆句或断句。所谓分译，就是把汉语原文中的一句话译成两句或两句以上的英语句子。汉语的长句之所以要分译，是因为汉语句子结构比较松散，而英语句子结构比较严谨。汉语的句内逻辑关系往往不很明显，而英语的句内逻辑关系往往通过连词很明确地表现出来。此外，汉语长句内的分句往往就是一个表示完整意义的句子，可以单列成句。因此，对汉语的长句进行英译时，首先要透彻理解原文，仔细体会作者的思路，分析句际之间和句子内各部分之间的关系。弄清这些关系是平行关系还是主次关系，然后再根据英语的表达习惯重新断句进行分译。分译的原则是使意义明晰，结构清楚，符合英语的表达习惯。若汉语的长句内含有以下句式则往往需要分译：

1. 含有疑问句、感叹句或反诘句；
2. 含有比方句；
3. 含有概括句；
4. 含有对立句；
5. 含有阐述句；
6. 含有多层次的意义。

变序翻译就是按照译语的表达习惯重新组织和排列句子的语序。变序翻译的根据是汉、英两个民族在思维方式上有差异，在语言表达方式上有区别。比如汉语构句重逻辑顺序，在时间上重先后顺序，在逻辑上重前因后果关系，而英语构句则既可按顺序排列句内语义成分，也可逆序排列句内语义成分。此外，有时汉语的长句属多重复句，即分句本身还包含着复句。在此情况下，如果总是依据原文语序进行翻译往往很难行得通。因此在英译汉语长句时，几乎不可能总是能完全保留原文的语序，大多情况下必须调整语序，以符合英语的表达习惯。

二、译例举隅及翻译点评

【例1】

原　文：请你方考虑，今后货物一经订妥，就不可撤销，我们认为，这样才有助于更好的合作。

译　文：We should like to have your consideration that, in the future, orders once placed are not to be cancelled afterwards, which, we think, will be conductive to better co-operation between us.

【点评】本例中，英译文的顺序同原文的顺序完全一致，我们可以将其称为原序翻译。再如：1) 我国目前正在修订专利法和商标法，拟议要修订的许多内容都要进一步向国际标准和国际化靠拢；有的即使准备分两步甚至三步走，那也是为了做好协调工作，稳妥前进，避免欲速而不达。（黄珠仙、王友明，1995）China is at present revising its Patent Law and Trademark Law, and many of the contents recommended for revision are coming closer to international standards and internationalization; in respect of some other contents, although preparations are being made to revise them in two or even three steps, it is only for the sake of accomplishing the task of harmonization properly, ensuring steady progress and avoiding the hazard of "more haste, less speed". 2) 上海针织公司由37个企业组成，生产规模大，且拥有众多著名品牌，如"菊花牌""鹅牌"和"三枪"牌，公司每年的销售额高达13亿元人民币。Shanghai Knitting Corporation is made up of 37 enterprises and enjoys a broad production scale, and with several well-known local brands such as "Chrysanthemum", "Swan" and "Three Guns", it has annual sales volume of about 1.3 billion RMB.

【例2】

原　文：盛夏炎日，一走进浙江莫干山的林间小道就汗止心凉，加上轻风拂煦，浑身有说不出的舒坦，忍不住要赞叹一声：莫干山，好一个清凉世界！

译　文：No matter how hot it is "outside", once you step onto the trail through the forest on Mogan Mountain in Zhejiang Province, the sweat withdraw from your body. In addition, the breeze refreshes you with a gentle caress. How cool it is!

【点评】原文是一个长句，有三层意思：第一层意思是盛夏走进莫干山的林间小道汗止心凉；第二层意思是莫干山的微风给人以舒坦的感觉；第三层意思是作者由此而发出的感叹。译文将原文译成三句话，原文长句内的三层意思清晰地再现出来。再如：延安虽然还没有战争，但军队天天在前方打仗，后方也唤工作忙，文章太长，有谁来看呢？（Although there is as yet no fighting here in Yan'an, our troops at the front are daily engaged in battle, and the people in the rear are busy at work. If articles are too long, who will read them?）（刘重德，1991）这里的原文有两层意思，一层意思是说军队和人民都很忙；第二层意思是说，作为文艺工作者，应该考虑到这种情况，写文章不要写得太长。原文的第二层意思以一个反诘句结尾，不要求读者回答，但意思清楚明了，具有很强的说服力。英译者充分考虑到英语的表达习惯，两层意思用两个完整的句子译出，再现了原文的意义。

【例3】

原　文：拿我们这些人来说，很多人每年都有一些进步。

译　文：Take for example those of us present here. Many of us make some progress each year.

【点评】汉语句子中经常可以看到"比如……""拿……作比方""以……为例""拿……来说"之类的表现法，具有这类表现法的句子叫做比方句。若原文的长句内含有比方句，英译时一般可以在句子的前半部分断句，将比方句单独译成一句。汉语里的比方句与其后面的内容往往用逗号隔开，而在英语里，由于"拿……来说"要用祈使句式来翻译，而祈使句式须用一个中心谓语动词，根据英语的表达习惯，用了一个中心谓语动词之后，整个句子需独立成句，不能再与另一个含有中心谓语动词的句子连成一句，否则就成为累赘句（run-on sentence），是错误的句子。再如：以农民为例，他们现在更乐于使用科学种田法，由于种植杂交水稻的面积增加，单位面积的产量也增加了。（Take the peasants for example. They are now more eager to use scientific methods for farming. The amount of land devoted to hybrid rice has risen so that the per-*mu* yield has gone up considerably.）

【例 4】

原　文：总之，微波只能以直线的方式传播，没有一系列的转播塔，它们就不能越过漫长的距离，把消息传递到遥远的地方。

译　文：In short, microwaves can only travel in straight line. Without a series of relay towers, it is impossible for them to send messages overlong distances to remote places.（张宗美 用例）

【点评】汉语里有些句子习惯于先作概括，即先总说，后再分述，或者是先详尽阐述，而后作概括。若是前一种情形，则在概括部分断句分译。若是后种一情形，则将最后的总结或概括句断开，单独分译成一个句子。这里的原文是一个长句，"微波只能……传播"是一个概括句，译文将此句单独译出，下文是分说，译文另起一句。再如：灾难深重的中华民族，一百年来，其优秀人物奋斗牺牲，前赴后继，摸索救国救民的真理，是可歌可泣的。（For a hundred years, the finest sons and daughters of the disaster-ridden Chinese nation fought and sacrificed their lives, one stepping into the breach as another fell, in quest of the truth that would save the country and the people. This moved us to songs and tears.）（柯平 用例）

【例 5】

原　文：20 世纪上半叶的上海曾经是中国工业、贸易、金融和商业的中心，有着远东大都会浪漫而传奇的历史，吸引过不少外来资本，因而一度成为"冒险家的乐园"。

译　文：In the first half of the 20th century, Shanghai served as the industrial, trade, financial and commercial center of the country. It attracted many foreign investors as a mysterious Oriental city and an adventurers' paradise.

【点评】在汉语的长句中，如果句内含有对立句，英译时可以分译。这里所谓的对立句是指在汉语长句里，前一部分说明一方面的情况，后一部分说明

253

另一方面的情况。英译时往往从句子中间断句进行分译,使译文更清晰、明快。本例的汉语原文有两层意思,前一部分说明20世纪上半叶的上海在中国的地位;后一部分说明上海对外资的吸引力。译文将原文进行分译,意思清晰。再如:与会者对这个问题的观点差别太大,以致发生了争吵,一时会场的气氛紧张起来。(The opinions of the attendants were far from unanimous about this issue so that some of them began to quarrel with each other. The atmosphere at the meeting became tense at the moment.)

【例6】

原　文:所谓生态农业,就是按照生态学原理合理地安排生产结构和产品布局,努力提高太阳能的固定率和利用率,建立和管理一个生态上自我维持的、经济上可行的农业生产系统,促进物质在系统内部的循环利用和多次重复利用,从而获得生产发展、生态环境保护、能源再生利用、经济效益四者统一的综合性效果。

译　文:Ecological agriculture refers to a theory of arranging production patterns according to ecological principles. This means raising the rate of utilization of solar energy, setting up and managing an agricultural production system of self maintenance and economic feasibility, and promoting recycling and repeated utilization within the system, so as to obtain improvements in production, the protection of the ecological environment, the re-utilization of energy and the economic benefits.

【点评】如果汉语中的长句内含有阐述句,英译时也往往要分译。比如本例中的原文是对"生态农业"这一术语下定义。第一分句简要地概述什么是"生态农业",紧接着对这一定义进行具体的阐述。译文对这两者区分明确并以分译的方式译出原文。再如:提出问题,首先就要对问题即矛盾的两个基本方面加以大略的调查和研究,才能懂得矛盾的性质是什么,这就是发现问题的过程。(To pose the problem, you must first make a preliminary investigation and study of the two aspects of the problem or contradiction before you can understand the nature of the contradiction. This is the process of discovering the problem.）（刘重德，1991）

【例7】

原　文：耳朵是用来听声音的器官，鼻子用来嗅气味，舌头用来尝滋味。

译　文：The ear is the organ which is used for hearing. The nose is used for smelling. The tongue is used for tasting.

【点评】如果汉语的长句含有多层意思，往往也需要分译，使句内各成分之间的关系更加清晰，更加符合英语表达习惯。如本例汉语原文中，一个长句分别阐明了耳朵、鼻子和舌头的功用，译文将这三层意思用三个独立句译出，将三个生理器官分别作主语，清楚地传达了原文的信息。再如：漫步山间时，听得四处竹林间的淙淙泉声，众多的细泉汇成一条狭长而深邃的小溪，顺山势而下，及至悬崖处，猛然跌落二三丈，形成一瀑布，水珠飞溅，凉透肌肤。(Strolling along the path you can hear springs singing everywhere in the bamboo forest. Several little springs assemble into a narrow but deep little river, running along the mountainside. Meeting a small cliff, it falls down two or three feet with drops splashing, forming a thin water curtain which gently covers your skin.）这里的原文是由一串意思相连的分句组成的一个长句，描写山间小溪由远及近最后形成瀑布的情景。原文一气呵成，一个逗号到底，读来似流水不断。而译文则层次分明，先听到的是声，再看到的是溪，然后看到小溪形成的瀑布，最后感到水珠的清凉，读来富于节奏感。

【例8】

原　文：四十年来(1)，武汉杂技(2)在继承了传统杂技技巧的基础上(3)，大胆吸收(4)其他姊妹艺术之长(5)，运用多种艺术手段(6)将布景、灯光、服装、道具、美术融为一体(7)，使杂技表演成为综合性的表演艺术(8)。

译　文：For 40 years (1), based on traditional acrobatics techniques (3), Wuhan acrobatics (2) has absorbed bravely (4) the strong points of other sister arts

(5) and mixed together scenery, lighting, costume and fine art (7) by using all kinds of artistic methods (6) so that the acrobatic performance becomes a comprehensive art of performance (8).

【点评】原文可根据句子成分和意群划分为八个部分，与它们对应的译文也以八个部分译出，但比较原文和译文便可发现，原文各主要成分以 (1)、(2)、(3)、(4)、(5)、(6)、(7)、(8) 的顺序排列，但在译文中却以 (1)、(3)、(2)、(4)、(5)、(7)、(6)、(8) 的顺序排列，这是根据译文的表达习惯和表达需要进行变序的。变序后的译文传达了原文的意义，而且译文语言地道、通顺。

【例9】

原　文：凡外商投资企业有能力也愿意 (1) 与天津市工业企业 (2) 通过技术转让、引进人才、技术帮助、经济支持等途径 (3) 共同开发 (4) 国家统一经营以外的 (5) 制成品 (6)，特别是开发机电产品和精细化工产品 (7)，并通过外方的销售渠道 (8) 直接为外国公司提供制成品 (9)，可以向市外经贸委申请扩大联合开发的业务 (10)。（黄珠仙、王友明，1995）

译　文：Where an enterprise is willing and able (1) to develop (4) the finished products (6) that are not subject to the unified operation by the State (5) through joint efforts (4) with the industrial enterprises in Tianjin (2), particularly in respect of machinery and electronic products and refined chemical products (7), by means of technology transfer, introduction of technical personnel, technical assistance and economic support (3), and to provide for foreign companies the finished products (9) through the sales channel of the foreign parties (8), they may apply to the Municipal Commission of Foreign Economic Relations and Trade for the expansion of the business of joint development (10).

【点评】原文关系复杂，类似英语的掉尾句（periodic sentence）。所谓掉尾句，就是句子的主要信息在句子的末尾才陈述完整的句子。这里原文的主要信息是"……可以向市外经贸委申请扩大联合开发的业务"。译者亦将这一信息放在句子的末尾，传达了原文中的语用意义。但原文信息是按照从 (1) 到 (10) 的顺序排列，而译文则根据英语的表达习惯进行了很大的调整（参见本例译文所标序号的变化），这便是变序翻译。

【例10】

原　文：只要她想做一样事情，这事情她认为是正当的，是合情合理的，那么任凭谁来阻拦她，她也不会罢休，直至达到目的为止。（《梁山伯与祝英台》）

译　文：As long as she wanted to do something which she thought was appropriate and reasonable, whoever tried to persuade her to do otherwise, she would not give up her idea but insisted on having her way until she had reached her intended goal.（Thomas Shou 译，有改动）

【点评】这里的汉语原文是一个多重复句。在翻译多重复句时，首先要找出构成整个复句的主要分句，并确定它们之间所属的复句类型。本例汉语原文中的第一个主要分句是由"只要"引出的偏句，表示结果的正句由"那么"引出。但在"只要"这个偏句中所隐含的是一个并列复句："她想做一样事情，这事情她认为是正当的，是合情合理的"。在由"那么"引出的正句中，其正句是"她也不会罢休"，偏句分别为"任凭谁来阻拦她"和"直至达到目的为止"。分清该多重复句各分句之间的关系后就容易翻译了，只要一层层地进行翻译，就能将原文之意充分地传达出来。

三、翻译比较与欣赏

【例1】

原　文：林小姐为了减肥拼命节食，结果人是瘦了，可是也得了胃病。

译文一：In order to acquire a slim figure, Miss Lin extensively dieted to reduce her weight. Now she is slim, but she has an ulcer.

译文二：Miss Lin extensively dieted to reduce her weight and to acquire a slim figure. Now she is slim, but she has an ulcer.

【例2】

原　文：张家兄弟在财产上的纠纷，经过亲友们大力协调，现在双方已经同意和解。

译文一：The property disagreements between the Zhang brothers were strenuously mediated by friends and relatives, and now the two have agreed and made up.

译文二：Friends and relatives have strenuously mediated the property disputes between the Zhang brothers, and now the two have agreed to make up.

译文三：With strenuous mediation by friends and relatives, the Zhang brothers have reached an agreement on their property disputes.

译文四：The property disputes between the Zhang brothers were settled under strenuous mediation by friends and relatives.

【例3】

原　文：对朋友不诚实，时常说谎，渐渐会失去朋友的信任，日后即使说实话，也没有人会相信。

译文一：If you are in the habit of lying to your friend, they will not believe you even when you are telling the truth.

译文二：You should not lie to your friends; otherwise, they will not believe it even when you tell the truth.

译文三：If you are a liar, no friend will believe your words, lie or truth.

四、翻译练习

句子翻译

1. 中国人过节，吃是主要内容，为了显示过节的气氛和水平，少说也要搞它十几菜八肴的。（楼书聪《过节》）

2. 周末和女友逛水果店，她挑最红最大的买，生怕春色不够似的；我则逗留在顶边

上的柜台，那儿不起眼地堆着我一个冬天未见的青苹果。（洪烛《必要的青涩》）
3. 夏夜，鲁迅躺在一棵大桂花树下的小板桌上乘凉，祖母摇着芭蕉扇坐在桌旁，一面摇着扇子，一面讲故事给他听，或是叫他猜谜语。（王士菁《鲁迅传》）
4. 不管我在哪里，我还是拿北京作我的小说背景，因为闭上眼睛想起的北京，是要比睁着眼看见的地方，更亲切、更真实、更有感情的，这是真话。（老舍《龙须沟》）
5. 不论童年生活是快乐还是悲哀，人们总觉得都是生命中最深刻的一段；有许多印象，许多习惯，深深地刻画在他的人格及气质上，而影响他的一生。
6. 邻居们每天看到这对步履蹒跚的老夫妇，牵手低语，恩爱地在社区内散步，都投以羡慕的目光。
7. 花园里有亭子，有回廊，有太湖石砌成的假山，有小桥流水，有树木花草，还有一个秋千架。
8. 我一定要饱读诗书，学学那东汉的班昭，满腹经纶，流芳千古，这样也不枉父母教养成人。
9. 像你这样身居陋室，任劳任怨，不计报酬，一心苦干的大夫，真可说是孺子牛，吃的是草，挤的是奶。这是鲁迅先生的话，对不对？
10. 如果说白天广州像座翡翠城，那么当太阳沉没，广州就成了一颗夜明珠，灯光如海，千街闪烁。

语篇翻译

语篇翻译 1

老年为少年之过来人，少年为老年之候补者，老与少，只不过时间上之差别而已。然中国习惯，对老少之间，往往划有无形界限。在客观上，有时重老而轻少，有时重少而轻老。在主观上，老者自恃其老，少年自矜其少。几千年来，遂形成老者自以为持重练达，而菲薄少年为少不更事；而少年自以为新锐精进，而輘轹老者为老朽昏庸。此真所谓偏颇两失之见也！

曩梁任公在其《少年中国》一文中，对老年人与少年人曾有一适当对比。其言曰："老

年人如夕照，少年人如朝阳；老年人如瘠牛，少年人如乳虎；老年人如僧，少年人如侠；老年人如字典，少年人如戏文；老年人如鸦片烟，少年人如白兰地酒；老年人如别行星之陨石，少年人如大海洋之珊瑚岛；老年人如埃及沙漠之金字塔，少年人如西伯利亚之铁路；老年人如秋后之柳，少年人如春间之草；老年人如死海之潴为泽，少年人如长江之初发源……"

观此，则知老年与少年，各有所长，各有其用……（《老与少》）

---语篇翻译 2---

赏花须结豪友，观妓须结淡友，登山须结逸友，泛舟须结旷友，对月须结冷友，待雪须结艳友，捉酒须结韵友。

法饮宜舒，放饮宜雅，病饮宜小，愁饮宜醉；春饮宜庭，夏饮宜郊，秋饮宜舟，冬饮宜室，夜饮宜月。

凡醉各有所宜：醉花宜昼，袭其光也；醉雪宜夜，清其思也；醉得意宜唱，宣其和也；醉将离宜击钵，壮其神也；醉文人宜谨节奏，畏其侮也；醉俊人宜益觥盂加旗帜，助其烈也；醉楼宜暑，资其清也；醉水宜秋，泛其爽也。此皆审其宜，考其景；反此，则失饮矣。

吾斋之中，不尚虚礼。凡入此斋，均为知己。随分款留，忘形笑语，不言是非，不侈荣利，闲谈古今，静玩山水，清茶好酒，以适幽趣。臭味之交，如斯而已。（陈继儒《小窗幽记》）

第十八章 汉英翻译中句子结构的调整

> 英汉翻译的流程是：以形摄神→以神驭形；而汉译英的流程则是：以神驭形→以形摄神。
>
> ——毛荣贵

一、理论探讨

  翻译就是要忠实而准确地用译文形式把原作的思想内容、风格、神韵等再现出来，使译文具有可读性，让译文读者的感受和反应同原文读者的感受和反应基本一致。但是，我们所说的对原作忠实，并不是说译文在行文方式上同原文亦步亦趋，而是要求译文的思想内容同原文相比，既不能增加，也不能减少；既不能加强，也不能减弱。但在行文上，对译文句子结构进行调整却是非常常见的事情。这种调整是翻译所涉及的两种语言在结构上存在差异而造成的。因此，对译文句子结构进行调整主要是为了使译文具有可读性。可读性就是通顺性和地道性，就是译文符合目的语的语法、句法和表法习惯从而使得目的语读者喜闻乐见、读来轻松自在并能充分理解原文信息。

  众所周知，汉语和英语在语法语序和句子结构上存在着很大差异。汉语的句子是以时间的先后顺序为语序链，通过多个动词连用或流水句的形式，按照时间的先后顺序和事理推移的方法，将一件件事情层层推进式地铺展开来，形成以意合为主要特征，以"流水型图式"为主要特色的语言。英语则以主谓结构为纲，以谓语动词为中心，通过大量使用反映形式关系的动词不定式、分词、介词、连词、关系代词、关系副词等将句子的各个成分层层搭架，呈现出由中心向外辐射的空间图式（张良军、王庆华、王蕾，2006：151）。

由于汉英两种语言的这些差异,在汉英翻译过程中必须注意调整句子结构,充分发挥目的语优势,根据目的语表达习惯进行处理,使得译文在准确传达原文意义的同时又具可读性,从而达到跨语言、跨文化交流的目的。具体说来,在将汉语翻译成英语时,就句子结构而言,主要可在以下几个方面(陈文伯,1999:99-103)进行调整:

1. 修饰成分的分合

原文:但是,为了这样一个短暂和细小的生命,为了这样一个脆弱和卑微的生命,上苍给它制作出来的居所却有多精致、多仔细、多么地一丝不苟啊!(席慕容《贝壳》)

译文:Yet however humble the little thing, however transient its life, it was endowed by Providence with an exquisite shelter made meticulously for it in all earnestness.(陈文伯 译)

这里汉语原文中的"细小"和"卑微"两个形容词只能指该动物本身而非它的"生命"。这说明作者把"生命"一词用作双义,既指本义又兼指该动物,因而修饰语也就混用了。不仅如此,句末的三个修饰语也是混用的,"精致"的修饰对象是"居所","仔细"和"一丝不苟"应修饰"制作"这一动作。(陈文伯,1999:99)汉语读者对此不难理解,也能分清这些关系,但英语读者就无法分清这种关系了。因此,英译文就需要对此进行调整:将"精致"的对应语 exquisite 置于 shelter 之前,将"仔细"(meticulously)和"一丝不苟"(in all earnestness)置于动词 made 之后充当修饰语。这样,句意就很顺畅,句子也就具有可读性了。

2. 并列成分的分合

原文:总以为幸福的存在一定与金钱、名利、权势联系在一起,一定与健康的身躯、美丽的容颜等联系在一起,它远离贫困、远离卑微、远离残疾。(陈文伯,1999:154-155)

译文:To me happiness had always been associated with wealth, fame and power, the poor and the lowly having no share of it. As the fruit of health and beauty, it had always been incompatible with handicap and deformity.(陈文伯 译)

原文包含两组"联系"、三个"远离",都采用了并列的形式,英译时,如果按照汉语的行文方式就无法讲清楚原文之意，因此需要重组。这里的英译文将第一组"联系"与前两个"远离"组合，将第二组"联系"同第三个"远离"组合，这样就形成了两个对比鲜明的英语句子了。

3. 语序的调整

原文：眼下，咱只盼着有关部门对"工薪族"们作一个详细的调查，对我们的收入心里有个数，别出来个咱累死也够不着的房价。

译文：Now, I am expecting the departments concerned to survey on us "the salaried", so as to gain a clear understanding of our income and abandon such a high price **we cannot afford even if we toil to death**.

这里原文中充当前置修饰的定语在英译文中成了后置定语。

4. 句子重心的调整

原文：他们为了恪守良心，保全人格，为了民族气节，国家尊严，居然炒了老板的"鱿鱼"，砸了自己的饭碗，得到社会各界普遍称颂。

译文：They have been widely acclaimed by people from all walks of life for their unusual deeds—having even ventured to say good-bye to their bosses and to quit their jobs for the sake of conscience, personality, and national integrity and dignity.

汉语往往将句子的次要语义部分放在句首，而将语义重心放在句尾，这正是现代汉语中偏正复句的特性，即将偏句放在主句之前，主句放在偏句之后。汉译英时，需要考虑到英语的表达习惯而将汉语中"偏句在前、主句在后"的常位语序调整为"主句在前、偏句在后"的语序，从而将句子的语义重心进行调整。

5. 句子视点的转换

原文：如今满大街都能看到为"工薪族"们提供的商品及服务。

译文：Nowadays, the commodities and services for the salaried men are available everywhere.

汉语文化主要以人为主体，多以人为中心来观察、分析、推理和研究周围的事物；英语文化则主要以物为主体，以自然为本位，多偏重于对客观物体的观察和研究。因此，汉语语言在描述或记录动作或事件发生或演变的过程时，观察或叙述的视点往往落在动作的发出者身上。这就是汉语这种语言多以人称充当主语的原因所在。习惯于从客观物体进行观察和研究的西方人则常把观察或叙述的视点放在动作的行为、动作的结果或动作的承受者上。因此，汉译英时，应注意到汉英两种语言的这种差异，适时对句子的视点进行调整，使得英译文既忠实于汉语原文，又符合英文的表达习惯。本例汉语原文从"人"的视点出发，以"看到"引出整个句子的内容，英译文则以客观物体，即 commodities and services 充当主语来行文,将视点从原来的"人"转移到现在的"物"之上。

6. 句子多方位的大幅度调整

所谓大幅度调整就是指对句子中概念的重组不止一处，语序的改变较大，甚至还有概念的增删，因而译文与原文字面差距较大，但整体上讲却符合原文之意，英译文表达顺畅并具有很好的可读性。（陈文伯，1999：101）

原文：即使是很优秀的成就，分解到每一天，基本上也是平凡的，朴素的，在诚恳与谦虚的宁静中积蓄力量。（毕淑敏《从溪到河到瀑布——跋朱佩佩著〈发芽的心情〉》）

译文：Even if the achievement is remarkable, it is merely the result of an accumulation process in which efforts have been made in quiet sincerity and modesty—each day's work would appear very commonplace or plain.（陈文伯 译）

这里的汉语原文充满了抽象的概念，各部分之间的关系要仔细分析才能弄清楚。它实际上是指尽管结果很辉煌，过程却是平凡的，是一点一滴地努力积累而成的。换言之，"分解到每一天"可理解为取得成就之前每一天的工作。"积蓄力量"是指诚恳与谦虚地工作、逐渐积累成果的过程，其结果是"优秀的成就"。因此，这里的英译文对概念进行了重组和增删，同时还改变了语序，做了大幅度调整后的英译文便具有了很强的可读性了。

汉英翻译中对译文句子结构进行调整还有很多其他的情况。下面的"译例举隅及翻译点评"会提供更多的例子。

二、译例举隅及翻译点评

【例1】

原　文：如今，做个大丈夫也有他的难处。比如吵嘴，你就是有理，却也只能装着无理，拱手告降。

译　文：**One of the embarrassments** of being a good husband today is that you are not permitted to defend yourself in a quarrel and have to go down on your knees pretending that you are not on the right side.（刘宓庆 用例）

【点评】汉语往往趋向于使用短句，"语流呈板块型扩展式。这时转移主语，择善而从，可以举纲张目，加强句子的组织性。"（刘宓庆，1999：183）如果将原文中的"做个大丈夫也有他的难处"翻译成 Being a good husband has his difficulties or trouble 则是地地道道的中式英语，不仅不合乎逻辑，而且与下文无法衔接起来。因此，翻译这句话首要的是要调整句子结构，对主语进行转移，然后同下文一气呵成，构成一个严密的英文句子。转移主语的例子，再如：1) 金黄色的稻谷覆盖着田野，稻穗在晚风中摇荡，荷花的幽香飘过池塘。**The fields** were covered with golden rice, the ears of grain waving in the evening breeze, and the fragrance of lotus drifting across the pond. 2) 因为距离远，又缺乏交通工具，**农村社会是与外界隔绝的**。这种隔绝状态，由于通讯工具不足，就变得更加严重了。**The isolation of the rural world** because of distance and the lack of transport facilities is compounded by the paucity of the information media. 3) 在信息时代，竞争力的关键是知识，而不是实物资产或资源。In the information age, knowledge, rather than physical assets or resources, is the key to competitiveness.

【例2】

原　文：她向房间那边走去，慢条斯理地跨着步子，突然转回身，望着我说了一声，"天晚了，抗抗，明天再说吧"，声音轻得好像嘴唇也没有动一动。

译文一：She walked slowly to the other side of the room, and then turned suddenly and looked at me; barely moving her lips she said, "Good luck tonight, Kangkang."（刘宓庆 用例）

译文二：She walked to the other side of the room, slowly, and then turned suddenly and looked at me. "Good luck tonight, Kangkang", she said, with a voice so low that it seemed she barely moved her lips.（李明 改译）

【点评】对句子结构进行调整要以"达意、达旨、达趣、达效"为翻译原则，即要根据所译材料的不同而变换其信息重点。这里的原文属文学翻译，"达意"固然重要，但更为重要的是"达旨"和"达趣"，最终才能做到"达意"和"达效"。试想想，如果将"达意"放在第一位，译文可以是：She walked to the other side of the room. Her steps were very gentle. Suddenly she looked at me turning around and said: "It's too late, Kangkang. Good-bye." Her voice was so very low that I didn't really see her lips move。这种"达意"的英译义不能取得良好的效果，因为该英译文同原文亦步亦趋，啰嗦繁复，既歪曲了原文的主旨，又失却了译文的趣味，因此应将"达旨"和"达趣"分别放在第一、第二位，比如，将原文中的"走去"和"跨着步子"融合，"声音轻得好像嘴唇也没有动一动"译成 barely moving her lips 完全再现了原文的信息，如果将其译成 Her voice was so low that I didn't really see her lips move 则似乎非常"达意"，但却未能"达旨"和"达趣"。译文二依照原文的语序进行翻译。

【例3】

原　文：我那时注意的，并不是他本人，倒是他的那些工具：什么有轮齿的锯子啦，有两个耳朵的刨子啦，会旋转的钻子啦，像图画里板斧一般的斧子啦。这些奇怪的东西我以前全没有看见过。（巴金《木匠老陈》）

译　文：What attracted my attention, however, was not the man himself, but the tools he used, such as the saw with toothed blade, the plane with two ear-like handles, the revolving drill, the hatchet that looked like the broad axe in drawings—things entirely strange to me.（张培基 译）

【点评】 对句子结构的调整可以包括对原文中不同的独立句进行合并。这里原文为两个独立句，英译文将它们合并成一个英文句子，使原文所表达的意思在英译文中体现得更为缜密、紧凑。这种调整是由于语言的差异使然。换言之，汉语原文必须像这里的原文那样表达，而英语则需要像英译文这样进行调整才符合英文的表达。对汉语中不同独立句进行合并的例子还有：

1) 他们一同在一处院落里的台阶上坐下来。从那里可以望见一个小小的庭园，蓬生着杂草和野树，碧绿的小池畔不时送来几声蛙鸣。

They sat some distance apart on the terraced steps of the innermost courtyard overlooking a little garden which had run wild and a green pond where frogs croaked from time to time. （杨莉藜 用例）

2) 我们往往可以从一个人所交往的朋友以及所阅读的书去看他的为人。因为人与人之间有友谊，同样的，人与书也就有书谊。

A man may usually be known by the books he reads as well as by the company he keeps, for there is a companionship of books as well as of men.

【例4】

原　文：只有四婶，因为后来雇佣的女工，大抵非懒即馋，或者馋而且懒，左右不如意，所以也还提起祥林嫂。

译　文：My aunt is the only one who still spoke of Xianglin's wife. This was because most of the maids taken on afterwards turned out to be lazy or greedy, or both, none of them giving satisfaction. （杨莉藜 用例）

【点评】 汉语多流水句，流水句所表达的往往不只一层意思，这时可根据英译文的需要将其中的一层或几层意思从句中分离出来翻译成独立的英文句子，构成前后相连贯的句群。汉英翻译中这种形式的结构调整也是常见现象。再如：

1) 家里的人看见我对老陈的工作感到这么大的兴趣，并不来干涉我，却嘲笑地唤我做老陈的徒弟，父亲甚至开玩笑地说要把我送到老陈那里学做木匠。

My folks, however, showed no sign of disapproval when they found me so much interested in Lao Chen's work, but only teasingly called me an apprentice of his. Father even said jokingly that he was going to apprentice me to Lao Chen.（张培基 译）

2）一定要言行一致，理论与实践相结合，反对华而不实和任何虚夸，少说空话，多做工作，扎扎实实，埋头苦干。

Deed and word must match and theory and practice must be closely integrated. We must reject flashiness without substance and every sort of boasting. There must be less empty talk and more hard work. We must be steadfast and dedicated.（朱徽 用例）

3）那天，她让秋秋搀着，到小河边去，用清洌的河水好好地洗了脸，洗了脖子，洗了胳膊，换了新衣裳，又让秋秋用梳子蘸了清水，把头发梳得顺顺溜溜的。

That day, supported by Qiuqiu, she came to the riverside. With the clear cold river water, she gave a good wash to her face, her neck and her arms. She dressed herself in new clothes and asked Qiuqiu to have the comb dipped in the clear water and comb her hair in fairly well order.

【例5】

原　文：一阵细雨，一阵出山风，再加上昏夜，以及这山岳地带秋天例有的寒冷，市面上已经没一点活气了。尤其是乡公所一带地方如此。

译　文：It had just stopped drizzling. Eddies of cold wind were blowing over from the hills. And now that night had fallen—a gloomy night filled with the usual, biting, autumn chill of that mountainous area—the street looked deserted and completely dead, especially in the neighborhood of the township office.（杨莉藜 用例）

【点评】这里的原文有两句话，如果直译成英文，不能构成像汉语原文那样连贯的话语链，因此，英译文打破了第一句同第二句之间的界限和秩序，将第一个句子分译成三个英文句子，并从"再加上昏夜……"开始，将其同原文中的第二句进行合并而翻译成一个逻辑严密、符合英文表达和描述习惯的句子，通顺自然。这种在翻译中所进行的句子结构的调整有人也称为"句群内句子的重组"（杨莉藜，1993：42）。再如：

1) 庞贝城现在成了举世闻名的游览地，人们可以在这里赞赏自然界的伟力与人类的创造才能，发出繁华如过眼烟云之类的种种感慨，享受地中海的太阳与和风。

Pompeii has now become a world renowned tourist spot. People visiting this place can admire the power of nature, the creativity of man or sigh with emotion that glory and prosperity are as transient as fleeting clouds. They can also enjoy the sunshine and the soft breeze of the Mediterranean.

2) 相传四五千年前，黄河流域发生了一次特大的水灾，洪水冲毁了房屋和村庄，淹没了田地，淹死了许多人。活着的人只好搬到山上去住，或者离开家乡，逃到很远很远的地方去。

Legend has it that some four or five thousand years ago a terrible flood once occurred in the Yellow River Valley which washed away the villages with their houses and inundated large areas of cropland. Many people lost their lives in the flood and those who were fortunate enough to survive were forced to abandon their homes by going to live uphill or to migrate to places far, far away.（郭建中 译，有改动）

【例6】

原　文：当从战场上归来时，断腿士兵便立刻被他的父亲逐出门了。因为这老头子早已知道了他那次子的死耗。

译　文：The day that he limped home, the ex-soldier's father had him out of the house. For the old man knew about his second son's death.（隋荣谊 用例）

【点评】汉语重意合，是话题突出的语言；英语重形合，是主语突出的语言。这

里汉语原文第一句用了被动语态，它同第二句放在一起意思清楚明了，修辞上也不存在问题。但在英译文中，如果第一句也按照被动语态译出，就会同第二句中的主语不一致，这在英语修辞中是忌讳的。因此，英译文第一句和第二句都采用了主动语态，这种语态的调整主要是根据英译文的修辞需要进行的，突出了原文所描述的父亲对儿子上战场的反应。

再如：一切帝国主义、军阀、贪官污吏、土豪劣绅，都将被他们葬入坟墓。（They will sweep all the imperialists, warlords, corrupt officials, local tyrants and evil gentry into their graves.）

以上是被动语态译成主动语态的例子，相反，汉语中的主动语态也可以译成英语中的被动语态，关于这一点请参阅本书第十一章"汉语被动意义句的翻译"。

【例7】

原　　文：人们更愿意畅所欲言，这是最值得注意的。

译　　文：**The most notable** is the further willingness of people to speak their minds.

【点评】汉语习惯于将详细的内容放在句子的前面进行陈述，将对前面的详细内容所进行的概括或评注性文字放在句末，英语中则恰恰相反，往往将概括性或评注性文字放在句首，而将详细的内容置于句末。上面的例子说明了这个问题。再如：1) 政府削减公共支出，以增加对经营亏损的国有企业的补贴，对此多数人感到难以接受。**Most people found it unacceptable** that the government should increase subsidies for state-owned enterprises that were losing money by curtailing public spending. 2) 去设埋伏我们都没有信心，我们想他一定在昨天晚上就早溜了，今天去也是瞎子点灯白费蜡。**We had no confidence** in today's ambush because we were sure he had escaped last night. It seemed as useless as blind man lighting a candle. 3) 楼上看山，城头看雪，灯前看月，舟中看霞，月下看美人，**另是一番情境**。（张潮《幽梦影》）**One always gets a different feeling** when looking at hills from the top of a tower, looking at snow from a city wall, looking at the moon in the lamp-light, looking at colored clouds in a boat, and looking at beautiful ladies in the moonlight.（林语堂 译，有改动）

【例8】

原　文：在大部分国家或地区，少数民族聚居地区的经济发展相对滞后，少数民族人群的平均收入低，贫困发生率高，属于社会发展中的弱势群体，很多国家和地区的民族或种族矛盾也大多由此而起。

译　文：Areas inhabited by the ethnic minorities in most countries or regions of the world lag relatively behind in economic development, with a high percentage of people living in poverty. Those inhabitants, with a low per capita income, can be labeled as socially underprivileged. Most of the national and racial conflicts in many countries and regions can be attributed to similar underdevelopment.（官忠明 译）

【点评】在汉英翻译过程中，经常会出现这样的情况：按照汉语的思维方式进行表达的汉语原文，其表达方式在英译文当中很难直接对译，而需要根据原文句子中所传达的信息对原文句子的意群进行重新组合，然后再在英语中进行传达。这里汉语原文所传达的意思实际上是：

// 在大部分国家或地区，少数民族聚居地区的经济发展相对滞后，贫困发生率高。// 少数民族人群的平均收入低，属于社会发展中的弱势群体。// 很多国家和地区的民族或种族矛盾也大多由此而起。

经过这种调整和理顺，原文所传达的信息就具有了很分明的层次感，在英语当中进行表达就容易得多了。正因为译者对原文所传达的信息心中有数，并能够对原文句子作出恰当而正确的调整，故其所提供的英译文就通畅自然，既符合逻辑，又具有鲜明的层次感。

【例9】

原　文：这一夜，祝英台翻来覆去不能入梦，一心只思索着分手以前如何向梁山伯表达自己的心愿，如何说出她三年来的爱慕之情。(《梁山伯与祝英台》)

译　文：That night Zhu Yingtai spent tossing and turning, her mind tormented with the

problem of whether and how to break the news of her disguise to Liang Shanbo before her departure, and to tell him of the ardor she had nursed for him over the past three years.（Thomas Shou 译，有改动）

【点评】 本例中汉语原文的"这一夜"是充当状语的，但英语译文将该短语的英语对应语 That night 放在句首，其后使用了 Zhu Yingtai spent tossing and turning 的结构，这样表述从句子结构上看就将 That night 这一英语短语充当了后面谓语动词 spent 的宾语了。从表面上看，这里的英语译文与汉语原文亦步亦趋，但实际上，英语译文调整了原文各句子成分的语法功能，这在汉英翻译中是译者经常采用的翻译策略。再如：中国影视史上，包括京剧、越剧在内的关于《红楼梦》的影视作品不下 10 个版本。（**The Chinese history of movie and video making** has witnessed no less than ten different versions of the drama adapted from the classic novel *A Dream of Red Mansions*, including Beijing opera and Shaoxing opera.）

这种调整是基于汉英两种语言在同样位置上恰好可以出现相匹配的成分，而在其后的陈述部分又刚好可以找到符合英语表达习惯的陈述部分，使得这种调整自然妥帖。

【例 10】

原　文：男孩哭得心都快碎了，当我问他时，他说饿极了，有两天没吃了。

译　文：The boy, who was crying as if his heart would break, said, when I spoke to him, that he was very hungry because he had had no food for two days.（方梦之用例）

【点评】 汉语是语义契合性语言，这样，汉语的句子往往具有很强的话语性质，这体现在，一个传统语法所认为的句子（以有无句末标点符号作为界限），在书面语言中经常表现为一个或长或短的话语片段，由多个分句形式的语句组成，其语义流向可能是在一个主题之下，也可能中途有所转换，但只要语义上，前后的这些话语分句片段紧密连贯，便可以一直铺延下去，直到作者所认可的相对的终结点，方可告一段落。（张良军等，2006：

128）这里的汉语原文就是一个由四个语句组成的不受形式约束，但意义紧密相关的长句，但在将该句翻译成英语时，则需要根据英语的句法结构要求进行翻译。这里的英译文使用了五个分句对原文信息进行结构性调整。英文表达地道通顺。

三、翻译比较与欣赏

【例1】

原　文：这种力，是一般人看不见的生命力，只要生命存在，这种力就要显现，上面的石块，丝毫不足以阻挡，因为它是一种"长期抗战"的力，有弹性，能屈能伸的力，有韧性，不达目的不止的力。（夏衍《野草》）

译文一：It is an invisible force of life. So long as there is life, the force will show itself. The rock above it is not heavy enough to prevent the seed from growing, because it is a force that keeps growing over a period of time, because it is an elastic force that can shrink and expand, because it is a tenacious force that will not stop growing until it is grown.（刘士聪 译）

译文二：It is the force of life invisible to the naked eye. It will display itself so long as there is life. The rock is utterly helpless before this force—a force that will forever remain militant, a force that is resilient and can take temporary setbacks calmly, a force that is tenacity itself and will never give up until the goal is reached.（张培基 译）

【例2】

原　文：在四川西部，有一美妙去处。它就是黄龙。它背依岷山主峰雪宝顶，树木苍翠，花香袭人，鸟声婉转，流水潺潺。

译文一：One of Sichuan's fine spots is Huanglong, which lies in Song Pan County just beneath Xuebao, the main peak of the Minshan Mountain. It has lush green forests filled with fragrant flowers, bubbling streams and songbirds.（陆全，2000）

译文二：One of the most beautiful scenic spots in the west of Sichuan Province is Huanglong (the Yellow Dragon), which lies in the Songpan County with the Xuebao Peak—the main peak of the Minshan Mountain—at its back. It has lush green trees with fragrant flowers, and twittering birds and babbling streams.（李明 译）

【例3】

原　文：那肥大的荷叶下面，有一个人的脸，下半截身子长在水里，那不是水生吗？又往左右看去，不久，各人就找到了各人丈夫的脸。啊，原来是他们。（孙犁《荷花淀》）

译文一：Not far away under a broad lotus leaf they saw a man's head—the rest of him was submerged. It was Shuisheng. Looking right and left, each soon discovered her husband—so this was where they were!（戴乃迭 译）

译文二：Not far away under a broad lotus leaf was a man's face with the rest of his body submerged in the water. That was Shuisheng. Looking right and left, each of them had very soon found their husbands. So, there they were!（李明 译）

四、翻译练习

句子翻译

1. 这对于一班见异思迁的人，对于一班鄙薄技术工作以为不足道，以为无出路的人，也是一个极好的教训。

2. 早上太阳仍像往天一样，把晴美的阳光抹上满峡的树林，叫带露的树叶草叶都亮得耀人的眼睛。

3. 生活中的许多问题以前可以通过问家人、朋友或同事得到解决，现在大家庭却对此无能为力。

4. 旧历新年快来了。这是一年中的第一件大事。除了那些负债过多的人以外，大家都热烈地欢迎这个佳节的到来。

5. 就像半天空里掉下个金元宝一样，罗君的一幅条幅竟然在全省书法比赛得了奖，整个世界立即在二十三岁的罗君眼里变成了令人心荡神驰的玫瑰色。（李秀鲁《玫瑰色的月亮》）

6. 庄校长奎章，虽然是师大的同学，我们却并不认识，是抵厦门的第二天，我随便到厦中去参观，看校舍建筑在高高的山坡上，面临着海，风景非常幽美，于是就信步走进去，无意中会到了庄校长，随便谈起来，他就要请我去教国文；然而我当时不能决定，因为我还需要去游历闽西。（谢冰莹《海恋》）

7. 谁也不会一辈子都做缺德事的，总会有些善行的。把他的好事都说出来，人心一软，再一想人都死了，就不再计较了，还会有点伤心他死呢！觉得他也不是个多么坏的人，他家里的人也就从此抬起头来了。（曹文轩《蓝花》）

8. 她让秋秋搀着，一直走到水边，然后在河坎上坐下，摸摸索索地从怀里掏出一个小布包包，放在掌上，颤颤抖抖地解开，露出一叠钱来。（曹文轩《蓝花》）

9. 我们必须抓住新的机遇，迎接新的挑战，采取更加有力的措施，以更为积极的姿态扩大对外开放，力争对外贸易和吸收外资有新的增长。

10. 认识柏杨之前，听到他的名字，就心惊肉跳，想象中他是一位坐过9年多政治牢，手持钢刀，吞吐利剑的人物，和他交往，就像鸡蛋碰石头，不可能有共同语言。（张香华《看，这个丑陋的中国人》）

11. 世界上一些国家发生问题，从根本上来说，都是因为经济上不去，没有饭吃，没有衣穿，没有房住，工资增长被通货膨胀抵消，生活水平下降，大批人下岗和失业，长期过紧日子。（邓小平《邓小平文选第三卷》）

12. 最近二三十年来，世界的科学技术日新月异地发展，专业化的分工更细，协作的规模更大。

语篇翻译

语篇翻译1

今天的雨下得有点离奇。雨不但下得大，而且几乎没有停歇过。除了雨之外，还

有风。风虽然不大,却是冰冷的。雨从天上不停地浇下来,一到春天,不知是天气冷才下雨,还是一下雨天气就变冷。总之,仿佛春天的雨和冷是分不开的。(郑清文《春雨》)

语篇翻译 2

我们屋后有半亩隙地。母亲说:"让它荒芜着怪可惜,既然你们那么爱吃花生,就辟来做花生园罢。"我们几姊弟和几个小丫头都很喜欢——买种的买种,动土的动土,灌园的灌园;过不了几个月,居然收获了!

妈妈说:"今晚我们可以做一个收获节,也请你们爹爹来尝尝我们的新花生,如何?"我们都答应了。母亲把花生做成好几样的食品,还吩咐这节期要在园里的茅亭举行。

那晚上的天色不大好,可是爹爹也到来,实在很难得!爹爹说:"你们爱吃花生么?"

我们都争着答应:"爱!"

"谁能把花生的好处说出来?"

姊姊说:"花生的气味很美。"

哥哥说:"花生可以制油。"

我说:"无论何等人都可以用贱价买它来吃;都喜欢吃它。这就是它的好处。"

爹爹说:"花生的用处固然很多;但有一样是很可贵的。这小小的豆不像那好看的苹果、桃子、石榴,把它们的果实悬在枝上,鲜红嫩绿的颜色,令人一望而发生羡慕的心。它只把果子埋在地底,等到成熟,才容人把它挖出来。你们偶然看见一棵花生瑟缩地长在地上,不能立刻辨出它有没有果实,非得等到你接触它才能知道。"

我们都说:"是的。"母亲也点头。爹爹接下去说:"所以你们要像花生,因为它是有用的,不是伟大、好看的东西。"我说:"那么,人要做有用的人,不要做伟大、体面的人了。"爹爹说:"这是我对于你们的希望。"

我们谈到夜阑才散,所以花生食品虽然没有了,然而父亲的话现在还印在我心版上。(许地山《落花生》)

第十九章 汉英翻译中文化信息的传译

> 无论如何,翻译者所面对的是两种文字,两个国家不同的文化。每个国家都有自己的特性,每个国家的文字也有自己的特性。翻译的责任就在于把这两种东西融会贯通起来。我用一个"通"字,就是说中要通外,外要通中。
>
> ——冯亦代

一、理 论 探 讨

翻译可简单地定义为两种语言之间的转换。而语言是文化行为的最重要形式,它既是文化的组成部分,又是文化的最重要载体,亦即它又是文化其他组成部分得以存在和延续的基础(吴建平,2002:52)。既然翻译是在两种语言之间进行,而语言又是文化的最重要载体,那么,文化信息的传译就成为翻译中的一个重要主题。

就汉英翻译而言,对于汉语的文化信息在英语中的传译主要涉及文化信息的增删、文化信息的整合和文化信息的转换。

1. 汉英翻译中文化信息的增删

汉语和英语,由于它们分属于美国语言学家 Edward T. Hall 所谓的高度语境文化(high context culture)和低度语境文化(low context culture)[10],因此,在将汉语翻译成

---

10 美国语言学家 Edward T. Hall 提出的高度语境文化(high context culture)和低度语境文化(low context culture)是针对文化交际对语言环境的依赖程度而言的。高度语境文化是指在交际过程中有较多信息量蕴含在社会文化的环境和情景之中,或内化于交际者的心目之中的文化。这种文化所使用的语言,其显性的语码所负载的信息量较少,人们对微妙环境的提示较为敏感。低度语境文化是指在交际过程中,大部分信息是由显性的语码所负载,只有少数信息是蕴含在隐性的环境之中的文化。处于低度语境文化中的人们侧重于借助语言本身的力量进行交际。汉语文化属于高度语境文化,西方文化属于低度语境文化。中国人惯于从说话的场合、说话时所处的情景、语句的文化内涵以及体态语等中寻求语言所传达的意义,而英美人则习惯于从已经道明的语言中寻找意义。知道汉语和英语之间的这种区别对于翻译转换具有指导作用。(王武兴,2004)

英语时，对于汉语原文中所蕴含的意义，尤其是文化信息，必须借助原文中说话的场合和情景，将原文语句的文化内涵在英译文中进行显性的传达，即对原文文化信息进行增添，以符合处于低度语境文化中目的语读者的认知需要。比如：

原文：特区是个窗口，是技术的窗口，管理的窗口，知识的窗口，也是对外政策的窗口。

译文：The special **economic** zones are a window **opening onto the outside world**. They are a window **through which to bring in from abroad sophisticated** technology, **advanced managerial expertise** and **up-to-date** know-how. It is also a window **through which to disseminate China's** external policies.（丁衡祁 译）

不难看出，上面的汉语句子所蕴含的文化信息在汉语文化中可以省略或者被隐藏起来而不会影响汉语读者的理解，但在将该句翻译成英语时，则需要将其中所蕴含的文化信息（见译文中的粗体部分）采取增添的办法明示出来，以帮助英语读者理解。

在汉英翻译时，除了有时需要将汉语句子中所蕴含的文化信息采用增添的办法明示出来之外，有时为了便于交际还可以省略不必要的文化信息成分。如：

原文：1984年秋，天津作家协会刚刚恢复工作，曾任美国作家联盟主席的约翰·赫赛到天津来了。他是自费来中国旅游，又是特地来重温故乡之梦的。

译文：In the autumn of 1981 when Tianjin Writers' Association had just resumed its normal function **in the wake of the Cultural Revolution**, Mr. John Hersey, ex-Chairman of American Writers' Federation, came to Tianjin. He had come to China **as a tourist** and made a point of coming to see his former home there.（刘士聪 译）

这里，译者刘士聪意识到一般英语读者不大会了解70年代末80年代初中国的政治形势，更无法体味到"刚刚恢复工作"的言外之意是"文化大革命"结束后不久的意思，所以在译文里增添了这一文化背景信息。与此同时，在中国文化里有"自费"与"公费"之说，以表达某种特别的含义，但在英文中这是多余的、令人费解的信息，译者深谙这一点而将其略去不译，只是将"自费来中国旅游"简洁地译为 had come to China as a tourist，将原文中"自费"的含义隐含在 tourist 之中，而不将"自费"直接译成 at his own expense 这种令英语读者费解的表达方式。

2. 汉英翻译中文化信息的整合

汉语民族同英语民族因各自的社会文化背景不同，因而各自的语言环境和交际情景各异，这就导致了在跨语言、跨文化交际过程中文化信息的不对称。翻译的过程正是一个不断弥合这种文化信息不对称的过程，而绝不仅仅是从一种语言到另一种语言的简单形式转换。要使译文既切合原文之含义，又适应特定文化背景下目的语读者通常的表达方式需要，就应该有意识地用目的语意义来替代源语意义，很多时候还需要整合源语信息的表层形式，或者转换表达的视角，使译文更加符合目的语的语言习惯，更加易于为目的语读者所理解和接受。这便是对源语句子中文化信息所进行的整合。如：

原文：虽说"萝卜，白菜保平安"是个理儿，但顿顿吃"白菜"，也会受不了的。

译文：Although the conviction that "having some radish and Chinese cabbage every day keeps the doctor away" sounds justifiable, it is still very intolerable for people to have "cabbage" at every meal.（李明 译）

文化信息的整合是根据上下文而采用不同的视角来表达与原文相同或类似的语言内涵的方法。本例汉语原文中所说的价格便宜、营养丰富的萝卜和白菜在中国北方人的日常生活中曾长期当作"当家菜"来吃。在中国的计划经济时期，因它们在老百姓的菜篮子里所起到的重要作用，甚至一度还被政府看作是事关民生稳定与否的"政治菜"。这样的社会背景很难为一般西方读者所理解。将这句话直译成 Some radish and Chinese cabbage can protect your health 虽可传达原文的含义，但目的语读者不免会对这两种自己不常食用的蔬菜究竟有何保健作用产生困惑。这里所采用的译法是适当改变原文形式，部分借用英语读者耳熟能详的成语 An apple a day keeps the doctor away，将其转换成意义完全相同的文化信息，从而很好地将源语的文化信息同目的语的文化信息整合。

3. 汉英翻译中文化信息的转换

著名美国翻译理论家奈达曾经说过：每种语言都有自己的特征，要进行有效的交流就必须遵循每种语言的特征。一个成功的译者是不会把一种语言的形态结构强加到另一种语言之上的，而是根据情景进行必要的调整，从而把源语的信息用目的语的独特结构表达出来。这种转换看上去好像是语言结构的转换，但实际上却是文化信息的转换，因为任何语言和结构的使用总要受到相应文化心理的制约。考虑到西方读者的阅读心理和语言习惯，在汉英翻译时往往需要转换原文与译文功能相悖的或不必传达的多余信息，以使译文尽量符合目的语的文化观念和语言结构模式。如：

原文：我校应经济社会发展和高等教育改革的新要求，坚持以"明德尚行，学贯中西"的校训精神为指引，努力加快学科建设步伐，提高教学质量和科研水平，增强服务社会的能力，着力培养一专多能，"双高"（思想素质高、专业水平高）、"两强"（跨文化交际能力强、信息技术运用能力强），具有国际视野和创新意识，能直接参与国际合作与竞争的国际通用型人才，奋力开创建设高水平教学研究型大学的新局面。

译文：To meet the new requirements of both China's rapid socio-economic development and of the higher educational reforms, and guided by the tenet of the University's motto—"Striving for moral integrity, noble conduct and conversance with cross-cultural learning", the University endeavors to accelerate its discipline construction and to improve the quality of teaching and scientific research. Meanwhile, it makes great efforts to enhance its capability to serve society, and cultivate talents who pride themselves in one specialty with multiple skills, in "two highs" (high ideals and high levels of specialized knowledge) and "two greats" (great competence in intercultural communication and great competence in application of information technology) and in acquiring a global vision and a sense of innovation. Its purpose is to enable the talents to become internationally-oriented personnel who can immediately facilitate global cooperation and participate in global competition. To this end, the University is exerting itself to the utmost to create favorable opportunities to become a high-level teaching and research institution.

汉语文化中有很多独具中国特色的概念、事物、名称和做法等，这些特有的事物在英文中很难找到既切近原义又自然对等的表达。此时，译者应依据英语的地道表达和惯用搭配，灵活处理汉语中那些与英语没有完全对应关系的词语或文化信息，尽量使用语义对等、功能相近的译文表达原文之意。

二、译例举隅及翻译点评

【例1】

原　文：赵老先生现在已经开始编织他的第二张书法壁毯：中国北宋名将**岳飞**的词——《满江红》，原稿是用**行书**书写的。在此之前，他编织了用**隶书**书写的中国宋代诗人范仲淹的文章——《岳阳楼记》。

译　文：Mr. Zhang is now weaving his second "calligraphy tapestry". He is weaving a verse by Yue Fei, a general in the Northern Song Dynasty, into his tapestry. He has finished weaving into his first "calligraphy tapestry" a prose by Fan Zhongyan, a renowned poet and statesman in the Northern Song Dynasty.

【点评】汉语原文承载了丰富的文化内涵。其一，书法作为一种书写的艺术盛行于中国，主要流行于深受中国文化熏染的东亚、东南亚国家，如日本、韩国等，英语读者可能对其好奇，但少有人深谙其真谛，这段话中的"行书""隶书"等即使是在书面文字中亦非三言两语能说得清。其二，《满江红》《岳阳楼记》是受过中等教育的中国人都熟读的名篇，对中国读者而言，岳飞、范仲淹这两个历史名人及其作品均可引起丰富的联想。然而，这些浸润着中国历史文化的信息如果被"忠实"地翻译成英文，则需要解释许多文化因素。"词"作为一种韵文形式，由五言诗、七言诗和民间歌谣发展而成，起于唐，盛于宋。仅"词"一字，非100英文单词不足以说清，由此很容易使英译文同下文内容脱节，造成交际失败或失效。译者将原文的主要信息进行了传达，对诸多次要的文化信息进行了大胆和无奈的删节。但对于岳飞和范仲淹这两位著名人物则进行了相应的文化性解释，使英语读者很快抓住了主要信息。再如：那么我们天津市的公园，可以追溯到大约一个世纪以前了。1905年，我们天津最早的公园中山公园，就开放了。那个时候，我们的周总理还有孙中山先生都在那个公园里从事过革命活动，这个公园作为纪念公园一直延续到现在。（The first park in Tianjin was built some 100 years ago. In 1905, the city's first park, the Chung-shan Park, was opened to the public. At that time, Zhou Enlai, **who later became the first premier of P. R. China**, and Dr. Sun Yat-sen, or

Sun Chung-shan, **the father of modern China**, gave speeches in the park to call for democracy. As a memorial park, it's still well preserved.）

【例2】

原　　文：小姨和母亲谈得最多的话题是"转正"两个字。（梁晓声《黑纽扣》）

译　　文：The topic that most occupied the women was **the change from a temporary laborer to the status of a worker on a permanent basis**.（刘士聪 译）

【点评】"转正"一词可谓是具有中国特色的词汇，它对于中国读者来说是太平常的词汇，但对于外国读者来说则难以理解，因为它负载着丰富的文化信息，翻译时需要采用注释性的意译方法才能译出其含义。"转正"的英文可释义为 A temporary or probationary member of an organization becoming a regular member。刘士聪先生在这里将其翻译成 the change from a temporary laborer to the status of a worker on permanent basis 符合上下文的意思。在《黑纽扣》的另外两处，刘先生分别作了不同的处理：

1) 原来，小姨转正了。而母亲，却因为精简临时工，被打发回家。

Aunt's **work status had been changed from temporary to permanent**, but Mother had been laid off because of labor cutbacks.

2) 小姨转正后不久，便搬到厂内的职工集体宿舍住去了。

Not long after **the promotion**, Aunt moved to live in the collective dorm of the factory.

【例3】

原　　文：一见面是寒暄，寒暄之后说我"胖了"，说我"胖了"之后大骂其新党。（鲁迅《祝福》）

译文一：Having exchanged some polite remarks upon meeting he **observed that I was fatter**, and having observed that I was fatter launched into a violent attack on the reformists.（杨宪益、戴乃迭 译）

译文二：After exchanging a few polite remarks when we met, he **complimented me with the remark that I looked "fatter"**, and after that he launched a violent attack on the revolutionaries.（李明 译）

【点评】 中国读者对于"说我胖了"容易理解，这是中国人于20世纪90年代以前重逢时的寒暄用语之一，表示恭维。当然，现在人们见面时多说"你长好了"表示恭维，或者甚至用"你长瘦了"来表示恭维，因为如今生活改善了，追求苗条、避免肥胖成为人们生活的一部分内容。英美人士则不一定明白个中缘由，并一直以来忌讳肥胖，且很容易以为这是一种规劝和告诫。我们在翻译时应增添解释性词语。译文一没有给出足够的解释，译文二则比较清楚地传达出了汉语文化所负载的信息。

【例4】

原　文：阡陌交通，鸡犬相闻。（陶渊明《桃花源记》）

译文一：It was checkered with highways and paths between the fields; cock-crow and dog-bark in one village were heard in another.

译文二：The area was crisscrossed with highways and paths between the fields, and from one village to another, one could hear the **friendly** crowing of cocks and the barking of dogs.（Nida 译）

译文三：Between the fields could be seen crisscross footpaths and within one's earshot could be heard roosters' crows and dogs' barks.（李明 译）

【点评】 原文中的"鸡犬相闻"用意在于表现乡村里平安祥和的生活气氛。如果照字面直译就成了"鸡鸣狗叫"，这在不同文化背景的英美人心目中会产生十分令人不快的景象。为避免产生这种意外的负面效应，译文二加进了 friendly 一词，表示动物在桃花源里生活的欢快景象，这样，原文的意思就清楚明了地再现出来了。译文三根据整篇内容的行文需要采用了倒装句式进行表达，如此表达一定要在整个上下文当中方可理解译文之妙。

【例5】

原　文：中国人有在正月十五晚上吃元宵、赏花灯的习俗。

译　文：The Chinese have the custom of eating *yuanxiao* (sweet dumplings made of glutinous rice flour) and watching festive lanterns on the fifteenth evening of the first lunar month.

【点评】"元宵"是中国特有的食品，在英语中没有对等语，翻译时可有多种办法，办法之一是音译加上注释。这种处理办法较好，因为它既可以让外国读者了解中国文化中特有的说法，也可以让他们了解这种特有说法的深刻内涵。汉语中有很多词汇是通过这种方式渐渐进入英语的。在开始翻译这类具有中国文化含义的词汇时采用音译加注释的方法，随着中国同英美国家交流的加强，英美人会渐渐熟悉这些词汇的意义和内涵，括号中的注释也可渐渐略去。通过这种方式进入英语的汉语词汇不在少数。再如，有关中国历史文化的词汇有：xiucai（秀才），yamen（衙门），dazibao（大字报），putonghua（普通话），fenghuang（凤凰）等；有关中国文体娱乐的词汇有：pipa（琵琶），erhu（二胡），wushu（武术），gongfu（功夫），Tai Chi（太极拳），yang ko（秧歌），weiqi（围棋），mahjong（麻将），qigong（气功），sampan（舢板）等；有关中国衣食住行的词汇有：cheongsam（旗袍、长衫），jiaozi（饺子），chow mein（炒面），won ton（馄饨），Wu Liang Ye（五粮液），Moutai/Maotai（茅台酒），longan（龙眼），kaoliang（高粱），litchi/lichee（荔枝），ginseng（人参）等；有关中国自然风土人情的词汇有：feng shui（风水），kang（炕），kowtow（叩头），chop suey（炒杂碎），Cantonese（广东话/广东人/广州的），Hainanese（海南人），Chingming（清明），typhoon（台风）等；有关中国度量单位的词汇有：yuan（元），jiao（角），fen（分），li（里）等；其他方面的词汇有：yen（瘾、渴望、热望）等。当然，上面的汉语句子也可灵活翻译成以下各种表达方式：1) There is a Chinese tradition of eating *yuanxiao* (sweet dumplings made of glutinous rice flour) and watching festive lanterns on the fifteenth evening of the first lunar month. 2) According to custom, people in China eat *yuanxiao* (sweet dumplings made of glutinous rice flour) and watch festive lanterns on the fifteenth evening of the first lunar month. 3) In China, it is a custom for people to eat *yuanxiao* (sweet dumplings made of glutinous rice flour) and to watch festive lanterns on the fifteenth evening of the first lunar month.

【例6】

原　　文：我觉得这个店里的衣服即使打六折也还是太贵。

译文一：I think the clothes in this shop are still too expensive even if we could **get a 40 percent discount**.

译文二：In my opinion, the clothes in this shop are still too high-priced even if they **are discounted by 40 percent**.

译文三：The price of the clothes in this shop is still more than I'm willing to pay even if they **are 40 percent off.**

译文四：I think the clothes in this shop are still too expensive even if there is **a 40 percent discount.**（李明 译）

【点评】汉文化中经常说"打多少折销售",但翻译成英文时要进行换算,即将"百分之百"减去"所打的折数"才是英文中应表达出的数字。因此,这里"打六折"是指销售按照原价的百分之四十计算,翻译成英文要用 forty percent discount 或借助其他表达方式来表达这个意思。由于这种语言文化上的差异,在将英文中含有"打折"信息的句子翻译成汉语时,也要进行换算才能表达。再如：巧克力棒每根通常卖 80 美分,但现在每根卖 72 美分,为原价的 90%,因此,巧克力现在是按九折销售。(Chocolate bars normally cost 80 cents each, but are on sale for 72 cents each, which is 90% of 80, so the chocolate is on sale at a 10% discount.)

【例7】

原　　文：这样,我就开始准备写"中国的词"的论文。其实,童年在家里我喜欢读词读赋,但对于词,我并没有好好研究过。(陈学昭《永久的怀念》)

译　文：So I began to prepare for my dissertation on "Chinese *ci**", a subject of which I had never made a thorough study before though I liked to read this kind of poetry in my childhood. （丁树德，2005：111，有改动并增加了注释）

　　*Chinese *ci*: rhymed verse based on five- or seven-character lines and folk rhymes, originating in the Tang Dynasty (618-907) and fully developed in the Song Dynasty (960-1279), with variation in line lengths according to the tunes to which a specific verse was first composed, thus also called long and short verse.

【点评】 本章【例6】中谈到了音译加注释的翻译方法，这是译者在翻译过程中处理含有文化信息的词语所常用的翻译方法。注释可以直接用括号放到被音译的成分之后，但有时由于注释较长，为避免读者阅读思维的阻隔而需要以脚注或尾注的形式进行注释。这里便是一个典型的例子。再如：

1)"难道也是个痴丫头，又像颦儿来葬花不成？"因又自笑道："若真也葬花，可谓'东施效颦'了；不但不为新奇，而且更是可厌。"（曹雪芹《红楼梦》第三十二回）

"Can this be another absurd maid come to bury flowers like Taiyu?" He wondered in some amusement. "If so, she's '**Tung Shih imitating Hsi Shih***', which isn't original but rather tiresome."

*Hsi Shih was a famous beauty in the ancient Kingdom of Yueh. Tung Shih was an ugly girl who tried to imitate her ways.（杨宪益、戴乃迭 译）

2) 我属鸡。我从来不吃鸡。鸡年是我的本命年。

I was born in the **Year of the Rooster***. I never eat chicken. The Year of the Rooster will bring me good luck or bad luck.

*Chinese people traditionally use 12 animals, representing the 12 Earthly Branches, to symbolize the year in which a person is born. Spring Festival 1993 is the first day of the Year of the Rooster. People born in this year have the rooster as their life symbol. All other years of the rooster, according to an old Chinese saying, become either good- or bad-luck years for them.（陈宏薇，1996：57）

第十九章　汉英翻译中文化信息的传译

【例8】

原　文：中山大学，原名广东大学，由孙中山先生于 1924 年亲手创办。1926 年，为纪念孙中山先生，改名为中山大学。

译文一：Zhongshan University, originally named Guangdong University, was founded in 1924 by Dr. Sun Yat-sen, also known as Sun Zhongshan, the great leader of the democratic revolution in China. To commemorate Dr. Sun, it was renamed Zhongshan University in 1926.（陈小慰，2006：66）

译文二：Sun Yat-sen University, originally called Guangdong University, was founded in 1924 by Dr. Sun Yat-sen himself, also known as Sun Zhongshan, the great leader of the democratic revolution in China. In 1926, to commemorate Dr. Sun Yat-sen, Guangdong Univeristy was changed to Sun Yat-sen University.（李明译）

【点评】"中山大学"的正式英译名是 Zhongshan University。它的渊源同孙中山先生密切相关。孙中山的名字在国外无人不知，但他们所知道的孙中山其英文名是 Sun Yat-sen，而"中山大学"在正式场合又不能翻译成 Sun Yat-sen University。那么在翻译这里的原文时该如何协调这种关系呢？最好的办法就是在相应的地方给予注释，以便让读者充分理解所传达的意义。因此，译文一在英译文中不仅增加了 the great leader of the democratic revolution in China 等解释性文字，还充分考虑到该大学以"中山"命名，校名与"孙中山"这一名字之间存在一致关系的特点，在给出外国人所熟悉的 Dr. Sun Yat-sen 的同时，增加了 also known as Sun Zhongshan 的信息，这样"中山大学"同"孙中山"之间的关系就清楚明了了。译文二则直接将"中山大学"译为 Sun Yat-sen University。

【例9】

原　文：她从贫苦的**姑家**，又转到更贫苦的**姨家**。（萧红《王阿嫂的死》）

译　文：She had lived for a while with some impoverished **paternal relatives**, and then had been bundled off to **some maternal relatives** who were, if anything, even

worse off.（Howard Goldblatt 译）

【点评】 汉语中的"姑"和"姨"均属于称谓语的范畴。汉语中的称谓语异常丰富，但主要可分为两个系统：一是亲属称谓语系统，主要用于具有亲属关系的人；二是社会称谓语系统，它比亲属称谓语更具广泛性和普遍意义。上面的"姑"和"姨"均属于亲属称谓语系统，它具有结构稳定、源远流长的特点，受民族文化的制约。在英语中它们的对应语均是 aunt，但汉语中则区分血亲姻亲，如伯父、叔父、姨父和伯母、婶母、姨母；也区分宗族非宗族，如爷爷、侄儿、孙子和外公、外甥、外孙等；还区分父系母系，如叔叔、姑妈、堂兄和舅舅、姨妈、表兄等。但英语的亲属称谓就简单很多，仅用几个词就能全部涵盖汉语中异常复杂的称谓语。由于汉英两种语言的这种区别，给汉英翻译带来了很多麻烦。本例中汉语原文中的"姑、姨"亲属关系分明，可英语中的对应语 aunt 包含了"姑、姨"在内的诸多女性长辈亲属。译者在此采取了释义翻译法，分别用 paternal relatives 和 maternal relatives 解决了这一难题，从而把原文的文化信息充分地传达给了文化背景完全不同的英语读者。

在英语亲属称谓汉译的过程中同样容易引起歧义，所以在必要的情况下也应该对关键的亲属称谓加以解释。此外，亲属称谓的翻译还要结合语境来判断其语用含义，然后再根据目的语的称谓习俗，在译语中选用一个恰当的称谓方式，使原文的称谓同译文的称谓表达出相当的感情色彩，或者使两者的语气相符或在语用上等值。

【例 10】

原　文：中国的春节是一年中最重要的节日，是合家团聚的时候。

译　文：**Like Christmas in the west**, the Spring Festival is the more important festival in China in a year, a time for all the members of the family to get together.

【点评】 在翻译中，进行类比是处理文化信息的又一良方。本例汉语原文中的"春节"不一定为广大的英语读者所充分了解，这时，采用类比的方式进行解释会使译文所传达的意义清晰可辨。类似的例子再如：济公劫富济贫，深受穷人欢迎。(Jigong, the Robin Hood in China, who robbed the rich and helped the poor, was deeply loved by the poor in China.)

三、翻译比较与欣赏

【例1】

原　文：路左有一巨石，石上原有苏东坡手书"云外流春"四个大字。

译文一：To its left is another rock formerly engraved with four big Chinese characters Yun Wai Liu Chun (Beyond clouds flows spring) written by Su Dongpo (1037-1101), the most versatile poet of the Northern Song Dynasty (960-1127). (宋天锡等，2000：339)

译文二：To the left is a giant rock formerly engraved with four big Chinese characters, namely, Yun Wai Liu Chun (Beyond clouds flows spring), which are the calligraphy of Su Dongpo (1037-1101), the most versatile poet of the Northern Song Dynasty (960-1127).(李明 译)

【例2】

原　文：钱先生周岁时"抓周"，抓了一本书，因此得名"钟书"。

译文一：When Qian was just one year old, he was told by his parents to choose one thing among many others. He picked up a book of all things. Thereupon his father very gladly gave him the name: Zhongshu (=book lover). (宋天锡等，2000：339)

译文二：When Qian reached one full year of life, he was asked by his parents to choose one from the many things placed before him and he picked up a book. Thus he was given the name Zhongshu (which means "devotion to books"). (李明 译)

【例3】

原　文：18世纪中叶，伟大作家曹雪芹的长篇小说《红楼梦》问世，在中国文学

发展史上，树立了一座辉煌灿烂的艺术丰碑。

译文一：The novel *A Dream of Red Mansions* written by the great writer Cao Xueqin (about 1715-1763) in the middle period of the eighteenth century is a monumental work in the history of the development of Chinese literature.

译文二：The mid-eighteenth century novel *A Dream of Red Mansions* by Cao Xueqin (approx. 1715-1763) is a monumental work in the history of Chinese literature. （杨宪益 译）

四、翻译练习

句子翻译

1. 年夜饭后全家人开始熬夜打牌、下棋或者看庆祝新年的电视节目。
2. 中国庙宇的墙上经常绘有八卦、阴阳和太极的图案。
3. 常常有这样的情形：由于研究的角度不同，掌握资料的差异，认识方法的不同，就会出现"横看成岭侧成峰，远近高低各不同"的情况，以致引起学术上的争论。
4. 据说在公元八百年的时候，女皇武则天因百花中唯有牡丹未按她的旨意在雪天开放，因而龙颜大怒，将其逐出京城长安，流放到洛阳。
5. 自新中国成立以来，政府一直重视发展传统少数民族体育运动项目，如藏族的赛牦牛，朝鲜族的荡秋千和跷跷板，苗族的赛龙舟，满族的滑冰等，共1 000来项。
6. 赛龙舟、放风筝、扭秧歌、围棋、气功和太极拳是深受汉族和各少数民族喜爱的传统运动项目。
7. 从"中秋帖"可以看出，王献之的书法是笔走龙蛇一气呵成，所以很多人都称他的书法为一笔书或狂草。
8. 在历史上著名的"西安事变"中，蒋介石被张学良扣留。
9. 莫高窟大门外，有一条河，过河有一溜空地，高高低低建着几座僧人圆寂塔。（余秋雨《道士塔》）

10. 1973年底，忽然接到沈公（指沈从文——作者注）从北京的来信，用他那举世无双的章草密密麻麻写了六张八行书，一个月后又来了一封长达八张的八行书，勉励我不可因贫病交加而"自暴自弃"，……（巫宁坤《〈再生的凤凰〉：忆沈从文》）
11. 农户们有的在做汤圆，图个团圆之意；有的在准备鱼头，也是想图个年年有余的意思。

语篇翻译

=== 语篇翻译 1 ===

祛除嫉妒

嫉妒，是一种病态心理，并且给选用人才构成一大威胁，也给国家的发展带来巨大障碍。

时下流行着两种嫉妒。一种表现在某些领导者身上。这些领导嫉贤妒能，生怕出了人才，盖过自己，于是来个"武大郎开店——谁也不许高过我"。二是出自于同行之间的嫉妒。嫉妒者无意于学习别人的长处，汲取别人的经验，反而抑人之长，扬人之短，在工作、学习或科研中不予支持，抑制同行的成才。

嫉妒心理压抑了许多聪明之才，是一种对国家和人民犯罪的行为。资金和设备的损失是有价值的。而人才的损失则是无价的。

我们张开双臂欢迎贤能的时间已经来到。而要这样做，我们就必须根除嫉妒这个瘟疫，只有这样，才能使每个人才尽其用。

=== 语篇翻译 2 ===

麦当劳在全球 119 个国家拥有超过 28 000 家连锁快餐厅，每天接待 4 300 万顾客。连锁经营，再加上以上三个数据，使黄金巨 M 成为绿色团体、无政府主义者以及蔑视美式文化的欧洲人的共同敌人。进入 21 世纪，汉堡包的压力团体又集合到一面共同的旗帜之下——反对全球化。

在即将加入 WTO 的中国，十年来，以本地中式快餐业者欲与"洋快餐"瓜分市场大饼为核心的抗"麦"运动也是此起彼伏。结果是,上海人的"荣华鸡"(VS肯德基)与河南人的"红高粱"(VS麦当劳)都相继败北。

去年年底,中国烹饪协会决定,把"全聚德""狗不理"及"兰州拉面"这三个品种确定为推广中式快餐的试点。尽管以行政指令参与市场竞争的做法值得怀疑,不过,"全聚德""狗不理""兰州拉面"以及"荣华鸡"的味道,其实都很不错。然而,"好吃"是否可以成为中式快餐规模化经营乃至与麦当劳分庭抗礼的必要条件,仍然值得怀疑。(沈宏非《快餐的精神分析》)

第二十章 汉语隐喻的翻译

> 人的思维是隐喻性的，隐喻是语言的主要组成部分，人类思维主要通过隐喻、转喻和意象，即通过事物之间的共性认识事物。
>
> ——郭鸿

一、理论探讨

隐喻存在于我们生活的每一个角落。隐喻性是语言的根本特性，隐喻是人类语言和思维不可或缺的基础（Goatly, 1997: 1）。语言的进化、演变和发展离不开隐喻。隐喻往往是通过利用现有词汇和结构以及熟知的概念去认识、去思维、去经历新拓展的领域或新生成的概念。这一过程通常需要实现认知方式上的跨越，这种跨越正是语言隐喻的体现。

什么是隐喻？隐喻在英语中的对等语是 metaphor，其希腊文词源包括两部分，meta- 意为"超越"，pherain 意为"传送"，因而该词的意思是将甲对象之特征"传送"到乙对象，使之得到"超越"其自身的某种意义。修辞学中的一切比喻，如明喻（simile）、暗喻（metaphor）、借代（metonymy）、换喻（synecdoche）、类比（analogy）、暗讽（allusion）、双关（pun）等，均属于隐喻的变体。

Lakoff & Johnson（1980）认为，隐喻是一种迅猛的语义变化过程，是在两个语义域之间通过某种抽象图式类比方式，将一个词从一个语义域（始源语义域）应用到另一个语义域（目标语义域）。

隐喻是构建我们的概念系统、构建我们每天所从事的各种日常活动的有效工具。比如，我们经常将有关建筑物（buildings）的用语用于谈论理论建构：语言学家和经济学家们的理论都需要有模型（models）、构架（constructs），这些模型和构架又需要有结构（structure），结构的各种组成部分又要紧密结合（bonded）或粘合（cemented）

在一起，这样它们就会根基扎实而不至于倒塌（shaky/crumbling），另外还可能需要有证据来支持（buttressing）它们。由此可见，隐喻时时处处都扮演着重要角色（Henderson, 1994: 355）。

汉语和英语中都存在有大量的隐喻，其他自然语言中也一样存在有大量隐喻。正是有了隐喻，使得每一种语言生动活泼、色彩斑斓。但各民族语言中的隐喻多数时候既具有语言独特性（language-specific），又具有文化独特性（culture-specific）。换言之，一种语言中生动活泼的隐喻有可能成为不为另一种语言的人们所理解和欣赏的语言成分。因此，在将汉语的隐喻翻译成英语时，不仅仅要关注隐喻的表层结构，还要充分挖掘出语言的深层、语言的背后以及语言的外部所隐含的意蕴。

根据 Tan（2004：219-243）的研究，任何语言中的隐喻都是在参照该语言所承载的观念、价值判断以及该语言的人们赖以生存的环境时才具有了意义。由于不同语言所承载的观念、价值判断及人们所赖以生存的环境等各不相同，因而各语言中的隐喻所承载的意义便展现出各自语言和文化的特征。就汉英两种语言而言，主要在五个方面存在着隐喻表达方面的差异：

1. 与人有关的隐喻，比如：

原文：几经周折、拼搏，这对**牛郎织女**终于团聚了。

Literally: After many setbacks and hard efforts, this pair of Ox-herd and Weaver Girl got reunited at last.

Meaning: After many setbacks and hard efforts, this pair of husband and wife [who had been living far apart from each other] got reunited at last.（Tan, 2004: 221）

2. 与地点和生活环境有关的隐喻，比如：

原文：不到黄河心不死

Literally: not drop the idea until one reaches the Yellow River

Meaning: refuse to stop until one reaches one's goal（Tan, 2004: 222）

3. 价值判断和信仰有关的隐喻，比如：

原文：狗嘴里吐不出象牙

Literally: dog mouth cannot produce an ivory

Meaning: a filthy mouth cannot utter decent language

4. 与（历史）事件有关的隐喻，比如：

原文：画蛇添足

Literally: draw a snake and add feet to it

Meaning: ruin the effect of an action by doing something superfluous

原文：负荆请罪

Literally: proffer a birch and ask for a flogging

Meaning: offer a humble apology

5. 与独特的语言特征有关的隐喻，比如：

原文：十五只吊桶打水——七上八下

Literally: fetching water from a well with fifteen buckets—seven coming up and eight going down

Meaning: having one's heart pounding with uncertainty or fear, just like the clanging of fifteen buckets in a single well with seven going up and eight doing down

从以上分析不难看出，在将汉语的隐喻翻译成英语时，需要充分考虑到两种语言之间的差异，再在此基础上进行翻译，确保英译文在英语文化当中能够充分地传情达意。

二、译例举隅及翻译点评

【例1】

原　文：那么，他与她正好是一对儿，谁也不高，谁也不低，像一对都有破纹，而都能盛水的罐子，正好摆放在一处。（老舍《骆驼祥子》）

译文一：So they were a fitting pair, neither could look down on the other. They were **like** two cracked but still serviceable **water-jars**, just right to stand side by side.（施晓菁 译）

译文二：Well, then, she and he were a proper pair all right. No one was high, no one was low. They were **like** a pair of **pitchers** that had cracks in them but could still hold water. It was right to put them side by side.（Jean M. James 译）

【点评】传统修辞学中所谈到的明喻属于隐喻中的一种。由于在英语中使用明喻的现象俯拾即是，因此，在汉英翻译中，如果碰到汉语原文中出现明喻的情况，在英译文中通常亦可采用明喻的方式进行翻译，只是偶尔会改变明喻中所使用的意象，如"胆小如鼠"在英译文中译为 as timid as a chicken，汉语原文中的意象"鼠"在英译文中成了"鸡"（chicken）。这里的两种译文中，译文一采用了 water-jars 这一意象，译文二采用了 pitchers 这一意象，两者不相上下。

【例2】

原　文：人生的旅途中也就时时会遇到这种不作美的转换方向的风，将人生的小帆船翻倒！人就是可怜地被不可知的"风"支配着！（茅盾《子夜》）

译　文：On the **voyage** of life, he thought, one is often caught in such **squalls**, squalls which can capsize one's **little boat**. Man, poor creature, is nothing more than the sport of the inscrutable wind of fortune.（许孟雄，1957：146）

【点评】原文中的"旅途""风"和"小帆船"都是隐喻。在汉语和英语中，都可以将人生比作"旅途"和"小帆船"，都可以将人生中所经历的事情比作"风"，但这"风"有"和煦的风"，英文中用 breeze 来与之对应，有"不作美的风"或者"暴风"，英语中用 squalls 来与之对应。碰到这种两种语言中均具有的类似的隐喻情况，译者只需在目的语中选择好对应的词语就可以顺利地传达原文的信息了。

【例3】

原　文：我特别喜欢他的那幅向日葵，朵朵黄花有如明亮的珍珠，耀人眼目，但孤零零插在花瓶里，配着黄色的背景，给人的是种凄凉的感觉，似乎是盛宴散后，灯烛未灭的那种空荡荡的光景，令人为之心沉。（冯亦代《向

日葵》）

译　文：I like his "Sunflowers" in particular, with its glorious blossoms glittering like pearls, but the blossoms, held in a vase placed against a yellow background, look lonesome and made you feel miserable, **the way you feel when the feast is over and the guests are gone but the lights and candles are still glimmering in the deserted hall**.（温秀颖、刘士聪 译）

【点评】原文中的"似乎是盛宴散后，灯烛未灭的那种空荡荡的光景，令人为之心沉"这一表达，运用"似乎"这一显性的隐喻方式来描述作者看到向日葵孤零零地插在花瓶中的那幅画时的感觉。这种感觉是盛宴散后，客人离去，大厅里空无一人时主人所具有的。我们可以在想象中体会到作者此时的真情实感。译者在译文中没有使用汉语中"似乎"的对应英文词如 like、seems 或 as if 等，而是使用了 the way you feel... 这种表达，一方面同前面的行文搭配协调，另一方面便于后面情景的描写，让读者能够充分领会原文作者的真切感受。译文是成功的。

【例 4】

原　文：其实中年才是人生盛华的开始，不应贪懒，不应享受，不应以躲在家里喝功夫茶为荣，继续青年时代的风雨跋涉，那种"遥指青山"寻找归路的事当然要做，但将它放到八十岁后再去考虑吧。（叹凤楼《中年的慵懒》）

译文一：In actual fact, middle age represents the prime of one's life, allowing no indolence, no self-indulgence, still less self-glorification in the fact that one is now able to shut oneself up in a closet and kill time by sipping tea leisurely. On the contrary, one should continue **the stormy long march** started in the youth. As to the search for **the road of no return in the green mountains** in the distance, it will of course have to be done, but only after one has reached 80.（居祖纯，2000：97-98）

译文二：In fact, the middle age is just the beginning of one's prime. At this age, never should one become indolent, engage in pleasures, or take pride in shutting oneself up at home by sipping kungfu tea. On the contrary, further efforts should still be made to continue the stormy long march that was initiated when young. Of course, preparations can be made for one's future life but that can be done only after one has reached eighty.（李明 译）

【点评】 隐喻的确存在于我们生活的每一个角落。我们很难想象，假如没有隐喻，我们所用的语言将会变成什么样子。本例原文中，"风雨跋涉""青山""归路"等都是隐喻。对它们进行英译一定要考虑译文在英语读者群中的可接受性，根据可接受性可分别采取直译、意译、视点转换等翻译方法。原文中的"风雨跋涉"在译文一中被译成 the stormy long march 是直译（风雨→ stormy）+ 意译（跋涉→ long march）。"青山"被译成 the green mountains 是直译。"不归路"被译成 the road of no return 是采用了直译的翻译方法。从世俗的观点看，"死亡"意味着踏上了"不归路"，而从哲学的观点或者某些宗教的观点看，"死亡"意味着踏上了"归途"。译文二则对原文所表达的意义作了简化处理。

【例5】

原　文：中国人提倡"**海纳百川，有容乃大**"，主张吸纳百家之长、兼集八方精义。

译　文：We Chinese people hold that one should be as tolerant or encompassing as the vast ocean which admits hundreds of rivers and draws upon others' strengths.

【点评】 "海纳百川，有容乃大"既是汉语中常用的成语，亦采用了隐喻的方式进行表达，将其翻译成 be as tolerant or encompassing as the vast ocean which admits hundreds of rivers 是采取意译的方法将这两个成语的含义以整合的方式进行了充分传达。当然，"百家之长、八方精义"也采用了隐喻的方式进行表达，英译文以 others' strengths 精要地传达出了原文所蕴含的意义。

【例6】

原　文：许多大型工程项目承包的**暗箱操作**，国企专制中的投机现象，以及权力掌控下国有资产的大量流失，使得这部分人的财富以几何级数增长。

译文一：While their personal wealth has grown exponentially, the prevalence of **under-**

the-counter operations in project contracting, speculation in the restructuring of state-owned enterprises and many other illegal practices under the shield of power has caused enormous losses in public assets.（贾文波，2004：88-89）

译文二：The practice of under-the-counter operations in project contracting, the speculation in the restructuring of state-owned enterprises and the great losses of national assets as a result of power control have helped facilitate the exponential growth of personal wealth for this group of people.（李明 译）

【点评】汉语中的"暗箱操作"也称"黑箱操作"，是一个带有贬义的比喻性短语，一般用以指不能公布的事情，即在运作某件事情时没有采取公开、公正、公平的原则，而是受暗中指使来完成对某件事情进行处理的行为。该短语在英译中有如下对应语：black case work、black box operation、covert operation、undercover activities 和 undeclared activities 等，本例中采用 under-the-counter operations 的英译文在此语境中较为妥当。译文一似乎改变了原文之意，译文二依照原文的语序及其所表达的意思进行了翻译。

【例7】

原　文：应当说，中国与俄罗斯和欧洲国家在多极化方面是有共同利益的，中国和欧洲国家也没有什么重大的利益冲突，在建立多极化的进程中可以寻**找到更多的共同语言**。

译文一：China, Russia and Europe share common interests in multi-polarization. Moreover, there is no major conflict of interest between China and Europe. Thus, there are opportunities for China and Europe to **seek more common ground** in building a multi-polar order.（李长栓，2004：86）

译文二：It should be said that China, Russia and other European countries share some common interests in multi polarization and that as China and European countries do no have any major conflicts of interest, much more common ground can be sought in the construction of a multi-polar order.（李明 译）

【点评】"共同语言"的本义是指"交际双方共享的一种语言"，其英文对应语是

common language。该短语现多用其隐喻义,指交际双方具有相同的思想、相同的志向、相同的认知水准、相同的生活情趣等。如,"我们有共同语言"要翻译成 We have much in common 才算传达出了原文信息。本例汉语原文中的"寻找到更多的共同语言"译为 seek more common ground 才是原文所隐含的意义。译文一在翻译"俄罗斯和欧洲国家"时将二者并列起来,这是不对的,因为"俄罗斯"一般被认为属于欧洲国家,因此应该像译文二那样翻译成 Russia and other European countries 才正确。另外,翻译该句应该将原文句子之间的逻辑关系再现出来。译文二比较清晰地再现了它们之间的关系。

【例8】

原　文:贫穷剥夺了我童年的幸福,把我关在学校大门的外面,是**书本敞开它宽厚的胸脯,接纳了我,给我以慷慨的哺育**。

译文一:In my childhood, when I was deprived of happiness and schooling by poverty, **books took me to their large bosoms and nurtured me generously.**(谭卫国、蔡龙权,2005:313)

译文二:Poverty deprived me of my happiness and schooling in my childhood, and it was the books that welcomed me into their huge bosoms and fed me with great generosity.(李明 译)

【点评】隐喻的确存在于我们生活的每一个角落,它通过利用现有词汇和结构以及熟知的概念去认识、去思维、去经历新拓展的领域或新生成的概念。本例汉语原文中的"书本敞开它宽厚的胸脯,接纳了我,给我以慷慨的哺育"将书本进行了拟人化处理。拟人的手法亦被归为现代隐喻学研究的对象。在翻译这类隐喻时,亦须注意英汉两种语言中是否有类似的隐喻方式。译文一基本上采用直译的方式来翻译,而译文二则作了适度变通。

【例9】

原　文:清清的流水,潺潺地流着,像仙女身上美丽的飘带,从高崖上伸展到遥远的地方去。

译文一：Rippling crystal streams stretched away into the distance from the towering bluffs **like the beautiful streamers of a fairy maid**.

译文二：The crystal clear stream murmured along from the high cliff into the distance like the beautiful ribbon of a fairy.（李明 译）

【点评】这里汉语原文中所使用的隐喻亦像本章【例1】中的隐喻，运用了"像……"这一结构，从传统的修辞角度看属于明喻，在英语中常使用诸如like、as、seem、as if等进行表达。这里英译文采用直译的方式进行翻译。

【例10】

原　文：　　书是我的良友。它给我一把金钥匙，诱导我打开浅短的视界，愚昧的头脑，闭塞的心灵。它从不吝惜对我帮助。

　　书是我青春期的恋人，中年的知己，暮年的伴侣。有了它，我就不再愁寂寞，不再怕人情冷暖，世态炎凉。它使我成为精神世界的富翁。我真的是"不可一日无此君"。当我忙完了，累极了；当我愤怒时，苦恼时，我就想亲近它，因为这是一种绝妙的安抚。

译　文：　　Books are my good friends. They have offered me a golden key to broadening my horizons and ridding myself of stupidity and ignorance. They spare no efforts to help me.

　　Books are my sweethearts in my youth, my bosom friends in my middle age, and my companions in my declining years. Accompanied by books, I never feel lonely, nor fear social snobbery or fickleness of the world. They have made a rich man of me in the inner world. I cannot do without them even for a single day. When I feel tired out after finishing my work, or when I am in a bad mood, I'll try to get close to books for comfort—the best way for me to find spiritual consolation.（吴群，2002b：86）

【点评】这里，原文使用了大量隐喻，如"良友""青春期的恋人""中年的知己""暮年的伴侣""精神世界的富翁"等，另外使用了拟人的手法，如将"书"

看作人，"给我一把金钥匙""从不吝惜对我帮助""不可一日无此君""我就想亲近它"等。根据现代隐喻学的观点，拟人也属隐喻的范畴。隐喻在汉语和英语中都大量使用，且在许多情况下相通。因此，汉英翻译时，完全可以对隐喻进行直译。本例中的英译文就是采取直译的方式，整篇译文读来流畅自如。

三、翻译比较与欣赏

【例1】

原　　文：穷人的命，他似乎看明白了，是枣核儿两头尖：幼小的时候能不饿死，万幸；到老了能不饿死，很难。只有中间的一段，年轻力壮，不怕饥饱劳碌，还能像个人儿似的。（老舍《骆驼祥子》）

译文一：It seemed to him that the fate of the poor was **like** a jujube kernel, pointed at both ends and round in the middle: if you were lucky enough not to die of hunger as a child, you could hardly escape starving to death in your old age. Only during the middle period, when you were young and strong, able to put up with hunger and hard work, could you live **like** a human being.（施晓菁 译）

译文二：It seemed obvious to him that the fate of the poor was **like** the date pit: pointed at both ends. If you avoided dying of starvation when young, it's good for you. But it was almost impossible to avoid dying of starvation when old. You can be a real man only during the period in between——when you are young and strong and not afraid of the hard grind to feed your hunger.（Jean M. James 译）

【例2】

原　　文：身后有余忘缩手；
　　　　　眼前无路想回头！（曹雪芹《红楼梦》）

译文一：If there is a sufficiency behind you, you may concentrate on going forward;
When there is no road in front of you, you should think about turning back.

302

（Hawkes 译）

译文二：Though plenty was left after death, he forgot to hold his hand back;

Only at the end of the road does one think of turning on to the right track.（杨宪益、戴乃迭 译）

译文三：There is a sufficiency behind you, but you forget to hold your hand back;

Here is no road in front of him, so he must think of turning on to the right track.（杨万翔 译）

【例3】

原　文：当前，国有经济**战线太长**，重复建设严重，布局过于分散，企业规模偏小，素质较差，这是造成国有企业经营困难，高投入、低产出，高消耗、低收益的重要原因。

译文一：At present, the **strength** of the state-owned sector **is spread too thin**. Moreover, it is haunted by such problems as repeated construction, excessively scattered distribution of industry, small scale of the enterprises and poor product quality. These problems cause many difficulties for the management of state-owned enterprises, such as high input, low output, high consumption of energy and other resources and low efficiency.

译文二：Wide industrial distribution, duplicated construction, small size of individual businesses, and poor quality are major factors causing operational difficulties in state-owned enterprises, such as high input and low output, and high consumption and low efficiency.（李长栓，2004：84-85）

四、翻 译 练 习

句子翻译

1. 客厅里静得很，只有小风扇的单调的荷荷的声响。间或飞来了外边马路上汽车的

喇叭叫，但也是像要睡去似的没有一丝儿劲。几个男当差像棍子似的站着。（茅盾《子夜》）

2. 中国社会主义建设的航船将乘风破浪地驶向现代化的光辉彼岸。

3. 他们受过专门训练，能把废话说得娓娓动听，似乎胸中颇有经纬，实则多半是绣花枕头草肚皮。

4. 年岁渐增，熟识了生活中诸般滋味之后，反倒偏爱上青苹果的那种清甜——带着点酸涩的甜、饱含水分的甜，咬一口有清脆的声响。（洪烛《必要的青涩》）

5. 重温仓促来去的日子，那成熟之前的天真幼稚印象最深：爱、被爱、错失、落叶般瑟缩的痛苦以及繁硕如花枝招展的欢乐，样样都是第一次，都曾在空白的履历上留下无可涂改的痕迹，也都具备着他物难以替代的价值。（洪烛《必要的青涩》）

6. 有的人如游客，不急不慌，走走停停，看花开花落，看云卷云舒，有时也在风中走，雨里行，心却像张开的网，放过了焦躁苦恼。

7. 如果说白天广州像座翡翠城，那么当太阳沉没，广州就成了一颗夜明珠，灯光如海，千街闪烁。

8. 在我以感激之情狼吞虎咽地吃完那些食物之后，我突然意识到，自拉萨吃完晚餐之后，我还没有吃过任何实实在在的热东西呢。

9. 我控制着谈话，当车停到了我们家门口时，我们还热烈地交谈着，这样，请她进来喝点什么似乎也就成了世界上最自然不过的事情了。

10. "读书就是挣大钱娶美女"的看法无疑并无任何新鲜之处，它无非是古话"书中自有黄金屋，书中自有颜如玉"的现代直译。

语篇翻译

语篇翻译 1

所以，幽默至多是一种脾气，决不能标为主张，更不能当作职业。我们不要忘掉幽默的拉丁文原意是液体；换句话说，好像贾宝玉心目中的女性，幽默是水做的。把幽默当为一贯主义或一生的衣食饭碗，那便是液体凝为固体，生物制成标本。就是真有幽默的人，若要卖笑为生，作品便不甚看得，例如马克·吐温（Mark Twain）。自十八世纪末叶以来，德国人好讲幽默，然而愈讲愈不相干，就因为德国人是做香肠的民族，错认幽默也像肉末似的，可以包扎得停停当当，作为现代的精神食料。幽默减少人生的严重性，决不把自己看得严重。真正的幽默是能反躬自笑的，它不但对于人生是幽默的看法，它对于幽默本身也是幽默的看法。提倡幽默作为一个口号、一种标准，正是缺乏幽默的举动；这不是幽默，这是一本正经的宣传幽默，板了面孔的劝笑。我们又联想到马鸣萧萧了！听来声音倒是笑，只是马脸全无笑容，还是拉得长长的，像追悼会上后死的朋友，又像讲学台上的先进的大师。（钱钟书《说笑》）

语篇翻译 2

历史的道路，不会是平坦的，有时走到艰难险阻的境界。这是全靠雄健的精神才能够冲过去的。

一条浩浩荡荡的长江大河，有时流到很宽阔的境界，平原无际，一泻万里。有时流到很逼狭的境界，两岸丛山叠岭，绝壁断崖，江河流于其间，极其险峻。民族生命的进展，其经历亦复如是。

人类在历史上的生活正如旅行一样。旅途上的征人所经过的地方，有时是坦荡平原，有时是崎岖险路。志于旅途的人，走到平坦的地方，固是高高兴兴地向前走，走到崎岖的境界，愈是奇趣横生，觉得在此奇绝壮绝的境界，愈能感到一种冒险的美趣。

中华民族现在所逢的史路，是一段崎岖险阻的道路。在这一段道路上，实在亦有一种奇绝壮绝的境致，使我们经过此段道路的人，感到一种壮美的趣味。但这种壮美的趣味，是非有雄健的精神的人不能够感觉到的。

我们的扬子江、黄河，可以代表我们的民族精神，扬子江及黄河遇见沙漠、遇见山峡都是浩浩荡荡的往前流过去，以成其浊流滚滚、一泻万里的魄势。目前的艰难境界，哪能阻抑我们民族生命的前进。我们应该拿出雄健的精神，高唱着进行的曲调，在这悲壮歌声中，走过这崎岖险阻的道路。要知在艰难的国运中建造国家，亦是人生最有趣味的事……（李大钊《艰难的国运与雄健的国民》）

第二十一章 汉语习语的翻译

> 人类智慧的全部并没有蕴藏在世界上任何某一种的语言当中，因此，没有哪一种语言能够表达人类理解的所有形式和所有细微的区别[11]。
>
> ——Ezra Pound

一、理论探讨

习语，即习惯用语（the idiomatic phrases）之简称，是语言经过长期使用而提炼出来的固定词组、短语或短句。习语范围很广，通常包括成语（set phrases）、谚语（proverbs）、格言（sayings）、俗语（colloquilisms）、典故（allusions）和歇后语（two-part allegorical sayings）等。习语在语言上具有精辟、生动、优美、形象、通俗、寓意深刻等特点。例如，"道听途说""雪中送炭"等汉语中通常由四个字组成的短语或词组属于成语；"留得青山在，不愁没柴烧""路遥知马力，日久见人心"等属于谚语；"闻声知鸣鸟，闻言见人心""本分成家眠也稳，亏心创业梦何安"等属于格言；"一个巴掌拍不响""偷鸡不成蚀把米"等属于俗语；"指鹿为马""红袖添香""破釜沉舟"等均为典故；"竹篮打水——一场空""三月里扇扇子——满面春风"等属于歇后语。

世界上凡历史悠久的语言都包含有大量的习语。习语是语言经过长期使用而不断提炼出来的短语或短句，是语言的精华之所在。习语如果使用得当，就会言简意赅、纯熟流利，犹如锦上添花，给语言增添无限的色彩。

习语的特点有：1）它们是语言中的重要修辞手段，不仅形象生动，而且通俗简练。2）它们是语言中独立、不规则而固定的因素。换言之，其一，它们在句子或语篇中以短语或短句的形式出现，但其作用只是相当于一个成分或者一个词语，其意义不是各

---

11 英文原文为：The sum of human wisdom is not contained in any one language, and no single language is capable of expressing all forms and degrees of human comprehension.

组成部分意义的总和；其二，它们往往会破坏语法规则和逻辑推理，如"三心二意"就不是事实；其三，习语具有本身的完整性，其中的各个单字是固定的，是不能随意拆开或者被替换的，如"雪中送炭"就不能说"雪中送煤"。

从翻译的角度来看，在翻译习语时，译者从总体上讲应把握两点。其一是要尽量保持原习语的民族特点和风格，因此在翻译方法上采用直译（而非死译或硬译）是非常必要的；其二是在翻译过程中，不能够把习语当作普通语句来处理，应避免字字对应。这两点似乎自相矛盾，也正是这一点构成了习语翻译中的困难。有人认为习语是不可译的。的确，习语是各民族语言中的特殊材料，但它们像其他语言要素一样，也是表达意义的语言成分，既然其他语言要素是可译的，习语也同样具有可译性。

通常来说，习语的翻译方法主要有：

1. 直译法：指在符合译文语言规范化的基础上，在不引起错误的联想或误解的前提下，保留习语的比喻、形象以及民族色彩的方法。如：

原文：但世人一见了功名，便舍着性命去求他，及至到手之后，**味同嚼蜡**。

译文：Men will risk their lives in search for them; yet once they have them within their grasp, **the taste is no better than chewed tallow**.

原文：俗话说：**与君一夕谈，胜读三年书**。

译文：As the old saying goes: **"One evening's conversation with a gentleman is worth more than three years' study."**

2. 同义习语借用法：两种语言中有些同义习语无论在内容、形式还是在色彩上都相互吻合，它们不但有相同的意思或喻意，而且有相同的或极相似的形象或比喻。翻译时如果遇到这种情况就不妨直截了当地互相借用。如：

原文：只有大胆地**破釜沉舟**地跟他们拼，还许有翻身的那一天。

译文：All you can do is to **burn your boats** and fight them in the hope that one day you'll come out on top.

原文：说得不好听的，就给他一个"**实棒槌灌米汤**"，来个寸水不进，我算是满没有听提。

译文：When he says something nasty, let it run off you **like water off a duck's back**, just pretend he hasn't said a thing.

原文：塞翁失马，焉知非福。

译文：Misfortune might be a blessing in disguise.

3. 意译法：汉语中有不少习语带有浓厚的汉民族文化色彩，在比喻部分包含有人名、地名、典故，有的源于汉民族特有的风俗习惯或宗教等，如直译出来，译文繁冗拖沓，对于不了解文化背景的英语读者很难理解，因此舍弃形象对喻义进行意译，译文反而显得言简意赅、简洁明了。如：

原文：他这一阵心头如同十五个吊桶打水，七上八下。

译文：His mind was **in a turmoil** these days.

原文：你别狗咬吕洞宾，不识好人心。

译文：**Don't snap and snarl at me when I'm trying to do my best for you.**

原文：他也是过五关斩六将的人物。

译文：He **has also experienced many hardships.**

4. 直译兼意译法：有些习语是人们日常交际中广泛使用的语言形式，在语体上非常接近日常口语。在翻译时如果采用直译法，往往表达不出该习语的全部含义，若在采用直译法之后，再以意译的方式翻译出它的含义，会收到画龙点睛的效果。如：

原文：各人自扫门前雪，不管他人瓦上霜。

译文：Sweep the snow from your own front door; leave the frost on the other man's roof to thaw.

（注：该短语也可以使用两个英语同义习语来分别表达这个习语的前后两截：Mind your own business; poke not your nose into other people's business。）

原文：唇亡齿寒。

译文：When the lips are gone, the teeth will be exposed to danger.

5. 直译兼用同义习语借用法：翻译习语时，可以先保留原习语的比喻、形象及民族色彩，然后再借用目的语中在内容、形式以及色彩上相互吻合的习语，可以取得中西合璧的效果。如：

原文：他这是**守株待兔**。

译文：He is now **waiting for gains without pains**.

（注：译文中的 waiting for 是从"待"直译成英语的，gains without pains 是依据"守株待兔"所引申的部分含义而借用的英语同义习语，因为英语中有 No gains without pains 这样一个习语。）

6. 省略法：汉语中有一种情况，就是习语中有的是对偶词组，前后含义重复。遇到这种情况时可用省略法来处理，以免产生画蛇添足之感。如：

原文：此时鲁小姐卸了浓妆，换几件淡雅衣服。他举眼细看，真有**沉鱼落雁之容，闭月羞花之貌**。

译文：By this time Miss Lu had changed out of her ceremonial dress into an ordinary gown, and when he looked at her closely he saw that **her beauty would put the flowers to shame**.

原文：他们这群人，又想吃人，又是**鬼鬼祟祟**，想法子遮掩，不敢直接下手，真要令我笑死。

译文：All these people wanting to eat human flesh and at the same time **stealthily** trying to keep up appearances, not daring to act promptly, really made me nearly die of laughter.

7. 增补译法：由于汉英民族文化背景不同，一些原语读者容易理解的习语对目的语读者来说很难理解，此时就采用增补译法，即对习语先直译，然后再进行解释或者增添一些背景知识，以帮助读者理解的翻译方法。如：

原文：**一旦树倒猢狲散**，全局就改观了。

译文：**Once the tree falls, the monkeys on it will flee helter-skelter**, and the whole situation will change.

原文：三个臭皮匠，合成一个诸葛亮。

译文：**Three cobblers with their wits combined would equal Zhuge Liang, the master mind**.

8. 还原法：一些习语源于外语，翻译时使之还原成原语的办法就是还原法。如：

原文：他们于是就夹着尾巴逃跑了。

译文：As a result, they **ran away with their tails between their legs**.

原文：强权政治的时代已经一去不复返了。

译文：The time of power politics **has gone for ever**.

9. 注释法：在习语翻译的过程中，为了帮助目的语读者更清楚地了解原语文化，译文采用注释的方式将习语中所负载的历史文化背景信息或典籍出处充分地传达出来。如：

原文：这样，他采取"守株待兔"的态度，还是当他的乡董。

译文：Accordingly, having adopted this attitude of "watching the stump and waiting for a hare*", he continued with his councillorship.

*From the story of a peasant who, seeing a hare run headlong against a tree-stump and break its neck, abandoned his plough and waited by the stump in the hope that another hare would do the same thing.

原文：古人说："文武之道，一张一弛。"

译文：The ancients said, "The principles of Kings Wen and Wu was to alternate tension with relaxation*."

*From *the Book of Rites*, "Miscellaneous Record", Part II. "Kings Wen and Wu could not keep a bow in permanent tension without relaxation. Nor would they leave it in a permanent state of relaxation without tension. The principle of Kings Wen and Wu was to alternate tension with relaxation." Wen and Wu were the first two kings of the Chou Dynasty (12th–3rd century B.C.).

10. 修辞法：习语，尤其是汉语中的习语，其本身集各种修辞手段于一体，因此在翻译习语时除要充分表达原意外，还应兼顾习语中所使用的修辞手段，如对仗、韵脚、双声、格调等在译文中的再现。这便是翻译习语过程中所采用的修辞法。如：

原文：俗话说：嘴上没毛，说话不牢。

译文：As the old saying goes: "**Downy lips make thoughtless slips**."

（注：译文中的 lips 和 slips 押韵。）

原文：这个正合着古语："漫天讨价，就地还钱。"

译文：This is just like the proverb: **The price is as high as the sky and the offer as low as the earth**.

（注：原文中的"漫天讨价，就地还钱"在译文中以紧密的对仗形式译出，音节协调匀称，节奏感强，前后两部分相互映衬。）

二、译例举隅及翻译点评

【例1】

原　文：在国营企业或合资企业工作**各有利弊**：在国营企业工作比较安定，但工资较少。在合资企业工作挣钱多一些，可是又不稳定。

译　文：It **cuts both ways** to work in a state-run enterprise or a joint venture: the pay from a state-run enterprise is relatively lower but you feel more stable while in a joint venture you feel unassured, though the pay is relatively higher.

【点评】"各有利弊"在英文中主要有两种表达方式：1) cut both ways；2) there are both advantages and disadvantages。第二种表达方式较容易理解，第一种 cut both ways 是英语成语，意思是 have both advantages and disadvantages 或 be both positive and negative to a given situation or argument，其用法为：Used when speaking about something that can serve both sides or an argument。在英语中选择"各有利弊"这个成语的不同对应表达会影响整个句子结构的铺陈方式，如该句也可以表达为：There are both advantages and disadvantages to work in a state-run enterprise or a joint venture…。

【例2】

原　文：这女子真有**沉鱼落雁之容，闭月羞花之貌**。

译文一：The girl's beauty **would put the flowers to shame**.（张培基，1979）

译文二：The girl is **lovely enough to outshine the moon and put the flowers to**

shame.

【点评】 汉语中形容女子美丽往往使用"沉鱼落雁、闭月羞花"这两个成语进行表达。这两个成语出自对中国古代四大美女的传说。

春秋战国时期,越国浣纱的女子西施,五官端正,粉面桃花,相貌过人。她在河边浣纱时,清澈的河水映照出她俊俏的身影,使她显得更加美丽,此时,鱼儿看见她的倒影,忘记了游水,渐渐地沉到河底。从此,西施便有了"沉鱼"的代称。

汉元帝在位期间,南北交兵,边界不得安静。汉元帝为安抚北匈奴,选昭君与单于结成姻缘,以保两国结好。在一个秋高气爽的日子里,昭君告别故土,登程北去。一路上,马嘶雁鸣,撕裂她的心肝;悲切之感,使她心绪难平。她在坐骑之上,拨动琴弦,奏起悲壮的离别之曲。南飞的大雁听到这悦耳的琴声,看到骑在马上的这个美丽女子,忘记摆动翅膀,跌落地下。从此,昭君就得来"落雁"的代称。

三国时汉献帝的大臣司徒王允的歌妓貂蝉在后花园拜月时,忽然轻风吹来,一块浮云将那皎洁的明月遮住。这时正好王允瞧见。王允为宣扬貂蝉长得如何漂亮,逢人就说,貂蝉和月亮比美,月亮比不过,赶紧躲到云彩后面,因此,貂蝉也就被人们称为"闭月"了。

唐朝开元年间,美貌女子杨玉环,被选进宫来。杨玉环进宫后,思念家乡。一天,她到花园赏花散心,看见盛开的牡丹、月季等鲜花,想到自己被关在宫内,虚度青春,不胜叹息,对着盛开的花儿说:"花呀,花呀!你年年岁岁还有盛开之时,我什么时候才有出头之日?"说着声泪俱下,她刚一触到花,花瓣就立即收缩,绿叶卷起低下。哪想到,她摸到的是含羞草。这时,被一宫娥看见。宫娥到处说,杨玉环和花比美,花儿都含羞低下了头。"羞花"的称号由此得来。

对于这类具有浓郁中国文化色彩的中国典故的习语的翻译,很多时候都需采取意译的方法进行。本例中的两个译文均没有将"沉鱼落雁"译出,译文一只译出"羞花"这一信息,译文二则译出了"闭月羞花"这两则信息,但两种译文均可接受,因为它们均简要地描述了文中女子的美貌。

第二十一章 汉语习语的翻译

【例3】

原　文：我们的科学技术队伍发生了**青黄不接**的现象，这就使加速培养年轻一代的科学技术人才的任务更加迫切了。

译　文：There is an **age gap** in the ranks of science and technology which makes all the more pressing the training of younger generation of scientific and technical personnel.（邵志洪，2005：238，有改动）

【点评】汉语成语"青黄不接"的本义是"庄稼还没有成熟,陈粮已经吃完"（surplus grains of the preceding year(s) are almost eaten up, but the new crops are not yet ripe），其比喻义是"人力或物力等暂时的缺乏"（temporary shortage of human or material resources, etc.）。但在翻译过程中，绝大多数时候词典所提供的释义只能用作参考，因此，译者需要根据词语所处语境或曰上下文进行释义或引申。本例汉语原文中的"青黄不接"在英译文中翻译成 age gap 是很有创意的译法。

【例4】

原　文：泰山将自然景观与人文景观完美地**融为一体**，山上有**无以计数**的奇石、清瀑、古松、石桥、庙宇、亭阁、古塔、殿堂。

译　文：Mount Tai is a perfect example of the kind of mountain resort that **embodies** natural scenery and cultural heritage, boasting **numerous** grotesque rock formations, clear waterfalls, age-old pine trees, stone bridges, temples, pavilions, pagodas, and halls.（谭卫国、蔡龙权，2005：466）

【点评】汉语中的四字成语非常丰富，但在将这些成语翻译成英语时，不一定能够在英语中找到与之相对应的英语成语。许多情形下，汉语中的四字成语，在英译时只等于一个英文单词的意思。本例将原文"融为一体"翻译成 embodies，将"无以计数"翻译成 numerous 便是很好的例子。中国学生在将汉语成语翻译成英语时，生怕汉语成语的意思在英语中没有传达出来，常常绞尽脑汁，将本来可以用一个常见词语就可以传达清楚的意义复杂化。究其原因，就是因为译者没有充分领会这些汉语成语的内涵，也没有充分把握与之对应的英语单词的真切含义。类似可以使用一个英语单词就传达出汉语成语之义的例子再如：1) 他一向信奉**明哲保身**的处世哲学。He has always believed in the philosophy of **self-preservation**. 2) 王先生的帮助使他俩**破镜重圆**。Thanks to Mr. Wang's help, the estranged couple **were reunited**. 3) 在那些**兵荒马乱**的岁月里，他们遭受了很多磨难。In those **turbulent** years of war, they suffered quite a lot.

【例5】

原　文：这五年，首先是农村改革带来了许多新的变化，农作物大幅度增产，农民收入大幅度增加，乡镇企业异军突起。(《邓小平文选第三卷》)

译文一：During those five years, rural reform brought about many changes, which were characterized by substantial increase in crop production and farmers' income and **the rise** of rural enterprises **as a new force**.

译文二：During those five years rural reform brought about many changes: grain output increased substantially, as did the peasants' income, and rural enterprises **emerged as a new force**.（周志培，2003：426）

【点评】以上两种英译文在表达方式上有些差异，但均很好地传达出了原文的信息。对于成语"异军突起"的翻译，译文一根据行文需要将其翻译成了名词短语 the rise (of rurual enterprises) as a new force，用于充当前文中 ...were characterized by 之后的介词宾语。译文二则将其翻译成了动词短语 (rural enterprises) emerged as a new force。因此，对成语的翻译要依据译文的行文需要作出不同的选择。

【例6】

原　文：现在是下里巴人吃香，一个通俗歌星，文化虽不高，但一出现在舞台上，观众就像疯了一样，立即全场起立，掌声雷动。

译　文：Nowadays **what is popular** is in favor. The moment a pop singer, though undereducated, appears on the stage, the audience will be crazy, stand up and give a thunderous applause.（程永生，2005：114）

【点评】关于"下里巴人"的解释是这样的：《下里》和《巴人》本是春秋时代楚国流行的民间通俗歌曲，是当时较普及的音乐作品。《文选·〈对楚王问〉》："客有歌于郢中者,其始曰《下里》《巴人》,国中属而和者数千人……其为《阳春》《白雪》,国中属而和者不过数十人。"唐人李周翰注云："《下里》《巴人》，下曲名也。《阳春》《白雪》，高曲名也。""下里巴人"后来泛指通俗的文学艺术，常与"阳春白雪"相对。"下里巴人"的英文对应语是 popular literature or art; simple and crude folk songs。本例汉语原文对"下里巴人"进行了引申，用以泛指"当下流行的事物"，故翻译为 what is popular。

【例7】

原　文：**大千世界，朗朗乾坤**，以它那多姿多彩的魅力吸引着他，但在那周游世界的几个寒暑、几度春秋，无论走到哪儿，他那拳拳之心，始终眷恋着故土亲人。

译文一：**The world, so vast and bright**, attracts him with its varying and colorful charm. But during the winters and summers when he traveled around the world, wherever he went, he could not at any moment tear his heart away from his homeland and relatives.

译文二：Attracted by **the vast and colorful world** with its rich charm during his global travel in winters and summers, he could not at any moment tear his heart away from his homeland and countrymen wherever he went.（程永生，2005：124）

【点评】本例汉语原文中的"大千世界"原为佛教用语，世界的千倍叫小千世界，小千世界的千倍叫中千世界，中千世界的千倍叫大千世界。现该成语用以指代广阔无边的世界（the boundless universe）。"朗朗乾坤"中的"朗朗"二字为"明亮"之意，"朗朗乾坤"可用英语解释为 All is sunny and peaceful in this part of the world。当"大千世界"和"朗朗乾坤"用在一起时，因"世界"和"乾坤"是同义词，将它们总体英译为 world 或 universe 即可，再将"大千"译为 vast 或 boundless，将"朗朗"译为 bright 即可。

【例 8】

原　　文：古往今来，旅游一直是人们**增长知识、丰富阅历、强健体魄**的美好追求，比如在我国古代，先哲们就提出了"观国之光"的思想，主张"读万卷书，行万里路"，游历名山大川，承天地之灵气，偕山水之精华。

译　　文：From ancient times till now, tourism has represented people's happy wish **for more knowledge, varied experience and good health**. As ancient Chinese sages believed in the idea that "appreciating the landscape through sightseeing" and advised people to "travel ten thousand *li* and read ten thousand books", find pleasure in enriching themselves mentally and physically through traveling over famous mountains and rivers.

【点评】本例汉语原文中的"增长知识、丰富阅历、强健体魄"等短语算不上是习语，它们都是动宾结构，非常对称，体现了汉语语言重对称美的特点。英译这些短语时，既可采用与汉语原文对应的动宾结构，也可根据上下文采用适合上下文行文的方式进行表达。这里的英译文译为 (people's happy wish for) more knowledge, varied experience and good health 正是考虑到英语这种语言后置的特点，先将"人们……的美好追求"译为 people's happy wish for，再在介词 for 之后给出"增长知识、丰富阅历、强健体魄"的英译文，故只能将它们译为名词短语了。与之相对应，这些名词短语本身的英译文也需要调整，所以"增长知识"被译为 more knowledge，"丰富阅历"被译为 varied experience，"强健体魄"被译为 good health。

【例 9】

原　　文：富贵不能淫，贫贱不能移，威武不能屈，此之谓大丈夫。（孟子）

译　　文：**He can not be led into dissipation by wealth and rank, nor be deflected from his aim by poverty and obscurity, nor be made to bend by power and force**—all this is characteristic of a great man.

【点评】"富贵不能淫，贫贱不能移，威武不能屈"是孟子之语，亦是儒家思想之精粹的不朽之言，辞约而旨丰，事近而喻远，精妙地表达了做一个大丈夫所应具有的风骨，即金钱地位不能使自己迷惑腐化，贫苦穷困不能改变自己的志向，权势武力不能让自己屈服变节。这些至理名言完全可以看作是汉语语言中的习语。要翻译好这类至理名言，必须深刻领会它们所蕴含的深层含义，同时还需了解其出处和所处文化背景。这里的汉语原文首先列出了作为"大丈夫"的三种品格，然后再以"此之谓大丈夫"作结，但在英译时却需要将所涉及的主语给出，因此，英译文以 He can not... 引出后面的内容，接着再以两个 nor... 结构同前面的 can not 呼应，非常对称地传达出原文信息。最后再以 all this is characteristic of a great man 收尾。

【例10】

原　文：外交人员要立场坚定、目光远大、头脑敏捷、业务熟悉、才华出众、风格高尚。

译　文：A diplomat should be **firm in stand, broad in vision, swift in wit, qualified in profession, outstanding in talent, and noble in character**.（张春柏 用例）

【点评】本例汉语原文所使用的一系列短语"立场坚定、目光远大、头脑敏捷、业务熟悉、才华出众、风格高尚"均是主谓词组。在汉语中，主谓词组是可以充当谓语成分的，但在英语中，不可能有主谓词组充当谓语成分的场合，因此，在将汉语中充当谓语成分的主谓词组翻译成英语时，需要调整表达方式，如这里的"立场坚定"被译成了 firm in stand，"目光远大"被译成了 broad in vision，"头脑敏捷"被译成了 swift in wit，"业务熟悉"被译成了 qualified in profession，"才华出众"被译成了 outstanding in talent，"风格高尚"被译成了 noble in character。汉语中充当谓语成分的主谓结构在翻译成英语时通常需要作这样的调整。

三、翻译比较与欣赏

【例1】

原　文：有缘千里来相会，无缘对面不相逢。

译文一：Those meant to meet will meet though separated by a thousand miles; those not meant to meet will brush shoulders without getting acquainted.

译文二：Having affinity, men will come to meet from a thousand *li*; without affinity, though face to face, they never meet.（张学英，1991：1000）

译文三：No distance can separate what heaven unites, or unite what heaven separates.（张学英，1991：1000）

【例2】

原　文：凤姐听了，眼圈儿红了半天，半日方说道："真是'天有不测风云，人有旦夕祸福'。这个年纪，倘或就因这病上怎么样了，人还活着有甚么趣儿！"（《红楼梦》第十一回）

译文一：Xifeng's eyes became moist. After a pause she exclaimed, "Truly, '**Storms gather without warning in nature, and bad luck befalls men overnight**.' But life is hardly worth living if such an illness can carry off one so young!"（杨宪益、戴乃迭 译）

译文二：Xi-feng's eyes became moist and for a moment she was too overcome to speak. "I know '**the weather and human life are both unpredictable**'," she said at last, "but she's only a child still. If anything should happen to her as a result of this illness, I think all the fun would go out of life!"（霍克斯 译）

译文三：At that, Xifeng's eyes became moist. It was quite a while before she could manage to speak: "It's indeed the case of '**Storms may come quickly with no warning and misfortune may befall a person from nowhere**'. What's the point of living in this world if anything should happen to a person so young because of her illness?"（李明 译）

【例3】

原　文：中国是世界四大文明古国之一，**地大物博**，拥有茂密的森林，壮丽的山河，如利剑**直插云霄**的高峰，**雄伟壮丽**的瀑布，秀丽的湖泊及富有中华文化光辉的**名胜古迹**，令世界各国人民神往。（周志培，2003）

译文一：China, one of the four countries in the world with the oldest civilization, filled the world with longing with **a vast territory and abundant resources**, dense forests and majestic rivers and mountains where peaks **pierce the clouds** like so many gargantuan swords, **magnificent** waterfalls and beautiful lakes, and **historical remains** underlining her glorious past.（邵志洪 译）

译文二：China, one of the world's four countries with the ancient civilization, boasts **a vast territory with abundant resources** and a majestic land with dense forests, sword-like peaks **rising higher up through the clouds** in the sky, **magnificent** waterfalls, beautiful lakes and **places of historical interest** which reflect the glorious past of China. All these constitute the charm to the people of every nation in the world.（李明 译）

四、翻译练习

句子翻译

1. 像你这样身居陋室，任劳任怨，不计报酬，一心苦干的大夫，真可说是孺子牛，吃的是草，挤的是奶。这是鲁迅先生的话，对不对？

2. 如果说白天广州像座翡翠城，那么当太阳沉没，广州就成了一颗夜明珠，灯光如海，千街闪烁。

3. 起初他还挺硬，可是当警察出示经他篡改的文件并问他是怎么一回事的时候，他却无言以对了。

4. 虽然很多人都已经富裕起来了，可是仍有些人吃了上顿没下顿。

5. 这个方案富于创造性，独出心裁，很有魄力，所以他们都很喜欢。

6. 改革开放以来，这个地区的经济建设有了高速发展。

7. 大都市车如流水马如龙的繁华景象，看得他头晕目眩眼花缭乱。

8. 平日空空荡荡的公园，星期日摆满了小摊子，出售各种吃食和物品。

9. 推介新产品那一个星期，我们在全球两百多家报纸上刊登了整版的广告，很快，我们世界各地的经销处，**顾客云集，门庭若市**。

10. 我公司是中国最大的中小型电机生产基地，是自营出口贸易企业。我公司历史悠久，实力雄厚，工艺先进，设备齐全。

语篇翻译

语篇翻译 1

　　兴冲冲在人生路上走，走过了桃李芳菲的春天，走过了梅子青青的夏季，浑然不觉间，就迈进了枫红柏翠的深秋。

　　四十岁的女人呢？揽镜自照，昔日光滑的额头已见依稀纹路，浓密的黑发也全没了光泽。哦，时光流逝太快，还没有很好地一览风光，怎么就已入了秋境呢？便觉有三分惆怅，三分无奈。

　　然而，思之又觉释然。春光妖媚多姿自然是好，夏季明朗热烈，也让人留恋；可秋天又有什么可伤感的呢？秋天不正是成熟的季节吗？秋天的花红得热烈凝重，秋天的叶绿得深沉端庄。有谁不赞叹深秋时节如火焰、如旗帜，把万山红遍层林尽染的霜后红枫，比二月春花更撼人心魄呢？

　　四十岁，也应该是女人一生中的第二巅峰。这个年龄的女人，既有岁月没有完全带走的红润脸颊，又有了人生磨练后的凝重、深沉。

　　四十岁的女人有什么可伤感的呢？可以不再为嗷嗷待哺的婴儿牵肠挂肚，爱情之舟大多已驶入宁静的港湾。四十岁的女人也积累了相当的工作经验，事业上一样叱咤风云，游刃有余。

　　四十岁，美好多彩的四十岁，四十岁的中华女性，是欣逢盛世，长在改革沃土上的红枫叶，应该更繁茂，更挺拔。让我们摇动千万枝红枫叶，大声地向世界说一声：

"四十岁风采更动人。"（选自陈文伯，1999：138）

―――――― 语篇翻译2 ――――――

庐山初识，匆匆五十年矣。山城之聚，金陵之晤，犹历历如昨。别后音讯阔绝四十余年，诚属憾事。幸友谊犹存，两心相通。每遇客从远方来，道及夫人起居，更引起怀旧之情。近闻夫人健康如常，颇感欣慰。

令姐孙夫人生前，极为思念夫人。每每言及夫人爱国情切，必将致大力于中国之统一。孙夫人手足情深，亟盼生前能与夫人一晤；曾亲笔致函夫人，然未能如愿，终成遗憾。尝读夫人之《我将再起》，思感殊多。回首当年，国难方殷，夫人致力全民抗战，促成国内团结，争取国际援助，弘扬抗日民气，救助难童伤兵，厥功至伟。今夫人年事虽高，犹时时关心国家之强盛，民族之再起，于海峡两岸关系之缓和，亦多所推动。夫人谋国之忠，诚如令姐孙夫人所言，我极为钦佩！

环顾当今世界，风云迭起，台湾前途令人不安。今经国不幸逝世，情势更趋复杂。此间诸友及我甚为关切，亟盼夫人与当政诸公，力维安定祥和局势，并早定大计，推动国家早日统一。我方以为，只要国共两党为国家民族计，推诚相见，以平等之态度共商国是，则一切都可商量，所虑之问题均不难解决。

我亦年逾八十。今虽卸却政务繁荷，然念念不可置之者，唯国家统一一端耳。"烈士暮年，壮心不已"。我与夫人救国之途虽殊，爱国之心则同。深愿与夫人共谋我国家民族之统一，俾我中华腾飞于世界。

我与夫人交往，数十载矣。历时弥久，相知愈深。直率陈言，尚祈谅察。海天遥隔，诸希珍重。临颖神驰，期待回音。（1988年5月邓颖超致宋美龄的信）

参考文献

包家仁. 2002. 汉英句型比较与翻译. 广州：广东高等教育出版社.

蔡基刚. 2001. 英汉汉英段落翻译与实践. 上海：复旦大学出版社.

常立. 2006. 实用汉英活译. 太原：山西教育出版社.

常玉田. 2002. 经贸汉译英教程. 北京：对外经济贸易大学出版社.

陈登. 1994. 汉英语言与中西传统哲学思维方式 // 刘重德. 英汉语比较研究. 长沙：湖南科学技术出版社：309-316.

陈宏薇. 1996. 新实用汉译英教程. 武汉：湖北教育出版社.

陈宏薇. 1998. 汉英翻译基础. 上海：上海外语教育出版社.

陈宏薇. 2004. 新编汉英翻译教程. 上海：上海外语教育出版社.

陈开顺. 2003. 英语专业八级考试辅导丛书：快速通关（汉英分册）. 北京：中国宇航出版社.

陈世琪. 1999. 英文翻译精简研究. 台北：桂冠图书股份有限公司.

陈文伯. 1992. 从一堂翻译课看汉译英中的问题. 中国翻译（4）：34-39.

陈文伯. 1999. 教你如何掌握汉译英技巧. 北京：世界知识出版社.

陈小慰. 2006. 新编实用翻译教程. 北京：经济科学出版社.

程永生. 2005. 汉译英理论与实践教程. 北京：外语教学与研究出版社.

崔永禄. 2003. 文学翻译佳作对比赏析. 天津：南开大学出版社.

邓小平. 1993. 邓小平文选第三卷. 北京：人民出版社.

丁树德. 1996. 英汉汉英翻译教学综合指导. 天津：天津大学出版社.

丁树德. 2005. 翻译技法详论. 天津：天津大学出版社.

杜华. 2003. 朱自清的《背影》与英译文的文体语言比较. 四川外语学院学报（3）：140-143.

樊平，刘希朋，田善继. 1988. 现代汉语进修教程·语法篇. 北京：北京语言学院出版社.

范勇. 2006. 新汉英翻译教程. 南京：南京大学出版社.

方梦之. 2003. 实用文本汉译英. 青岛：青岛出版社.

方梦之，毛忠明. 2005. 英汉—汉英应用翻译教程. 上海：上海外语教育出版社.

方喜军. 2007. 浅议汉语话题英译的特点. 山西广播电视大学学报（3）：77-78.

冯国华. 2002. 确立主语，把握话题——把握"主谓句"和"话题句". 中国翻译（5）：65-70.

冯庆华. 2002a. 实用翻译教程（英汉互译）. 上海：上海外语教育出版社.

冯庆华. 2002b. 文体翻译论. 上海：上海外语教育出版社.

冯伟年. 2005. 最新汉英翻译实例评析. 北京：世界图书出版公司.

傅敬民，徐僡婕. 2006. 试论英语抽象名词及其汉译. 上海翻译（1）：25-28.

傅晓玲，尚媛媛，曾春莲. 2004. 英汉互译高级教程. 广州：中山大学出版社.

官忠明. 2006. 汉语问题句英译尝试. 上海翻译（3）：21-23.

郭建中. 2006. 汉英/英汉翻译：理念与方法（下）. 上海翻译（1）：18-24.

郭颐顿，张颖. 1995. 商务英汉翻译教程. 广州：中山大学出版社.

郭著章. 1988. 英汉互译实用教程. 武汉：武汉大学出版社.

郭著章，江安，鲁文忠. 1994. 唐诗精品百首英译. 武汉：湖北教育出版社.

何刚强. 1996. 当代英汉互译指导与实践. 上海：华东理工大学出版社.

黄为之，黄锡之. 2000. 经贸高级汉语口语（上）. 北京：华语教学出版社.

黄新渠. 2002. 汉译英基本技巧. 成都：四川人民出版社.

黄洋楼. 2003. 英汉互译实用技巧. 广州：华南理工大学出版社.

黄珠仙，王友明. 1995. 国际经济贸易英语阅读. 北京：世界图书出版公司.

贾文波. 2004. 应用翻译功能论. 北京：中国对外翻译出版公司.

蒋坚松. 2002. 英汉对比与汉译英. 长沙：湖南人民出版社.

居祖纯. 2000. 高级汉英语篇翻译. 北京：清华大学出版社.

孔令翠，蒙兴灿. 2002. 实用汉英翻译. 成都：四川大学出版社.

李宝荣. 2005. 英语静态优势与汉语动态特征在翻译中的体现. 北京教育学院学报（2）：22-24.

李长栓. 2004. 非文学翻译理论与实践. 北京：中国对外翻译出版公司.

李厚培. 1982. 《背影》简析. 宁夏大学学报（人文社会科学版）（4）：84-85.

李明. 2006. 翻译批评与赏析. 武汉：武汉大学出版社.

李青. 2003. 新编英汉汉英翻译教程：翻译技巧与误译评析. 北京：北京大学出版社.

李文中.1993.中国英语与中国式英语.外语教学与研究(4):18-24.

李鑫华.2000.英语修辞格详论.上海:上海外语教育出版社.

李学平.2006.通过翻译学英语——150实例使你迅速提高汉译英能力.天津:南开大学出版社.

李亚丹,李定坤.2005.汉英辞格对比研究简编.武汉:华中师范大学出版社.

李运兴.2001.语篇翻译引论.北京:中国对外翻译出版公司.

李运兴.2006.汉英翻译教程.北京:新华出版社.

连淑能.1993.英汉对比研究.北京:高等教育出版社.

林巍.2006.英汉互译实践与研究.澳门:澳门理工学院出版社.

刘重德.1991.文学翻译十讲.北京:中国对外翻译出版公司.

刘法公.1999.商贸汉英翻译专论.重庆:重庆出版社.

刘宓庆.1999.当代翻译理论.北京:中国对外翻译出版公司.

刘绍铭.1993.轮回转生:试论作者自译之得失 // 孔慧怡,朱国藩.各师各法谈翻译.香港:香港中文大学出版社:61-78.

刘月华,潘文娱,故韡.1983.实用现代汉语语法.北京:外语教学与研究出版社.

卢红梅.2006.大学英汉汉英翻译教程.北京:科学出版社.

陆全.2000.谈广告汉英翻译的变通.山东外语教学(1):16-19.

罗汉.2002.国际经贸高级英语:精读与翻译.上海:复旦大学出版社.

罗磊.2004.现代中医药学汉英翻译技巧.北京:中医古籍出版社.

马秉义.1995.英汉主语差异初探.外国语(5):55-59.

马红军.2000.翻译批评散论.北京:中国对外翻译出版公司.

茅盾.1957.子夜.许孟雄,译.北京:外文出版社.

茅盾.2004.子夜.北京:人民文学出版社.

毛荣贵.2002.新世纪大学汉英翻译教程.上海:上海交通大学出版社.

毛荣贵.2005.翻译美学.上海:上海交通大学出版社.

毛荣贵,廖晟.2005.译味深长.北京:中国对外翻译出版公司.

彭更生.1999.从《背影》看朱自清的散文艺术.南京经济区域广播电视大学学报(2):23-24,31.

齐乃政. 2003. 中级英语笔译模拟试题精解. 北京：中国对外翻译出版公司.

单其昌. 1990. 汉英翻译技巧. 北京：外语教学与研究出版社.

商务印书馆. 2002. 牛津高阶英汉双解词典（第四版增补本）. 北京：商务印书馆.

邵志洪. 2003a. 翻译理论、实践与评析. 上海：华东理工大学出版社.

邵志洪. 2003b. 汉英对比与翻译中的转换. 上海：华东理工大学出版社.

邵志洪. 2005. 汉英对比翻译导论. 上海：华东理工大学出版社.

沈家煊. 1999. 不对称和标记论. 南昌：江西教育出版社.

史企曾. 2006. 史氏汉英翻译大词典. 昆明：云南人民出版社.

宋天锡，袁江，袁冬娥. 2000. 翻译新概念英汉互译实用教程. 北京：国防工业出版社.

隋荣谊. 2004a. 汉英翻译新教程. 北京：中国电力出版社.

隋荣谊. 2004b. 英汉翻译新教程. 北京：中国电力出版社.

孙海晨. 1998. 汉译英实用技能训练. 北京：外文出版社.

孙少山. 1999. 八百米深处（英语版）. 北京：中国文学出版社.

谭卫国，蔡龙权. 2005. 新编英汉互译教程. 上海：华东理工大学出版社.

谭云杰，沈金华. 2003. 实用汉译英教程. 长沙：湖南大学出版社.

汤雄飞. 1988. 中文英译的理论与实例. 台北：书林出版有限公司.

田鹏森，季建芬. 2005. 翻译教程. 西安：西安交通大学出版社.

王力. 2000. 王力古汉语字典. 北京：中华书局.

王立弟，张立云. 2002. 重复——在汉英翻译中的处理. 中国翻译（5）：15-18.

王武兴. 2004. 汉译英中不同社会文化信息的转换. 中国翻译（6）：20-22.

王武兴. 2006. 汉译英中的"视点"问题. 中国翻译（4）：86-87.

王寅. 2001. 语义理论与语言教学. 上海：上海外语教育出版社.

温秀颖，刘士聪. 2004. 努力再现文章的内蕴. 中国翻译（2）：95-96.

吴建平. 2002. 语言符号对译、言语翻译与跨文化信息. 厦门大学学报（哲学社会科学版）（6）：51-56.

吴潜诚. 1988. 中英翻译：对比分析法. 香港：新艺出版社.

吴群. 2002a. 把握原文语句特点，再现原文语义内容. 中国翻译（6）：66-70.

吴群. 2002b. 语义贯通，语句变通——把握"人称"和"物称"的转换. 中国翻译（4）：84-87.

徐蓓蓓. 2007. 语篇衔接与连贯关系初探. 文教资料（4）：149-150.

许余龙. 1992. 对比语言学概论. 上海：上海外语教育出版社.

杨大亮，杨海燕. 2004. 浅谈具有中国特色用语的英译. 上海翻译（3）：73-74.

杨莉藜. 1993. 英汉互译教程. 开封：河南大学出版社.

杨宪益，戴乃迭. 2000. 鲁迅小说选. 北京：外文出版社.

杨晓荣. 2005. 翻译批评导论. 北京：中国对外翻译出版公司.

杨自俭，刘学云. 1999. 翻译新论. 武汉：湖北教育出版社.

易明华. 2006. 汉英互译的视点转换. 中国科技翻译（2）：1-4.

袁运甫. 1992. 我所认识的吴冠中及其绘画. 今日中国：中文版（2）：33-35.

曾剑平. 2006. 汉英翻译的虚实转换. 中国科技翻译（2）：9-11.

曾利沙. 2006. 论翻译的艺术创造性与客观制约性. 广东外语外贸大学学报（2）：5-8.

张蓓. 2001. 汉英时文翻译实践. 北京：清华大学出版社.

张丽娟. 2001. 评张培基的英译《背影》[M]. 咸宁师专学报（5）：149-152.

张良军，王庆华，王蕾. 2006. 实用英汉语言对比教程. 哈尔滨：黑龙江人民出版社.

张培基. 1979. 习语汉译英研究. 北京：商务印书馆.

张培基. 1999. 英译中国现代散文选. 上海：上海外语教育出版社.

张新华. 2006. 论话题和主语. 山东师范大学学报（人文社会科学版）(1)：148-154.

张学英. 1991. 汉英习语大词典. 武汉：湖北教育出版社.

章振邦. 1983. 新编英语语法教程. 上海：上海外语教育出版社.

赵清阁. 1998. 梁山伯与祝英台. Thomas Shou，译. 北京：新世界出版社.

周志培. 2003. 汉英对比与翻译中的转换. 上海：华东理工大学出版社.

朱徽. 2004. 汉英翻译教程. 重庆：重庆大学出版社.

朱曼华. 2000. 中国散文翻译的新收获——喜读张培基教授《英译中国现代散文选》. 中国翻译（3）：61-63.

Delisle, J. (1988). *Translation: An Interpretive Approach*. Ottawa: University of Ottawa Press.

Deng, Xiaoping. (1994). *Selected Works of Deng Xiaoping Volume III (1982-1992)*. Beijing: Foreign Language Press.

Denzin, N. K. (1989). *Interpretive Interactionism*. Newbury Park: Sage Publications, Inc.

Goatly, A. (1997). *The Language of Metaphors*. London: Routledge.

Green, J. M. (2001). *Thinking Through Translation*. Athens: The University of Georgia Press.

Halliday, M. A. K. (2000). *An Introduction to Functional Grammar*. Beijing: Foreign Language Teaching and Research Press.

Halliday, M. A. K., & Hasan, R. (1976). *Cohesion in English*. London: Longman.

Henderson, W. (1994). Metaphor and Economics. In R. E. Backhouse (Ed.), *New Directions in Economic Methodology* (pp. 343-367). London: Routledge.

Lakoff, G., & Johnson, M. (1980). *Metaphors We Live By*. Chicago: University of Chicago Press.

Li, C. N., & Thompson, S. A. (1981). *Mandarin Chinese: A Functional Reference Grammar*. Berkeley: University of California Press.

Lovell, J. (2009). *The Real Story of Ah-Q and Other Tales of China: The Complete Fiction of Lu Xun*. London: Penguin Books.

Lyell, W. A. (1990). *Lu Xun: Diary of a Madman and Other Stories*. Honolulu: University of Hawaii Press.

Robinson, D. (1991). *The Translator's Turn*. Baltimore: The Johns Hopkins University Press.

Sofer, M. (1999). *The Translator's Handbook*. Rockville: Schreiber Publishing, Inc.

Tan, Zaixi. (2004). Chinese and English Metaphors in Comparison: As Seen from the Translator's Perspective. In S. Arduini & R. Jr. Hodgson (Eds.), *Similarity and Difference in Translation: Proceedings of the International Conference on Similarity and Translation* (pp. 219-243). Rimini: Guaraldi S. r. l.

Thompson, G. (2000). *Introducing Functional Grammar*. Beijing: Foreign Language Teaching and Research Press.

Ulrych, M. (1999). *Focus on the Translator in a Multidisciplinary Perspective*. Padova: Unipress.

Webster, M. (1980). *Webster's Elementary Dictionary*. Springfield: Merriam-Webster.

Wyld, H. C. (1990). *The Universal English Dictionary*. London: Routledge & Kegan Paul Ltd.